U0902037

现代行政管理丛书

领导科学和现代行政

（修订版）

贺善侃　著

上海大学出版社

·上海·

图书在版编目(CIP)数据

领导科学和现代行政/贺善侃著.—2版(修订本).
—上海:上海大学出版社,2011.2
ISBN 978-7-81118-723-6

Ⅰ.①领… Ⅱ.①贺… Ⅲ.①领导学 Ⅳ.①C933

中国版本图书馆CIP数据核字(2010)第250529号

责任编辑:黄晓彦 封面设计:柯国富

现代行政管理丛书
领导科学和现代行政(修订版)
贺善侃 著
上海大学出版社出版发行
(上海市上大路99号 邮政编码200444)
(http://www.shangdapress.com 发行热线66135110)
出版人:郭纯生
*
南京展望文化发展有限公司排版
句容市排印厂印刷 各地新华书店经销
开本890×1240 1/32 印张9.25 字数232000
2011年2月第2版 2011年2月第3次印刷
印数:5601～8700
ISBN 978-7-81118-723-6/C·097 定价:22.00元

“现代行政管理丛书”编委会

策　划　贺善侃

主　编　黄德良

编　委（以姓氏笔画为序）

尹艳华　贺善侃　唐丽萍

黄德良　褚云茂

“现代行政管理丛书”

《现代行政决策》

《领导科学和现代行政》

《人本行政管理》

《公共关系与现代政府》

《行政法新论》

《现代城市政府与城市管理》

初版序言

当新世纪的钟声即将敲响之时,作者终于完成了本书的写作。它将成为作者向新世纪献礼的第一本书。

自领导科学在我国兴起后,在广大学者和实际工作者的积极推动下,已得到长足的进展。以“领导科学”命名的专著和教材,如雨后春笋,不断涌现。

本书的新意在于不是重复已多次叙述过的领导科学原理,而是从领导科学与现代行政相结合的新视角出发,展开对领导科学基本原理的论述。全书围绕领导科学的研究对象,就领导主体、领导活动的结构和模式、领导活动的基本环节和基本方法等三方面论述领导科学的基本原理;并在每一部分都注意联系现代行政的专题研究,突出领导科学在现代行政活动中的运用,如行政领导体制、行政决策、人事行政、行政领导者基本素质的特殊要求及行政领导干部考评等。

本书的特点是:

第一,贴近时代。力求以现代化的视野对领导活动和行政活动作有时代感的考察,探究领导活动和行政活动的现代化要求,诸如:现代领导的一般原则、现代行政领导的行政职能、领导体制的现代化要求、现代领导决策的原则与方法、现代人才观、现代领导者的素质要求等。

第二,注重现实。本书紧密联系中国社会主义现代化建设的实际,力求探索具有中国特色的社会主义领导活动和行政活动的规律,诸如:对我国领导体制改革经验的总结、对我党在长期革命斗争和社会主义建设实践中形成的行之有效的领导方法和优良领导作风的总结,以及对我国社会主义领导者素质的特殊要求概括等。

第三,突出重点。本书篇幅不大,但内容丰富,既囊括领导科学的主要原理,又涉及现代行政领导活动探索,内容简明,条理清晰,重点突出,便于理解。

本书作为东华大学人文学院行政管理学科建设的一个子项目,“现代行政管理丛书”中的一本,既是作者近年来对领导科学与现代行政的专题研究成果,又是行政管理专业领导科学课程建设的成果。

在本书的写作和出版过程中,得到东华大学有关领导和部门及人文学院领导的支持。在此,谨向所有为本书问世付出辛劳的同仁、朋友们致以深切的感谢。

由于本人学识有限,而且涉足领导科学的研究还不深,书中难免有不当之处,读者如能批评指正,不胜感谢。

贺善侃

再版序言

《领导科学和现代行政》作为“现代行政管理丛书”的一本,自2001年6月由上海大学出版社出版以来,承蒙学界同行和广大读者的厚爱,在国内各地广泛发行,除作为作者所在学校行政管理本科专业教材外,还被许多高校相关专业列为教材,几千册书很快销售一空,后又重印,又相继告罄。

为适应领导科学和现代行政学的发展,需要有新的著作问世。为此,有必要对已出版的著作作一次较大的修订和补充。在出版社的鼎力支持下,作者根据近年来学科的新发展,结合自己的最新研究和教学体会,对原书作了两方面的修订和补充:

其一,反映学科发展新理论,对领导科学的一些基本原理,诸如:领导的基本属性、基本职能、一般原则、领导决策理论、领导方法与艺术作了较多的充实;尤其对一些原书未能反映的新领导理念,如领导替代理论、自我领导和超级领导理论等作了简要阐述。

其二,反映近年来我党提出的重大有关理论。如在领导用人之道和领导作风等章节中反映了2001年9月召开的党的十五届六中全会审议通过的《中共中央关于加强和改进党的作风建设的决定》的有关内容;在领导体制一章中补充了2004年党的十六届四中全会通过的《中共中央关于加强党的执政能力建设的决定》的有关内容,对领导体制改革与民主执政的关系作了阐述,补充了

2007 年党的“十七大”关于政治体制改革和行政管理体制改革的重要内容以及 2009 年召开的党的十七届四中全会精神，对领导体制改革与党内民主推进人民民主的关系作了阐述。

该书经修订后，内容更充实，时代感更强，更接近学科前沿。当然，由于篇幅有限，时间紧迫，许多方面还不尽如人意，就算留作日后再次修订的余地吧。

贺善侃

2010 年 11 月于东华大学

目　录

第一章

领导科学和行政领导学:导论

领导活动,自古有之。人类社会的历史有多长,领导活动的历史就有多长。然而,领导科学却是为适应现代社会活动的客观需要而产生的一门新型学科。行政领导学作为领导科学的一个分支学科,以探索行政领导工作的基本规律为根本任务。学习与研究领导科学与行政领导学,对提高领导者素质,推进领导体制和政治体制改革,从而更好地把建设有中国特色的社会主义事业全面推向 21 世纪,具有重要意义。

第一节 领导科学的研究对象和方法

一、领导科学的研究对象和理论体系

领导科学是研究现代领导的特点及其规律的一门学科。它主要研究在现代条件下对领导者的要求、领导活动的过程和实现科学领导的方法等。

有人不承认领导科学是一门专门化的学科。他们虽然也肯定领导工作中有规律,需应用科学原理,但却认为,在领导活动中所运用的只是其他学科的理论,领导活动并不需要专门化的科学理论作指导,因而无须建立一门“领导科学”。这种观点是错误的。我们只要仔细研究和探索一下领导活动就可发现,领导活动有其自身独特的规律和科学内容,诸如领导活动的对象,领导者的职

责、素养,领导过程中的决策、指挥及管理,领导的体制、结构及领导人才的选拔和培养等,所有这些,都是其他科学理论所不能代替的。

有两种似是而非的说法:一种认为,领导活动只要用马克思主义哲学指导就可以了,马克思主义哲学的认识论、方法论就是领导科学;另一种认为,领导科学实际上就是管理科学,领导者只要掌握管理科学,成为管理专家就行了。这两种看法都是片面的。

的确,领导科学需要马克思主义哲学作指导,但指导不等于代替。马克思主义哲学是关于世界观的学问,它所研究的,只是关于自然、社会和思维的最一般的规律,各个具体领域的具体规律,只能由各门具体科学去研究。因此,就像马克思主义哲学不能代替其他各门具体学科一样,也不能代替领导科学。

管理科学也不能代替领导科学。领导科学只是管理科学大门类中的一个分支学科,它把管理科学(包括众多其他分支学科)中的领导行为、领导活动分解出来,作为专门化内容研究,这是一般的管理科学所未能涉及的。

领导科学作为一门研究领导活动一般规律及其方法的学科,其研究对象主要包括三个方面:第一,领导活动的主体,即领导者,侧重于研究领导者的本质、领导者的职能及领导者的素质。第二,领导活动的结构和模式,也就是领导体制或组织形式,它是领导活动的组织依托。领导活动总是通过某种体制或组织形式,由领导者与被领导者之间施加某种特定作用的过程。领导科学的重要任务之一,就是要结合具体的社会历史条件,寻求较为合适的领导模式,以便使领导活动获得最佳效益。第三,领导活动的一般过程及其规律。一个相对独立和完整的领导活动过程,可以划分为调查研究,计划、政策和决策的形成,执行,反馈检查四个阶段。分析领导活动各个不同阶段的特点、规律,找出它们彼此之间的区别和联系,进而研究领导者在不同阶段的任务和作用,以及必须遵循的原则和方法,并在此基础上揭示出领导活动的整体特点和规律,是领导科学的又一重要任务。

领导科学的基本内容和理论体系是由它的研究对象所决定的。领导科学的研究对象由领导主体、领导活动结构和领导活动过程及规律三要素构成,其基本内容和理论体系也无疑从这三方面展开。具体包括:

(1) 领导的本质、职能和原则。包括领导的两重属性,“三力”(权力、能力、影响力)及其相互关系、领导的基本职能(含思想政治工作)、领导的一般原则等。

(2) 领导的体制和领导集团的结构。包括领导体制的模式、结构,科学设置领导机构的基本原则,领导体制的现代化要求,我国领导体制的改革。在领导集团的结构方面,则主要探讨其合理化问题,包括合理化的意义、标志、内容、途径等。

(3) 领导的科学决策。包括领导决策的基本内容和特征、科学决策与现代智囊、领导决策的原则与方法等。

(4) 领导用人之道。包括领导者知人善任的重要职责、新时期人才观、选人用才的基本原则、选拔人才的途径与方法等。

(5) 领导方法与作风。领导方法包括思想方法与工作方法。在思想方法方面,介绍领导思维艺术的辩证法;在工作方法方面,包括调查研究方法、基本工作方法和一般领导艺术等。领导作风则主要介绍其在领导活动中的作用及领导者应有的作风。

(6) 领导者素质。包括领导者素质的重要性、现代领导者的基本素质及领导者素质的修养和锻炼等。

以上内容,其中领导的本质、职能和原则,领导者素质,主要涉及领导主体;领导的体制和领导集团的结构涉及领导活动的结构和模式;领导的科学决策、领导用人之道、领导工作与方法为领导活动的基本环节(决策、用人)和基本方法艺术等。每一部分都涉及领导活动各方面的规律及有关原则。在领导方法与艺术部分,则涉及领导活动的某些一般规律。

领导科学是一门综合性的新兴学科,涉及的内容广泛,许多内容正在不断发展中,各书对理论体系的建构也不尽一致。本书所介绍的,也不是绝对的,仅是最基本的,是入门的向导。许多方面还有待深入。

领导科学作为一门学科有其自己的学科特点。一般认为,其主要学科特点有以下三方面:

第一,综合性。领导科学的综合性首先由其研究对象所涉及的领域和进行研究所运用的知识范围所决定。对领导活动规律性的研究,在很大程度上是对上层建筑和生产关系的研究,是社会科学的研究领域。同时,领导活动又涉及对生产力的组织、协调及对客观环境的分析、控制,这又涉及自然科学。可见,对领导科学的研究涉及社会科学和自然科学两大领域,所运用的知识,包括哲学、社会学、管理学、系统论、信息论、控制论、决策论等,是社会科学知识和自然科学知识的综合。此外,从领导科学的研究方法来看,又具有纵向综合和横向综合的特点:纵向综合——总结过去(继承性)、立足现实(现实性)、面向未来(预测性);横向综合——借鉴国外(开放性)、提倡学术争鸣(多样性)。总之,领导科学的理论来源、研究内容、研究方法都具有综合性的特点。

第二,社会性。领导活动是一种社会活动,它所研究的无非是在特定社会条件下的各种类型的领导、领导的社会结构及进行领导活动所必需的社会控制手段。它所研究的领导者,作为社会的人,更是离不开社会性。领导者的职能、素养、作风等都是社会的产物。领导科学的功能是给领导活动指明方向,提高领导活动的水平,这也是一种社会性的功能。在阶级社会中,领导活动的社会性往往主要通过阶级性表现出来,因而,领导科学的研究内容和社会功能也打上了阶级的烙印。领导者的阶级性不同,相应的领导活动及其规律必然不同。我们在研究领导科学时,必须正确认识不同社会制度下的领导活动的不同的阶级性,这样才能正确掌握和应用领导活动的规律。

第三,应用性。领导科学的应用性,主要指它所研究的是领导活动的实践性。领导科学是适应领导工作实践的需要而产生的一门应用科学,它是对领导活动实践经验的概括和总结,目的在于提高领导艺术、改善领导工作、提高领导效率。它是把马克思主义基本理论和管理科学等其他各学科的基础理论同领导活动联系起来的中介,是能直接用于领导实践的。如果领导科学离开了领导实践,离开了在社会实践中的应用,它既不可能产生也不可能得到发展。

二、领导科学与管理科学的联系与区别

从现代领导者是经营管理责任的承担者这个意义上讲,领导属于管理的范畴,领导者也是管理者的一员。因此,现代管理科学的原理、原则和方法,适用于领导工作,特别是管理科学中的研究领导体制、结构及领导行为方式等的理论和技艺,同领导科学一脉相通,构成领导科学的组成部分。从学科渊源看,领导科学也是在管理科学的"母腹"中发展起来的。

但领导科学毕竟不同于管理科学。两者的区别主要有:

第一,研究目的不同。领导科学旨在帮助领导者更好地实施领导,使群体、组织生活更有方向性、前景性,更有向心力、凝聚力。管理科学则旨在帮助管理者更好地实施、完成管理活动,以便使投入组织化运作过程的各种资源发挥出最大的效应,产生出最大的工作效率和最佳的工作效果。

第二,研究对象不同。领导科学旨在研究领导主体及其行为、领导客体和领导环境,以及领导活动的一般规律。管理科学则是研究管理者的心理、行为和管理过程,以及管理资源的最佳配置和最佳利用的学科。

第三,研究层次不同。管理科学集中在事业层的具体业务规律上,如全面质量管理,主要集中于研究生产过程中控制和监测产品质量的方法和规律。领导科学则集中在比事业层更高一层的经营层(或领导层)的活动特点及其规律上。

第四,研究方法不同。从理论上应用定量描述程度的"软硬"度看,管理科学同领导科学相比较,虽同属"软科学"范畴,但前者比后者更为"硬"些。

第五,研究范围不同。领导科学着眼于整体,整个组织、企业,整个社会或国家,以及涉及整体利益和权力的创造性、决定性活动;侧重于所有组织、群体的核心部分和组织行为的宏观部分。管理科学则着眼于局部和微观的组织化过程,侧重于每一个环节的具体运作业务和工作效率、工作质量。因而,两者的适用范围也不同。管理科学由许多较为专业化的专业管理群组成,它的每一门专业管理所适用的范围比较狭窄,如企业管理不适用于科研管理、人才管理不适用于成本管理等。领导科学则不然,虽然它也是一门专门化的理论,但它的适用范围比专业管理宽得多。

第六,研究倾向不同。领导科学着重于领导的科学性、艺术性和超前性。管理科学则强调处理事情的严谨性、技术性和实在性。

一言以蔽之:领导科学是帅才的理论,管理学是将才的理论。

管理科学与领导科学的以上区别,由领导活动与管理活动的不同性质所决定。

领导活动不同于管理活动。"领导"的含义一般指引导、导向、带领、率领、指挥等;"管理"的含义大体有经营、处理、办理、安排等。领导代表未来,代表方向;管理代表今天,代表过程。具体说来,两者的主要区别有以下三点:

首先,领导者的任务在于制定方针、政策、长远的发展规划,为工作指引前进的方向、确定正确的目标。管理活动的任务在于对领导者制定的路线、方针的具体贯彻和落实。

其次,领导是一种统帅和协调全局工作的活动,领导者要经常协调、解决下属各部门之间的分歧和摩擦。管理则表现为局部范围或某一方面的活动,侧重于具体部门的具体工作的开展。

最后,领导活动着重分析、研究和解决一些比较重大、长期、涉及面广泛的问题,而不过多拘泥于工作细节。如古罗马法典曾经指出的那样:“行政长官不宜过问琐事。”而管理活动注重于解决部门的一些次要的、短期的、策略性或技术性的具体问题。管理有一条很重要的原则:管理不能忽视细节。在古代一次战争中,由于骑兵失利而全面失败,为什么骑兵失利?由于管马的人用了生锈的马掌钉,坐骑在驰骋中马掌钉纷纷落下来了。就是因为忽视了类似的这些细节,不仅工作效益很低,而且容易失误甚至造成严重后果。所以,同样知识化,对领导者和管理者的要求是不同的:对领导者的要求是准确掌握渊博的知识,叫“准而博”;对管理者的要求是“专而深”。所以,两者的知识结构不同。

总之,领导是管理包括管理科学专家在内的各类专家的。领导科学正是讲领导者应该怎样有效地运用各类专家的专业知识,调动他们的积极性、主动性和创造性。这个任务是管理科学所不能代管的。诚然,领导科学的某些内容曾经发源于管理科学,但它现已脱胎而出,成为一门独立的学科了。正如电子计算机科学,如果追溯其历史,可以归结到近代物理学中去,但是谁都知道,现在决不能用物理学来代替电子计算机科学。一句话,领导科学与管理科学既有联系又有区别,两者不能完全等同。

领导规律决不是全部管理规律,而只是这些规律的一部分,是研究“整体的管理规律”、“高层的管理规律”。

把领导科学从管理科学中区分出来,有一个历史过程。20世纪初期,领导科学的原理往往淹没在经济管理的“热带丛林”中,以致现在的许多领导科学著作不得不从经济管理学中汲取营养以丰富、充实自身理论。如领导决策理论就渊源于西蒙的决策理论;领导用人理论离不开管理学大师德鲁克的用人艺术。而许多以领导科学原理为基本内容的著作也往往以管理学著作的面貌问世。如德鲁克的《有效的管理者》一书,通篇讲的是领导者如何决策和用人,实质上改为“有效的领导者”更合适。

第一次把领导与管理明确区分开来的是法国管理学家 H. 法约尔。他在 1916 年出版的《工业管理与一般管理》一书中,提出了著名的“管理五职能”:计划(决策)、组织、指挥、协调和控制。这实际上是“领导五职能”。他在书中指出:领导和管理是不同的概念,不能混同。他还提出了领导活动中的许多重大理论问题和实际问题,诸如:企业领导要善于分权、授权,不应因关心小事而忽视大事;领导者要有智慧、经验、判断力,而不是某一专业方面的技能等。可以说,法约尔是领导科学的奠基人。

三、研究领导科学的方法论原则

为有效地学习、研究领导科学,我们应遵循以下方法论原则:

1. 以马克思主义为指导

学习、研究领导科学,必须以马克思主义为指导,这是由领导科学的属性和马克思主义在方法论体系中的地位所决定的。首先,我们所讲的领导科学是中国特色社会主义的领导科学,只有以马克思主义为指导,才能保证其发展的正确方向;其次,马克思主义为领导科学提供了正确的思维方法;第三,马克思主义经典作家关于领导问题的许多精辟论述,对于我们学习、研究领导科学具有直接的指导意义。对无产阶级革命导师关于领导的理论和实践活动进行深入学习,有助于我们更好地理解和掌握领导科学的内容。

马克思主义经典作家关于领导活动的思想,主要涉及领导活动产生的必然性、领导活动的性质、领导者的本质、领导者的职能和任务及领导的原则、方法和艺术等。这些思想,无不是我们学习研究领导科学的指导思想。

2. 充分体现中国特色

我们的领导科学应当充分体现中国特色。领导活动是一种社会行为,而且主要是在上层建筑和生产关系这两个领域发生作用的社会行为。在不同国家、不同民族范围内,具有不同阶级属性的领导活动的性质、作用和后果是不同的。因为领导活动是与不同国家、不同阶级、不同民族的意志和由此而获得的权力紧密结合在一起的。领导行为是不同阶级、不同国家、不同民族的权力和意志的集中表现。因而,领导行为在这两个领域内,既有共性,又有特殊性。我们学习、研究领导科学,既要揭示当代资本主义国家领导行为的特殊规律,又要揭示当代社会主义国家领导行为的特殊规律,更要揭示中国这个社会主义国家领导行为的特殊规律。

我们所说的领导科学是具有中国特色的马克思主义的领导科学,这门科学必须在马克思主义一般原理指导下,着重总结我们党在中国革命和建设中领导工作的经验教训,特别是总结党的十一届三中全会以来各条战线、各级领导干部在开创社会主义现代化建设新局面中创造的新鲜经验,使之上升到理论的高度,以此作为自身创立和发展过程中最重要的理论源泉。中国特色,还包括按照“古为今用”的原则,吸收中华民族的优良历史传统和优秀思想文化遗产。在我国古代典籍中,记述了许许多多值得当今各行各业领导者借鉴的领导艺术经验,这是我们民族的宝贵遗产,也是研究领导科学的重要历史资料。我们应该吸收其精华,以体现学科民族性。如《战国策》、《孙子兵法》到《史记》、《三国志》、《资治通鉴》,不仅有事实,也有一定的理论,我们应从中挖掘宝藏。日本管理专家说,20 世纪 70 年代日本着重研究《三国演义》。的确,《三国演义》中有不少关于领导工作的精彩案例。外国人都重视研究,我们更不能忽视。

3. 吸收国外先进的管理经验和现代化科学成果

学习、研究领导科学还必须注意吸取国外成功的经验和现代科学成果。一些工业发达国家经过上百年组织大生产的实践，特别是经过半个多世纪以来的现代科学管理的实践，总结了许多有关管理和领导方面的经验，形成了一门管理科学。在现代自然科学和社会科学的交叉发展中，还涌现出不少新的学科和科学成果。列宁曾经说过，资本主义国家的企业管理具有两重性：一方面，作为管理的一般职能，它适应生产力的要求，遵循生产力的发展规律和自然规律，与社会制度没有直接联系；另一方面，作为管理的社会职能，则适应资本主义生产关系的要求，遵循资本主义的经济规律，维护生产资料占有者的利益，为资产阶级服务。而上述两个方面的职能又是不可分割地存在于同一管理过程中。因此，国外一切科学的、有成效的管理经验，以及其他现代科学成果，我们是可以而且应当学习、借鉴的。

首先，要了解、熟悉国外经营管理和现代科学的最新成果及发展趋势。目前，在西方现代科学体系中，同领导科学研究直接有关的，大致有以下几个方面：第一，在决策科学方面，国外已经形成了一套关于决策目标、程序、原则、方法等比较完整的决策理论，对于领导者进行科学决策比较有用；第二，在管理科学方面，总结了许多如何合理组织现代化社会大生产的经验，给我们领导现代化建设提供了经验；第三，在科学学、未来学、人才学、心理学以及行为科学等方面，也从不同侧面积累了不少培养、使用人才，调动人们积极性方面的经验，对于我们领导工作也有启示和帮助；第四，在现代方法论方面，有系统论、信息论、控制论、运筹论等最新成果，这对于研究领导科学，以及实现领导工作科学化，无疑具有方法论意义。

其次，要从我国的实际情况出发，加以消化、吸取，为我所用。国外一些成功的经验，虽然也是反映现代化物质生产过程中的规律性的东西,但总与他们的社会制度、经济技术条件相关联,我们不能原封不动地拿来应用。就拿决策来讲,由于西方国家的决策目标和决策手段同我国的情况不完全一样,我们在应用其决策理论时就需对其加以改造,使之适合我国国情。

再次,要正确对待国外的经验和自己的经验。对国外的管理经验和最新科学成果要恰当评价,不能“言必称希腊”,更不能无原则美化,搞“全盘西化”;对自己的历史经验和民族传统,则不能妄自菲薄;要把中西方的管理经验的优秀成果有机结合起来,以实现领导科学理论的世界性和民族性的有机统一。

第二节 领导科学的产生

一、人类领导活动的历史演变

领导科学是20世纪上半叶的一门新兴学科。这门学科的出现不仅是人类领导艺术长期集中、凝练、提高和升华的结果,而且与现代社会管理和科学技术的发展有着密切的关系。学习领导科学就要了解这门学科产生的社会历史根源以及思想渊源,尤其需要了解社会主义领导科学的创立情况。

领导科学是人类领导活动长期发展的理论产物,在这个漫长的过程中,人类领导活动的内容和形式经历了很大变化。为深刻认识和理解领导科学的产生,有必要简略回顾一下人类领导活动的历史演变过程。

马克思主义认为,领导活动最初是由直接的社会生产和人类的共同劳动所引起的。一切规模较大的直接的社会劳动和共同劳动,都或多或少地需要指挥,以协调个人的劳动。在任何社会中,从事这种指挥和协调的工作就是领导活动。从历史上看,由于每一个时代的领导活动总要受到当时物质资料、社会政治关系、科学文化水平和价值观念等多种因素的制约,因而也就产生了各种各样的领导活动方式。

在原始社会的氏族部落中,最高领导机构是部落议事会,它是氏族的一切成年男女享有平等表决权的民主集会。部落议事会推选酋长和军事首领作为临时领导人。酋长、军事首领和部落其他氏族成员之间是一种平等关系。在个人权力方面,无论酋长还是军事首领都不能要求有任何特权。这种原始的集体领导方式是和当时社会的生产、生活方式相适应的。因为原始社会的基础是生产资料原始公有制,人们过着集体劳动、共同消费的社会生活。

个人家长式的领导是奴隶社会、封建社会中占主导地位的领导活动方式。在社会生活中,奴隶主和地主是天然的领导者,他们自命为生来的统治阶级,掌握行政领导权、生产管理权、军事指挥权等一系列社会的最高权力,一切事情由他们个人说了算。广大奴隶、农民则依附于他们,从事着农业、畜牧业和手工业等生产劳动。这里,领导者与被统治者之间表现为赤裸裸的压迫和被压迫、掠夺与被掠夺的关系。这种典型的"家长制"领导形式是同小生产的生产方式相适应的。

从社会生产力发展的角度看,这种家长制的领导方式较原始社会有了进步。

近代资本主义社会是从封建社会脱颖而出的。在最初发展阶段,无论工场手工业还是资本家经营式的农业庄园,仍袭用封建专制的家长领导方式。不同的是,资本家取代了地主。资本主义社会初级阶段的资本家领导方式有两种情形:① 资本家依靠个别专家智囊辅佐领导;② 资本家本人既是领导者,同时又是精通生产任务的专家。19 世纪 80 年代,美国爱迪生领导的科技研究所就是后一情形的典型例子。这种专家式的领导形式与资本家个人的外行领导相比,无疑是一个进步。但就其本质来说,仍然是个人负责的家长式领导。

现代资本主义发展潮流很快冲垮了个人家长式的领导方式。第二次世界大战前后,出现了许多“大科研”和“大工程”。如美国研制原子弹的“曼哈顿计划”,参加者 15 万人。面对这样规模巨大、技术装备相当复杂的科技活动,个别专家的智慧、才能也就相形见绌了。因此,个别专家式领导逐渐被专家集团式领导所取代。

不论个别专家式还是集团式领导,都不过是资本主义方式的领导活动。资本家为了剥削和掠夺而进行领导和管理,表现出它不同于其他社会领导活动的本质特点。

社会主义社会的领导活动是以生产资料公有制为基础的。社会主义领导的目的是“保证社会全体成员的充分福利和自由的全面发展”,是为广大人民群众服务。邓小平说:“什么叫领导?领导就是服务。”这是对社会主义领导本质的概括。因此,社会主义各级领导者当然就是人民的服务员、“社会的负责的公仆”。他们并不是按照自己的意志,而是代表人民的利益进行领导的。在社会主义社会中,领导者和被领导者是一种同志式的平等关系。社会主义领导机关吸引广大人民群众关心领导活动,同时每一个社会成员都有权利参加管理;每一个领导人,不管职位高低,都受到整个社会和全体社会成员的代表机关(如人民代表大会、职工代表大会)的监督。此外,社会主义领导活动的重要特点,就是政治因素起主导作用以及政治组织和政治领导方法占较大比重,而在这些组织中共产党起领导作用。党的领导通过两种形式进行,即党领导其他组织(首先是领导国家)以及党直接进行领导。所有这些,都集中反映了社会主义领导活动同以往任何社会领导活动的本质区别。

当然,社会主义领导有一个逐步完善的过程,加之它是从旧社会脱胎而来的,因而不可避免地带有旧的领导方式的残余。譬如,个人专断、权力过于集中、家长式领导以及各种官僚主义现象等。社会主义在自然发展的过程中,必须不断地改革一切不适应生产力发展的领导制度、领导活动方式和思想方式。

综上所述,从原始社会到奴隶社会、封建社会,经过资本主义社会再到社会主义社会,人类领导活动的发展呈现出一个否定之否定的螺旋式上升过程。首先,从领导活动作为社会生产指挥过程的角度看,起初是一种原始的集体领导形式,这种原始集体领导形式发展到极点就否定了自己,变成了个人专制的家长式的领导,正如我们在奴隶社会、封建社会以及资本主义社会发展初期看到的那样。家长式的领导形式经一系列发展阶段,又为集体领导所否定。不过这种集体领导高于原始的集体领导,从内容到形式都具有新的特点及本质的不同。其次,从领导活动体现的社会生产关系的角度看,也是一个否定之否定过程:从原始领导活动中氏族成员的平等关系,到私有制社会领导活动中那种剥削和压迫关系,最后又回复、上升到一种新的平等关系,即社会主义领导活动中的同志关系。

人类领导活动发展的否定之否定过程同社会形态的发展是同步进行的,它从一个侧面反映了社会发展的客观规律。

二、领导科学产生的社会历史背景

领导科学的产生有深刻的社会历史背景和思想认识渊源。

1. 领导科学的出现,反映了当代社会领导活动中分工日益精细这一趋势的客观要求

在相当长的一个历史阶段,领导活动与管理活动融为一体。酋长、地主、资本家等既是农业庄园和工场作坊的领导者,同时又是具体生产管理者。

18—19世纪欧美工业革命完成以后,生产量有了巨大增长,引起对管理人员的大量需要,管理阶层迅速兴起。同时,企业规模越来越大,组织形式日益复杂。资本家即使精于管理,但就个人来说,也难以驾驭企业的发展。这种趋势客观上要求领导权和管理

权相对分离。

1841 年,美国东部一家铁路企业由于经营不善,被迫进行领导体制改革。企业实行资本家只拿利润,不再参与管理的制度。这是美国第一家由经理人员管理的企业,它向全世界宣告了“经理制”的正式诞生。其重要意义在于实现了企业所有权、领导权与管理权的分离。它标志着企业领导活动与管理活动相脱离的初级阶段。

随着社会生产进一步发展,从世界范围看,特别是某些发达国家,领导活动与管理活动的分离加快了步伐。20 世纪 20 年代,美国通用汽车公司“集体决策,分散管理”的所谓“超事业部”制,即政策决定与具体管理彻底分离。企业董事长和经理高级领导摆脱日常管理事务,专门致力于发展战略方针和政策的制定。日常生产、销售等具体管理活动则由各个事业部担任,各事业部都是独立的核算单位。“超事业部”制的实行和推广,标志着国外某些发达国家社会生产中领导活动与管理活动的分离进入了高级阶段。

领导活动一旦从管理活动中分化出来,就迫切要求领导理论的出现。在这种形势下,国外领导经营理论、决策学、领导行为学以及领导方式理论逐渐发展起来。仅就领导决策而论,已形成一套较为完整的决策理论体系和决策技术,并在实践中取得了显著效果。东欧国家也相继开展了社会主义领导理论研究。前苏联理论界认为,社会主义领导理论在知识系统中有其自己的学科地位,并对领导理论的对象、内容、结构和逻辑进行了专门的比较研究。

可见,领导理论乃是领导活动从管理活动中独立分化出来的产物。它是现代社会管理高度发达的必然结果,是社会生产分工高度发达的理论标志之一。

2. 领导科学的出现与最近几十年来科学技术的飞速发展有密切联系

第二次世界大战以后,社会生产领域开始出现诸如电子、半导体、激光、原子能、计算机等技术和宇航工业等部门,这些工业的显著特点是企业的高度专业化和高度综合化。一项大的工程,往往需要成千上万个中小企业为之协作配合。如美国20世纪60年代的"阿波罗登月计划",组织了科学家、工程师等技术人员达42万人,加上管理人员和工人约60万人,投资300亿美元,使用电子计算机600多台,牵涉到12 000个科研和生产机构。登月计划包括有飞航系统、土星C-5空间运载火箭与推进系统、燃料系统、发射系统、飞行制导系统、轨道控制系统、通信跟踪系统、测试系统、发射系统、航空航天医学系统,等等。面对如此庞大复杂的系统工程,领导活动就不能像管理具体企业那样规范化。因此,迫切需要建立一门有别于管理科学的专门领导科学。

现代科学理论与技术手段为领导科学理论提供了基础理论和方法论手段。当代生物研究、工程自动控制技术、通信网络系统、系统论、控制论、信息论等,对领导科学的建立起到了积极的推进作用。

3. 从思想史的角度看,领导科学也是人类领导艺术长期凝练、提高和升华的结果

领导艺术是领导者卓有成效的技巧、风格、经验、意志、气质和创造力的总和。人类在自己历史活动的长河中,曾经创造了绚丽多彩、丰富多姿的军事和政治领导艺术。2 000多年前,秦始皇在统一中国的过程中,远交近攻,纵横捭阖,显示了卓越的领导才能。三国时,诸葛亮"运筹于帷幕之内,决胜于千里之外"。在欧洲,古罗马的斯巴达克斯,被马克思称为"古代最英俊的军事统帅"。近代法国著名军事家拿破仑的战争指挥艺术辉煌灿烂,举世瞩目。

从历史上看,从古代思想家起,就已知道"领导艺术"理论的重要。孙子著《孙子兵法》,贾谊作《过秦论》,德国资产阶级著名军事理论家克劳塞维茨写《战争论》等,都试图就人类的军事和政治领导指挥艺术作理论概括。这些著作虽有重要地位,但由于社会历史时代和阶级的局限性,他们对领导活动的认识不可能上升为一

门科学。随着无产阶级革命运动的兴起,人类的领导艺术升华到一个新阶段,马克思主义极大丰富了人类领导艺术的宝库。

现代社会的发展要求将领导艺术中比较合理的、稳定的、带有规律性的东西提炼出来,将领导艺术中合乎科学的方面加以理论总结,使之上升为一门科学。

可见,领导科学的产生不仅是现代社会管理和科学技术综合发展的产物,同时也是人类领导艺术长期凝练的理论结晶。

领导科学的产生有两大标志:一是决策工作专门化,即决策、计划职能从日常的管理和生产领域中分化出来。20世纪以前,决策和执行、立法与行政的分离还只是在政治领域;从20世纪开始,才扩展到经济、科技、教育、军事等其他各领域。西蒙第一次把决策作为独立研究对象,创立了决策科学。以后,出现了专事领导职能的"科学帅才"(如制造原子弹的"曼哈顿工程"总指挥奥本海默);产生了"经理制"基础上的"集中政策,分散管理"的"分权事业部制"。决策与执行的分化把领导职能凸显出来,为领导科学的产生奠定了基础。二是决策内部咨询与决策,即谋与断的分离。咨询业的发展弥补了传统的个人决策和集体决策的缺陷与不足,有力地推进了领导工作的科学化。

从世界范围看,社会主义领导科学作为一门独立学科的出现,是最近几十年的事。在我国,这门学科的提出和研究,严格地说,是在党的十一届三中全会以后。这是因为,我国社会主义现代化建设和改革开放对各级领导干部的要求越来越高;机构改革中领导班子的调整和新老干部的交替,大批新上岗的领导同志需要掌握领导规律,提高领导效率,因而时代呼唤领导科学,具有中国特色的社会主义领导科学应运而生。

三、我国领导科学的兴起和发展

目前,在我国,领导科学作为一门学科正在得到前所未有的重视和发展。

回顾领导科学在我国的兴起与发展过程,大体经历了三个相互联系的发展阶段:

1. 提出学习与研究领导科学的阶段(准备酝酿阶段)

党的十一届三中全会以后,党中央再三强调指出,为了顺利地进行大规模的社会主义现代化建设,必须研究解决管理体制和管理方式的问题,必须改进领导方法和领导作风。因此,在党中央和国家有关部门的倡导下,我国的一些学者开始了大量的管理科学与领导科学的专题研究;同时,将许多国外的管理理论及其有关的领导科学知识介绍到国内。1981 年,中共中央组织部、宣传部在联合召开的干部教育工作座谈会上,首次提出在党校开设领导科学课程的问题。

2. 创立适合我国国情的领导科学体系的阶段(初创阶段)

这个阶段大约在 1982—1983 年。党的"十二大"闭幕不久,中共中央和国务院在《关于中央党政机关干部教育工作的决定》中,第一次把领导科学作为党政干部必学的共同业务基础课之一。这样,研究编写领导科学教材及其创立适合我国国情的领导科学体系的任务就提了出来。这期间,不少学者公开发表了一些有关领导科学的文章,特别是夏禹龙、刘吉、冯之浚、张念椿编写的我国第一本领导科学专著——《领导科学基础》的公开出版,标志着我国领导科学体系已进入初创阶段。同时,由中共中央组织部和中国科协等单位以"领导与科学"为题举办了全国性的市长研究班;接着,中国科协组织的以现代领导、现代管理为题的讲学活动先后在全国开展。

3. 繁荣发展阶段

自 1984 年以来,对领导科学的学习与研究,无论是学科理论建设,还是其应用实践及宣传普及,都出现了丰富多彩与繁荣发展的新局面。一个学习与研究领导科学的"热"已在社会上形成。在这段时间里,全国发表了大量管理科学与领导科学的论著,出版了大约十多本专著,创办了《领导科学》、《现代领导》等专业刊物。一大批由专门学者、实际领导者和业余爱好者组成的领导科学研究队伍相继形成并不断发展。1985 年 4 月,在河南洛阳召开了全国首届领导科学学术研讨会,这是我国领导科学研究推向新的发展阶段的一个重要标志。同时,总参谋部也举办了领导科学研究班,著名科学家钱学森及一些知名专家学者为研究班讲学。之后,党校、各高校相继开设了该课程。领导科学新著也不断出现,其理论体系也不断完善。目前,领导科学正在向纵深发展。

领导科学是一门新兴科学,也是一门发展着的科学,它在不同国家里有着不同的特点和发展趋势。在我国业已创立的具有中国特色的社会主义领导科学,其发展趋势大体上为:

(1) 分化趋势。科学分化是现代科学发展的总趋势,领导科学作为一门迅速兴起与发展的新兴现代学科也不例外,它必将由综合性、整体性研究走向分支研究、专题研究。例如,不同领域的领导科学有行政领导学、企业领导学、军事领导学、科技领导学等;领导科学的分支科学有领导战略学、领导决策学、领导组织学、领导方法与艺术学等。

(2) 应用化趋势。领导活动特有的社会功能,决定了领导科学是一门实践性很强的学科。因此,领导科学的发展必然要以应用为根本目的,或者说,领导科学的发展要着重于应用。这样,一方面要将领导经验与领导理论的研究结合起来;另一方面又要使领导科学的理论研究适应于领导实践的需要与发展。领导案例的研究就是适应这一需要而产生的。

(3) 规范化趋势。现代社会与科技的发展,使领导活动的因素日趋复杂、多变,领导者的素质日益提高,因而对领导活动的精确性和规范化的要求将越来越高。运用现代科学方法,对领导活动进行定量与定性分析研究,将是领导科学发展的必然趋势。

(4) 交叉趋势。交叉性也是现代科学发展的一大趋势。从领导活动范围的广泛性、领导活动因素的多变性及领导活动的实践性与科学性等方面看,领导科学必然向多因素、多学科交叉的趋势发展;而且,领导活动愈发展,对它的研究愈深入,这种交叉的发展趋势也就显示得愈充分。

第三节 行政领导学概述

一、行政领导学及其研究对象

行政领导学是研究行政管理领域中领导工作规律及其方法的科学,它以行政领导者、行政领导行为、行政领导体制和组织结构、行政领导原则及行政领导方法等为研究对象。同行政管理有广义和狭义之分相适应,行政领导也有广义和狭义之分。广义的行政领导存在于所有的社会组织中;狭义的行政领导专指国家各级政府和行政机关的领导。行政领导学主要从狭义的行政领导工作范围出发,研究国家各级政府和行政机关中的领导工作的规律和方法。

行政领导学是领导科学的一个分支学科。领导科学作为管理科学的一个分支学科,本身也是一个大的门类,也可分为若干分支。政党领导学、行政领导学、企业领导学作为相互并列的三门分支领导学,承担了党、政、企三大领域领导工作规律和方法的研究任务。这三门分支领导学既相互联系,又相互区别,有其各自特点,不能相互取代。

行政领导学与行政管理学也不同。首先,两者是不同层次的学科。从纵向分析,国家行政问题可分为宏观、中观、微观三个层次。宏观即执政层,主要负责对国家大政方针的制定;中观即行政层,主要负责贯彻和实施国家的大政方针,做好相应的规划、指挥、监督和协调工作;微观即管理层,主要负责大量日常行政事务的处理。行政领导学是一门行政问题的中观学科;而行政管理学则主要立足于行政问题的微观层次。其次,两者的研究对象范围不同:① 行政管理学涉及所有的行政管理活动,而行政领导学仅涉及行政管理中的领导活动(行政领导行为);② 行政管理学涉及所有的行政管理者,既有领导者,又有被领导者,而行政领导学仅涉及行政管理中的领导者(行政领导主体);③ 行政管理学涉及行政管理的总体规律及方法,包括各种行政手段、经济手段、法律手段和教育手段等,而行政领导学仅涉及行政管理领域中领导工作的规律和方法。

依据行政领导学的研究对象,其主要内容包括:

(1) 行政领导原则和方法——即各级行政领导工作所应遵循的基本原则和方法。

(2) 行政领导体制——即实施行政领导的组织结构与方式。

(3) 行政领导行为——即行政领导的职能及具体的行政领导活动,包括行政领导决策、行政领导用人、行政领导授权、行政领导控制等。

(4) 行政领导主体——即行政领导者,包括行政领导者的个体素养和群体结构,行政领导干部的培养、选拔和考核等。

本书并不专门对行政领导学作系统研究,以上内容将渗透于领导科学基本原理的总体研究,穿插介绍于领导科学基本原理的各部分。

二、行政领导学的产生和历史发展

行政领导活动作为领导活动的有机组成部分,同样古已有之。然而,作为一门理论科学的行政领导学的产生,则是 20 世纪 30 年代的事。现代行政领导学随着领导科学和行政管理学的产生而产生,是历史发展的必然产物。

1. 行政领导学是人类行政领导经验的总结和升华

行政领导活动作为一种社会现象,是适应人类社会的需要而产生的。在我国社会长期的历史发展中,历代统治都创立、积累了丰富的行政领导经验,这些经验,散见于历代思想、政治典籍中。孔子编选的《尚书》记载了商、周时期奴隶主的政治和行政统治的经验。《春秋》三传、《国语》、《战国策》中所反映的行政领导工作经验和思想,迄今对后人仍有启示。北宋司马光编纂的《资治通鉴》更是一部关于治国安邦经验和事例汇总的巨著。书中记载的关于汉高祖善用"人杰"夺取天下的经验,唐太宗虚心纳谏、博采众议、论功行赏、强国安民的经验等,无不为后人广为称颂。然而,尽管我国古代的历史典籍已涉及行政领导的经验和思想观点,但由于小生产方式的历史局限,不可能创建行政领导学的科学理论体系。所记载的行政领导经验也仅是凭借行政领导者的个人阅历、个人智慧和个人经验。

到了近代,随着生产的社会化和科学技术的迅速发展,一方面,资本主义的生产方式突破了小生产方式的狭隘界限,世界市场的开拓、企业规模的扩大、跨国企业集团的诞生,使生产管理日益科学化,现代管理学应运而生。另一方面,随着欧美各国工业的迅速发展,人口集中了,城市扩大了,国内外的经济交往、文化交流频繁了;政府管理职能增加、管理责任加重、管理方式复杂,整个社会愈来愈要求管理科学化。现实生活的需要推动着行政管埋学的诞生。正是在现代管理学和行政管理学的理论沃土中,行政领导学得以产生。

在我国,行政领导学的产生与发展离不开对中国共产党在领导中国革命和社会主义建设的长期实践中所总结的领导经验的吸取。毛泽东、刘少奇、周恩来、邓小平等老一辈无产阶级革命家对行政领导工作的客观规律作了深刻的揭示和全面的理论概括,他们关于调查研究、群众观点和群众路线的论述,关于"一般号召与个别指导相结合”等行政领导方法的论述,关于选拔行政干部的“德才兼备”标准的论述等,无不为我们建立研究有中国特色社会主义的行政领导学增添了丰富的内容。

2. 行政领导学是现代社会管理职能分化的必然产物

在社会发展的一个相当长的历史时期,领导活动和管理活动是融为一体的。在自然经济、个体手工业经济以及资本主义初级阶段的工场手工协作时期,酋长、地主、资本家等都是生产的指挥者、领导者,又是生产的具体管理者。随着产业革命后企业规模的迅速扩大和生产组织的日益复杂化,管理的职能才逐步分化,一个专司管理职能的阶层逐步兴起,领导活动与管理活动逐步分离。企业、公司的高级行政领导逐步摆脱日常的行政事务,集中力量从事战略方针和各项政策的制订等领导活动;而日常的行政事务则交由各具体职能部门承担。随着领导活动与管理活动的分离,行政领导活动也逐渐独立出来。

行政领导活动的相对独立迫切需要相关学科的指导。在这种历史背景下,行政管理学、行政决策学、行政领导学等学科相继发展起来。许多国家把行政领导学列为行政干部的必修课程。可以说,行政领导学是行政领导活动从管理活动中分离出来的理论总结,是顺应社会管理职能分化的必然产物。

3. 行政领导学的产生得力于现代科学技术的发展

第二次世界大战以后,现代科学技术飞速发展,学科的高度分化和高度综合,不断开辟了科学研究的新方向、新领域,众多综合科学、交叉科学和边缘科学相继产生,这就为行政领导学理论体系的建立提供了坚实的科学依据。例如,行为科学和心理学的发展,为行政领导学的激励理论提供了科学基础;人才学对于人才成长规律,对于人才的选拔、培养和使用方面的研究成果,有助于行政领导用人理论的发展;决策科学的产生,对行政领导决策理论的科学化,意义重大。

当代,科学理论已经渗透到包括经济、政治、军事、教育、文化以及社会生活的各个领域,以科学的观点考察社会,以科学的方法从事各个领域的工作,已日益成为人们的普遍要求。行政领导工作的科学化和现代化要求,也日益强烈地提了出来。如何用科学的领导观念去代替那些不适应改革开放、不适应社会主义现代化的陈旧观念,如何科学地改革不合理的行政领导体制,提高行政领导者的素养,丰富和发展我国社会主义行政领导理论和方法,所有这些,无疑都离不开现代行政领导学理论的发展。

行政领导学在中国的发展,更多地得益于行政学在中国的发展(直至今日,"行政领导"还大多作为行政管理学的一部分)。行政学在中国的发展,是从中国学者翻译和引进西方行政学著作开始的。现有资料表明,中国学者于 19 世纪末 20 世纪初就已接触了西方行政学,翻译出版了一些西方行政学著作,如美国的《行海要求》、《行政纲目》,日本的《行政学总论》、《行政法撮要》等著作。孙中山先生借鉴西方行政理论和实践,结合中国国情,提出了许多宝贵的行政管理思想,如立法、行政、司法、考试、监察五权分立思想,中央和地方均权思想,选拔优秀人才思想等,其中无疑包含着不少对行政领导规律的宝贵探索。从 20 世纪 30 年代起,我国一些学者开始对行政学进行深入研究,有关行政学的论文著作相继出版。1935 年张金鉴教授撰写的《行政管理理论与实践》被公认为我国最早最系统的行政学专著,代表了那一时期我国行政学研究的最高成就。与此同时,我国一些高校陆续开设了行政学课程。在这些行政学的著作和课程中,也不乏行政领导学的内容。

1978 年党的十一届三中全会以后,我国对行政学的研究在经历了一段曲折的过程后,步入又一个春天。1988 年,中国行政管理学会在北京成立。在中国行政管理学会的推动下,全国出现了学习和研究行政管理的热潮,行政管理的教学和研究机构不断涌现,地方行政学院不断建立,部分高校开始设立行政管理专业,全国陆续出版了一批行政管理方面的专著和教材，其中，也有少量以“行政领导学”命名的专著。90 年代，国家公务员制度的正式推行和国家行政学院的正式挂牌，标志着我国行政学的研究跨入一个新阶段；随之，行政领导学的研究也必然迈向新阶段。

三、行政领导学的学科特点和研究方法

行政领导学作为领导科学的一个分支学科，具有与领导科学相同的三个学科特点：

一是社会性。行政领导活动同其他任何领导活动一样，也是一种社会活动。行政领导者的职能、素养、作风等都是社会的产物。行政领导学的功能是给行政领导活动指明方向、提高行政领导活动的水平，这也是一种社会性的功能。在阶级社会里，行政领导比企业领导等业务领域的领导具有更鲜明的阶级性。这是因为，行政领导是国家政府和各级行政机关的领导，同国家政治有密切的联系。在阶级社会里，行政领导者必然代表统治阶级的利益，行政领导的规律也必然同统治阶级巩固其统治地位的要求相关联，因而，行政领导学的理论也必然打上阶级烙印。从这个意义上说，社会主义行政领导学与资本主义行政领导学尽管在理论上有相通之处，但还是有着原则区别的。所以，我们在发展有中国特色社会主义行政领导学的过程中，要有选择地吸取西方行政领导学内容；但更要从我国国情出发，探索我国行政领导规律，以更好地为我国社会主义现代化建设服务。

二是综合性。我们已经说过，领导科学是一门综合性学科。行政领导学尽管有其专门的研究领域，但学科研究时所应用的知识范围和研究方法的广泛性同样决定了它是一门综合性的学科。要当好一名行政领导者，同样需要具备多方面的知识。行政领导学的研究方法也同样是综合性的方法。同时，行政领导活动尽管有其独特的对象领域，但其本身也是掌管全局的综合性工作，其涉

及面通达政治、经济、文化、教育等多方面,也具有综合性。

三是应用性。同领导科学一样,行政领导学也是一门应用性学科。其理论源于行政领导实际工作的需要;其理论内容和研究课题都基于行政领导的客观规律,都是对行政领导实践经验的概括和总结;其理论宗旨也在于指导行政领导实际,加强和完善行政领导,提高行政领导水平。应用性既是行政领导学的特点,又是行政领导学学科建设的基本要求。

行政领导学的研究方法涉及面非常广泛,且处于不断的发展变化中;同时,随着科学技术及经济社会的发展,行政领导学的研究方法也在不断更新。现常见的行政领导学研究方法有:

(1) 理论行政研究法。这是早期行政学者常用的一种研究方法。依据这种方法,行政领导学的任务在于从纷繁复杂的行政活动中求得一定的原理、法则和定律,以作为行政活动的指导准则。这是从理性的层面去研究行政事务的方法。

(2) 实证行政研究法。这种方法同理论行政研究法相反,它不企求从行政事务中抽象出普遍性的原理和原则,而是针对具体问题,以案例分析方式对行政事务作出经验性的、实证性的研究,并在此基础上建立各种"工作假说"。

(3) 行政实验研究法。即对所要研究的问题和对象,加以人为的控制,并作持续不断的观察和分析,以求得解决问题的方案,类似自然科学的实验法。

(4) 行政心理研究法。通过对个人和社会心理因素的研究而透视行政人员的集体精神、工作作风、工作态度、思想修养、生活作风等。心理研究法的依据是,政府的行政措施和行政决策在很大程度上同群众和行政人员的种种心理,诸如保守、激进、好胜、贪婪、积极进取等有关。美国著名管理学家西蒙(H. A. Simen)的《行政行为》等著作,可以说是这种研究方法的代表作。

(5) 行政行为研究法。行政领导是行政领导者和有关行政人员的行为所构成的事实和现象。行政行为研究法从行政人员的实际行为出发,对其行为的模式及形成因素、发展历程以及效果作出切实的研究与分析。西蒙的《行政行为》一书同样也是这种研究方法的代表作。

(6) 行政社会研究法。即在政治制度、经济状况、社会组织、地理环境、历史背景、民族特性、风俗习惯等诸多社会因素的综合分析基础上,对行政组织、行政决策等行政领导活动作出研究的方法。这种方法把行政领导置于广阔的社会背景下,比较深刻,比较完备,具有较高的社会价值。

(7) 行政数量研究法。亦称"调查研究法"。这种方法以实事求是的精神,通过调查研究,收集大量材料,并作定性与定量相结合的分析研究,以探求行政领导活动规律。努力应用电子计算机作信息处理,尽量利用现代科技手段于调查研究过程中,是这种研究方法的特征。

(8) 行政历史研究法。如本书一开始所说,行政领导自古有之。用历史的观点对行政领导活动作观察、研究,就是行政历史研究法。这种方法的目的在于考察行政领导活动的起源、发展及对社会的影响,行政领导活动与不同社会制度、政治制度的关系,行政领导工作的历史演化等,以求借鉴历史经验,为现代行政领导服务。

以上诸种研究方法并非彼此孤立,而是互相依存、互相渗透的。有时,为研究一个行政行为,可能同时运用几种方法。而且,新的实践随时会产生出新的研究方法,因而,上述研究方法并未穷尽全部。在研究行政领导活动时,不能拘泥于上述八种方法。

第四节 学习研究领导科学的现实意义

领导科学是指导领导工作的一门专门理论。要搞好领导工作,必须学习和掌握领导科学。在我国现代化建设与改革开放的今天尤其如此。对广大担负领导工作的各级干部来说,领导科学是一门必修课。对在校的大学生,尤其是学习管理专业的大学生以及未来的领导干部或管理干部,领导科学也是一门必修课。领导科学既是各级领导干部的一门专业理论,又是培养"通才"的基础理论。认真学习和研究领导科学,掌握领导科学知识,不仅对改革现有领导体制、实现领导工作的科学化、提高领导工作效能有重大的现实意义,而且对提高现代人素质、增长社会工作的才干和能力,以适应现代化建设对人才的多方面要求也有重大的现实意义。

1. 提高领导素质,树立科学的领导观

学习和研究领导科学,可以揭示和认识领导的本质特征及客观规律,明确领导职能,掌握领导原则、方法和艺术,自觉提高领导素质,注重领导工作的效能,促进领导者树立正确的科学领导观,增强领导工作的科学化。

2. 实现领导干部专业化

学习与研究领导科学,是实现领导干部专业化的重要途径。领导干部专业化是新时期党和国家对各级领导干部的一项重要要求。所谓专业化,就是要求领导干部具有胜任领导工作的专业知识和业务能力。而领导科学就是领导干部的最直接、最重要的专业知识。做领导工作,就需要掌握领导工作的客观规律,就应懂得如何实现领导,如何做好领导工作。学习、研究和应用领导科学,必将大大提高各级领导干部的专业化水平。

3. 适应政治体制改革和领导体制改革

学习与研究领导科学,是当前政治体制改革及领导体制改革的必然需要。要搞好当前的政治体制改革,实行党政分开,进一步下放权力,改革政府工作机构,改革干部人事制度,建立社会协商对话制度等,无不涉及领导科学的范畴,无不需要掌握领导科学,特别是掌握适合我国国情的领导科学。只有认真学习、研究、掌握并应用领导科学，才有可能把当前这场以领导体制改革为中心的政治体制改革搞好。

4. 继承和发扬我党、我国科学领导经验

学习与研究领导科学，是继承与发扬我党、我国的科学领导经验，继往开来，保证党和国家路线的稳定性与连续性的重要保证。而完成社会主义事业和共产主义大业，是人类历史上最艰巨的伟大事业，需要一代又一代人的长期奋斗，这就需要我们尤其是广大领导干部不断学习与研究领导科学，继承和发扬我党、我国的科学领导经验，把我们的伟大事业领导好。

5. 培养后备干部，提高全民素质

现在的青年人肩负着把我国建成社会主义现代化强国的重大责任。今天的大学生，不仅是未来的建设者，而且其中很大一部分将成为未来事业的带头人，成为各行各业各层次的领导者。现在就学习一点领导科学，为今后挑重担作准备，是具有战略意义的。

第二章

领导和行政领导:内涵界定

“领导”,是领导科学的中心范畴。对领导科学的学习和研究,也应从对“领导”这一范畴的理解开始,主要内容包括:什么是领导?领导的本质是什么?领导有哪些基本职能?

第一节 领导的本质

一、领导的含义、特征及基本要素

什么是领导?现代领导科学所说的“领导”的概念,主要依据现代西方管理学的解释;而社会主义的领导科学,应以马克思主义经典作家对领导的科学解释为指导思想。

在西方国家,对于领导问题的研究比管理学要晚。它是随着管理学的发展,主要是在人际关系学说——行为科学出现后才受到了注意而开展起来的(行为科学中有专讲“领导行为”的),大体开始于20世纪三四十年代。

在西方管理学著作中,表述过许多关于“领导”的定义,例如:“领导”是一种统治形式,其下属或多或少地愿意接受另一个人的指挥和控制;“领导”是对一个组织起来的集体为确定目标和实现目标所进行的活动施加影响的过程;“领导”是促使一位属下按照所要求的方式活动的过程;“领导”即有效的影响。这些定义,说法不一,却反映了西方对领导的观念的变化。在19世纪末以前,“领导”被等同于“统治”,在当时的企业中,企业的领导者对工人有绝对控制权。随着现代化大生产的发展和人际关系学说的应运而生,领导的观念发生了变化。领导不仅是一种权力,也是一种影响力。领导的本质被确定为一种人际关系。西方管理学家卡茨和卡恩提出,领导是“机械地服从组织的常规指令之外所增加的影响力”。就是说,领导的形成,不仅需要来自组织的已有目标、计划、组织和其他控制活动,还必须依靠个人对情况作出必要的补充;根据情况作出反应;对下属进行解释和推动等这些追加的影响力。

马克思主义的经典作家一方面指出了领导的一般含义就是引导、向导和影响的意思。领导的作用,也就是引导作用、向导作用、影响作用。如列宁在讲到无产阶级政党的领导作用时总是说:要“引导俄国无产阶级和全世界无产阶级并肩地循着公开政治斗争的大道走向胜利的共产主义革命”①。列宁还指出:“工人阶级的领导权,就是工人阶级(及其代表)对其他居民的政治影响。”②毛泽东同志对党的领导作用也称作是群众的向导。刘少奇同志明确提出:“共产党人在人民群众的解放事业中,应该到处是、也只能是人民群众的引导者和向导。”③另一方面,无产阶级革命导师赋予领导以鲜明的无产阶级属性,公开申明:无产阶级的领导应该是无产阶级和广大人民群众利益和意志的集中体现。如毛泽东同志所说:“人民要解放,就把权力委托给能够代表他们的,能够忠实为他们办事的人,这就是我们共产党人。”④同时,他们还指明了领导的组织观念:建立在民主基础上的权威。以上三点构成了完整的无产阶级领导观。

综上所述,对“领导”一般含义的简单归结是:

领导,就是带领、引导和影响。它既指领导活动,也指领导者。

---

① 《列宁选集》第1卷,人民出版社1995年版,第81页。
② 《列宁全集》第17卷,人民出版社1959年版,第62页。
③ 《刘少奇选集》上卷,人民出版社1981年版,第352页。
④ 《毛泽东选集》第4卷,人民出版社1991年版,第1128页。

领导活动,是指以一定的方式带领、引导被领导者为实现一定目标而努力的实践活动。

领导者、被领导者、组织目标和领导环境是构成领导活动的四个基本要素。

领导者就是实行领导行为的人,即在社会共同活动中带领、引导被领导者为实现一定目标而努力的个人或集团。

被领导者作为领导者的下属和广大群体成员,是领导活动得以成功的重要资源。领导活动必须在群体成员的积极参与和领导者与被领导者的相互沟通中展开。

组织目标作为领导活动的最终目的,是领导活动的航标;而领导环境则是领导活动得以实施的外在条件,它关系着特定的领导方式和领导效应的高低。

总之,领导活动是领导者、被领导者、客观环境相互作用和相互结合以实现组织目标的过程。

领导活动不同于其他类型的社会共同活动,它有其自身的特殊性,主要表现为:

其一,权威性。这是领导活动的首要特征。领导活动的权威性来自法制(治)赋予的合法性和领导者的能力、学识与品德等凝聚力因素。如何把法律赋予的权力通过凝聚力要素的支撑,转化为人们自觉接受的权威,是领导活动成功与否的关键。

其二,综合性。现代社会是一个劳动高度分工、高度专业化的社会,领导活动涉及政治、经济、文化、军事、科技、教育等多个领域,领导内容的综合性极强。同时,现代社会又是一个利益多元化的社会,领导活动的一个重要内容,是协调、整合多方利益,这也体现出综合性特征。

其三,全局性。领导活动是一种协调、指挥整体的宏观活动,领导者必须在整体发展、统摄全局的领导理念支配下,实现领导要素的有机结合以及各种资源的有效配置。全局性以超脱性为基础。领导者只有超脱于各种利益群体之上,才能真正做到胸怀全局。

其四,战略性。领导活动是一种全局性、超前性的战略活动。领导者要有战略眼光和预测能力,非如此难以成为引领组织、带领群众的引路人。

其五,服务性。领导活动是对公共使命的承担,是居于特定职位的民意的代理人,在我们国家,是服务人民的公仆。服务是领导的本质所在。

其六,间接性。领导活动是一种依靠动员和激励下属实现组织目标的活动,领导者的任务不是“事必躬亲”地直接去做,而是通过正确用人和用权去实现组织目标。领导活动和组织目标的间接性是领导的重要特征之一。

二、领导的属性和类型

领导活动是人类社会普遍存在的现象。因为人们的社会生产和生活从来不是孤立进行的,而是集体进行的。在这种社会的共同劳动和生活中,必然出现领导的活动。但是,人类的社会实践是不断发展的,不同时代的领导活动又有着本质的区别。为认识领导的本质,首先需要分析领导的二重属性。

领导首先是社会共同劳动和共同生活的自然需要。只要有人类的共同活动,有社会分工协作,就需要有领导者来带领、引导、指挥、协调。马克思指出:“一切规模较大的直接社会劳动或共同劳动,都或多或少地需要指挥,以协调个人的活动,并执行生产总体的运动——不同于这一总体的独立器官的运动——所产生的各种一般职能。”[①]如部落需要首领,工厂需要厂长,军队需要军官,乐队需要指挥,等等。这种带领、引导、指挥、协调的属性,是由人类

① 《马克思恩格斯全集》第23卷,人民出版社1972年版,第367页。

社会共同的整体活动的客观规律所决定的。它是各种社会领导活动的一般的、共同的属性,从一定意义上讲则是"永恒"的。我们把这种属性称为领导的"自然属性"(指不受特定社会政治关系和经济关系所决定的永恒的一般属性,是一种社会化了的"自然属性")。

领导的"自然属性"产生于社会整体活动的自然需要,是由人们社会集体实践活动中的客观规律所决定的。

生产过程中的领导活动由物质生产过程的客观规律所要求和决定。改造自然的活动要求人们按照一定的生产规律组织起来,进行相应的领导和管理。对自然界的改造越广泛深入,这种生产过程中的领导活动越复杂细致。领导活动首先是保证社会生产正常进行的一个重要因素,即首先是生产力发展的客观需要。

社会政治生活中的领导活动,由社会政治实践活动中的整体性所决定。社会的政治活动,需要由领导者去组织、指挥和协调,才能形成整体性的力量。群龙无首,一盘散沙,只能导致失败。

领导自然属性的一般标志,就是统一的意志和一定的权力。这并不是说领导的统一意志和一定权力不带有某种社会性质,而是说具有不同社会性质的领导都有这种共同的标志。

第一,人类的实践活动是有目的地改造世界的物质活动。它总是在一定的认识指导下进行的,所以有组织的实践活动中的领导,表现为以领导者的意志来统一指挥其所属的人们的思想和行动。如没有统一意志的指挥和对这种意志的服从,就不可能有联合的活动和互相依赖的产生过程。至于政治的、军事的、文化的活动也一样,没有统一的意志,也就无所谓领导。

第二,统一意志的贯彻和执行要靠权力来保证,因而权力和服从是领导关系的永恒的属性。权力是领导的重要标志。只不过在不同的领导关系中,权力具有不同的性质罢了。

第三,统一的意志和一定的权力结合起来就是权威。在《论权威》中,恩格斯以大量的事实论证了权威是任何共同活动中必不可少的东西。他说:“一方面是一定的权威,不管它是怎样造成的,另一方面是一定的服从,这两者,不管社会组织怎样,在产品的生产和流通赖以进行的物质条件下,都是我们所必需的。”①不仅在生产和流通领域,在其他社会生活领域也是一样,领导者总要凭借一定的权力保证着统一意志的贯彻执行。这种权威是领导的一般标志。

领导活动不仅具有“自然属性”,尤其具有社会属性。人们之间的经济关系、政治关系渗透于领导活动之中,并规定着它们的社会性质。这就是领导的社会属性。领导的社会属性来源于构成领导活动基本要素的社会属性:领导者与被领导者都是社会的人,领导的客观环境是一种社会环境,组织目标也总体现着一种社会性的价值取向。领导的社会性集中体现为领导的利益性,在阶级社会中则表现为阶级倾向性。所谓领导的利益性,即领导的价值取向、领导主体实施领导活动时所直接依据的价值尺度和价值动力,也即为某种社会群体的利益和意志而运作的倾向。

在领导活动中,社会属性占据着主导地位,这是因为:

第一,社会属性规定着“自然属性”。例如,一切社会生产过程中的领导都具有指挥、监督、调节等自然职能,由于不同的经济关系,就赋予这些职能以不同性质。马克思指出:“一旦从属于资本的劳动成为协作劳动,这种管理、监督和调节的职能就成为资本的职能。这种管理的职能作为资本的特殊职能取得了特殊的性质。”②

第二,社会属性改变“自然属性”,使其发生某种形式的变化。一切领导都以统一意志和权力为标志,但不同的社会经济关系和

① 《马克思恩格斯选集》第2卷,人民出版社1972年版,第553页。
② 《马克思恩格斯全集》第23卷,人民出版社1972年版,第367—368页。

政治关系使其具有不同形式:或以对立意志实行统一,以强制和欺骗来维持权力;或以代表被领导者利益的意志来统一,使权力和服从建立在民主、自愿的基础之上。

第三,领导者之所以成为领导者,首先不是因为他们具有领导的"自然属性",而是具有领导的"社会属性"。世界上并不存在纯粹具有"自然属性"的领导,而只存在着各种不同社会性质的具体的领导。在任何社会中,领导的本质主要是由其社会属性所决定的。

领导的二重属性并不是指两种领导活动,而是指同一领导活动的两个方面。世界上不存在只有单一属性的领导,我们只有在二重性的统一中才能把握特定社会的领导关系。认识领导的上述二重性具有重要意义。如看不到领导的"自然属性",就无法考察领导活动的一般规律和特点,就会否认一切领导关系的某些共同之处,就会忽视或拒绝吸收以往社会中积累下来的领导经验。同样,如果看不到领导的社会属性,那就会把各种性质不同的领导活动混为一谈,抹杀它们之间的原则界限。只有通过分析领导的二重性及相互关系,才能正确认识领导的本质。

社会分工不同,领导活动也有所不同,因而就必然出现不同类型的领导。对领导类型的划分方法很多,一般常用的方法有:

(1) 按领导工作的性质和对象划分,有政治领导、业务领导、行政领导三种普遍的、主要的领导类型。

政治领导指以解决上层建筑领域里的矛盾为主要对象的领导。它是为适应和促进经济基础的发展需要而产生的。生产力的发展、社会形态的变更,使政治领导在不同的历史时期和同一历史时期的不同发展阶段有不同的内涵。在我国,社会主义时期政治领导的集中体现就是中国共产党的领导。党的领导就是对党和国家的政治原则、政治方向、重大决策的领导和向国家政权机关推荐重要干部。政治领导是一切领导活动中起统帅作用的领导。

业务领导指以解决经济基础领域里的矛盾问题为主要对象的领导。实际上,它是对专业工作的领导。它以创造物质财富为主要目标,肩负着为实现政治目标的物质基础建设——物质文明建设的繁重任务;以改造自然为主要作用对象,同时也要处理这一过程中的人际关系,但范围要比政治领导微观得多。业务领导范围广、门类多,包括经济、科学技术、文化教育、国防建设等领域。而每个领域又分为许多专业部门,例如经济领域分为农业、工业、邮电、药业、金融等。

行政领导指相对于政治领导和业务领导而言的政府部门组织的领导。大至一个国家,小至一个单位,都有行政领导。国家行政领导是由各级政府机构体现的,其任务是推行国家政令、管理公共事务。一个组织或团体的行政领导任务,就是推行政治和业务领导的决策,负责人事、后勤等工作。行政领导是政治领导和业务领导的中间环节,它对政治领导和业务领导负责,同时依据法律和制度对业务领导进行检查监督。

(2) 按历史进程划分,有自然式领导、专制式领导、管理式领导、公仆式领导四种主要类型。

自然式领导指原始社会时的氏族、部落式的领导。

专制式领导指奴隶社会、封建社会所采用的“帝王制”或“家长制”的领导。这种领导方式今天仍有残余。

管理式领导指资本主义大生产所采用的领导。这种领导的一些科学方法,在社会主义国家中仍被采用。

公仆式领导指产生于社会主义,并将在共产主义社会得以最终实现的领导。我国已产生了这种领导的典型:焦裕禄、孔繁森、单杰等。

(3) 按领导者与被领导者的作用方式划分,有层次型领导、单线型领导(如地下工作单线联系)、轮型领导(相互监督、促进)、星型领导(中心机构向四处发令)、网络(矩阵)式领导五种主要类型。

网络式领导方式类似计算机网络形状。

(4) 按领导手段划分,有正向领导和负向领导。正向领导即运用激励机制,采取鼓励、表扬手段,肯定下属自我价值,调动下属积极性和内在动力的一种领导方式。负向领导即运用批评教育手段,对下属的错误行为进行惩罚的一种领导方式。一般地说,任何领导活动都是正向领导和负向领导的有机结合。

(5) 按领导的影响来源划分,有正式领导和非正式领导之分。正式领导即来自正式任命授权,有正式职务、权力和地位的领导者。非正式领导则指无正式授权,却对群体和组织发生影响力的个人。非正式领导虽不是授权的法定领导者,但却能因其丰富的经验、超群的能力或突出的学识、品德、才干等个人因素和个人成就而影响群体和组织,成为实际的领导者。对领导活动的研究不能忽视非正式领导这一重要因素。

三、领导的"三力"及其相互关系

每个现代领导者都必须具备与其工作要求相适应的权力、能力和影响力,三者缺一不可,只不过由于领导的层次、性质不同,要求也不尽相同而已。其中,权力是领导的基础,而权力又离不开能力和影响力,离开能力和影响力的权力是空的。正由于此,有人把影响力也归属于权力,称其为"个人影响权"。认为真正的权力应由"组织法定权"和"个人影响力"两部分组成。它们分别为"强制性影响力"和"非强制性影响力",缺少一部分,就不是完整的权力。

任何领导者,当他被组织或群体正式授予某种领导职务时,就意味着他从此获得了与此职务相适应的权力。授予的职务越高,所获得的权力自然就越大,古今中外无不如此。所以这种权力又称为职权或领导权。这种权力具有法定性质,受法律保护。它以服从为前提,具有明显的强制性。它随着职务的授予而开始,也以职务的免除或撤销而终止。正因为这种权力受到法律保护,所以领导在履行职责时,必须按照法律范围行动,决不可随心所欲,为所欲为。领导者的这种法定权力,在"三力"中属于主导地位,是领导者实施职责的前提条件和基础。就其共性而言,大体主要有以下几种权力:决策权、组织权、指挥权、人事权、奖惩权、控制权、监督权等。

所谓领导能力,就是领导方法、领导规律、领导艺术等的把握熟练程度,以及领导者的自身素养、实践经验、思想方法等在具体领导活动中的综合表现。最根本的是运用马克思主义观点、立场、方法,去观察、处理、分析和解决实际问题的能力,它渗透于各种具体的领导活动之中。包括组织指挥能力、协调控制能力、创新应变能力、情报捕捉能力等。

能力与层次有着密切的关系。领导能力,通常主要包含三个基本方面:

第一,见识能力,包括分析、判断、综合、决策等能力;

第二,协调能力,包括处理人际或部门之间关系的能力;

第三,技术能力,包括业务水平和解决实际技术问题的能力或技能等。

据国外有关专家的调查测试统计表明,高层、中层、基层不同层次的领导者,对这三方面能力的结构要求比例如表 2-1 所示。

表 2-1 领导层次与能力的结构要求比例

领导层次	能力方面(%)		
	见识	协调	技术
高	47	35	18
中	31	42	27
低	18	35	47

领导者的影响力,指由于领导者威信对其下属所产生的影响

力量。其重要性并不次于,有时甚至还要超过权力的作用。但它和权力不同,它不是由其上级授予的领导者的职责,自然也不具有法定的性质。它主要是由领导者个人的品质、道德、学识、才能等方面的修养,在其下属心目中所形成的形象与地位所决定的,即下属对上级领导者的信服与敬佩心理状态。显然,这种威信既然是由领导者本人的素质与修养所决定的,自然也必须通过他自己的努力才能建立。

构成领导者影响力——威信的主要因素有:

(1) 品德。诸如:廉洁奉公,不谋私利;作风正派,办事公道;不摆架子,平易近人;严以律己,宽以待人;诚实坦率,言而有信。

(2) 才学。这是领导本领的基本标志,领导越比下属高明,威信也就越高。

(3) 资历。即一个人资格和历史的见证,它虽然不能说明未来,但可说明他的过去,并从中找到可能对未来产生某种影响的因素。历任过较重要的职务,作出过不平凡的业绩,下属群众就会自然地对他产生一种敬佩感,他的威信也就提高了。

(4) 感情。这是建立人际关系的重要基础,感情好,人际关系就融洽,工作就能较顺利地开展;感情不好,人际关系就紧张甚至很僵,工作也就较难顺利开展。

"三力"都是领导者在其领导活动中不可缺少的力量,但其含义和性质各有不同:权力是由领导者的职务决定的,具有强制性和法定性质,受法律保护,随职务的开始和终止而开始和终止;能力是由领导者的素质决定的,职务只能为其施展提供条件或机会,而不能决定能力的大小,也不具备有任何强制性的法定性质,也无所谓法律保护;影响力是由领导者的威信,即领导者个人的品质、道德、学识、才能等方面的修养在其下属心目中所形成的形象与地位所决定的,影响力没有强制性,更没有任何法定性质,因而不受法律保护。

"三力"的相互关系是:权力来自职务,职务来自威信(影响力),威信来自能力与修养。即:权威=权力+威信(影响力)。

从实践考察中可以发现,威信离开权力似乎影响不大,因为它已建立在人们心中;而权力离开威信未必行。一个领导者如只有权力而无威信,完全靠权力办事,那是很困难的。因为很可能他说话没人听,做事无人帮,甚至还可能遭到下属各种或明或暗的抵制和反对。如很有威信,便可"一呼百应",得心应手,情况就不一样了。所以在领导权威中,更重要、更关键的还是威信。

行为科学认为,作为一个领导者,应尽可能运用影响力,而不能光凭地位权力去推进工作。无数事实也证明,那些单凭手中的权力发号施令、以权压人、搞命令主义的领导人,是无法获得群众的信赖和支持的。靠影响力发挥领导作用是我们做好领导工作的重要条件。

在领导活动中,仅靠职权这一强制性因素推行领导力的称强制性领导,而通过权力与影响力有机结合的途径推行领导力的称凝聚性领导。这两种领导有不同的领导方式,产生不同的领导结果:强制性领导的维持靠组织体系,而凝聚性领导的维持靠群体成员的认同和奉献;强制性领导的组织目标靠领导成员的单方面需求决定,而凝聚性领导的组织目标的制定以群体成员的参与为基础;强制性领导在领导活动中无领导者与被领导者之间的感情分享和行为联结,而凝聚性领导则是在充分开发和运用感情资源的基础上,通过领导者和群体成员的互动而实现领导目标的;强制性领导的权威往往凌驾于群体之上,领导者与被领导者之间往往有一道鸿沟,而凝聚性领导的权威则往往来自下属的自觉接受,领导者与被领导者之间有良好的情感沟通。

显然,领导活动的有效实施依赖于凝聚性领导。法约尔曾指出,出色的领导人需要职务规定的权力,也需要个人权力。个人权力是职务权力的必要补充。法约尔明确指出,所谓个人权力就是

"由于自己的智慧、博学、经验、精神、道德、指挥才能、所做的工作等等决定的",也即影响力。

第二节　领导的基本职能

一、引导与指挥

引导是领导最基本的职能。领导作为社会实践活动的领路人,根本任务就是为群众引路和导航。这就是:正确地规划目标,提出任务和制定实现任务的方法。如果说有组织的群众是一支工程队,那么领导者是这支工程队的设计师;如果说群众是威武雄壮的历史话剧演员,那么领导者就是编剧和导演。

引导的核心是制定正确的奋斗目标。有了明确的目标,才能恰当地提出任务。正确地提出任务是实现正确领导的中心环节。只有使群众明确知道需要做什么,引导才是具体的。

领导者不但要规划目标、提出任务,还要制定相应的方法。只有当群众知道应当怎样做的时候,引导才能落实。这里的"方法"是一个内容广泛的概念,包括达到目标和任务的一切主要手段。如具体的组织形式、规章制度以及方针、政策、计划、办法等。

怎样才能实现正确引导?第一,领导者必须具有高度的责任感和强烈的事业心;第二,正确引导的前提在于全面地搜集和了解情况,并善于作出相应的理论总结;第三,必须善于代表先进群众的意见,站在历史潮流的前头。

指挥指领导者和领导机关推动下属组织和个人执行自己的决定,促使他们努力完成为实现既定目标而分配的任务。指挥是领导者更具体更直接的职能,是领导者权力的突出表现。

带有强制性是指挥的一般特征。但这种强制在不同社会的领导与被领导的关系中具有不同性质:阶级对立社会中的领导的指挥职能往往具有暴力性;而社会主义社会中的领导的指挥虽直接代表了领导者、领导机关的意志,却是广大群众统一意志的体现。

社会主义领导者的指挥虽然具有被领导者自觉服从的基础,但这不是绝对的。绝对的服从意味着领导和被领导的完全一致,这在事实上是不存在的。领导者为了保证指挥的实现,要靠必要的强制和细致的思想工作。一方面,要凭借党和国家的力量、法律的力量以及手中掌握的奖励、惩罚等权力,另一方面,又要靠启发群众的自觉。

指挥是对下级组织和个人的推动和促进,一般有三种方式:命令的方式、说服的方式、示范的方式。

命令,即有令必行,有禁必止,必须服从。

在有关党的路线、方针、政策等重大原则问题上,指挥表现为不可动摇的指示。例如,河北省邢台地区二轻局的一位老党员徐秀英同志,为同贪污行为和领导的不正之风作斗争,上访达五年之久,受到种种压制、打击。后来,地委作出了支持徐秀英的决定,但二轻局一些人仍然顶着不办。在这关键时刻,原河北省委第一书记高扬同志对地委的负责干部说:"对这样明显的是非问题,你们表了态,在你们领导下的干部顶着不办,你们都能容忍,你们到底办不办?如果不办,我就另找两位同志,找两位不怕同我高扬一起被打倒的人来办!"这就是指挥。

领导者表扬先进,推行正确的做法,或者自己做出表率,带头工作等均属于示范的方式。这是无声的命令、实际的指挥。

指挥是有限度的。例如人的思想问题,就不能靠行政命令的指挥来解决,而只能靠说服教育来解决。再如,领导者应该指挥下属人员完成既定的任务,而对细枝末节工作的指挥是多余的。该指挥而不指挥,是领导的失职;不该指挥而指挥,就会限制群众积极性和主动性的发挥。正确而灵活地进行指挥,是领导者的一项重要职责。

二、协调与监督

协调指领导者通过及时的调整,使各项工作、各个部门和谐地配合,以便顺利地完成任务,达到既定目的。

协调之所以是领导活动的重要职能之一,是由以下两方面原因决定的:

其一,事物发展是从平衡到不平衡,再到新的平衡的循环往复、不断前进的过程。其中,不平衡即不协调,是经常发生的。从不平衡到平衡,需要协调。

其二,由于各人各部门的立场不同、经历不同、需求不同,对问题的看法也会不同。有些部门的同志往往从局部的情况和利益出发想问题、办事情,不可能处处照顾到全局,这样就会产生矛盾和冲突。对此种利益的矛盾冲突,也需要领导者的协调。

协调的目的在于使领导的各个方面的工作有机地配合起来,以便取得更大的整体效益。领导者的协调职能主要体现为组织协调和人员协调。领导协调的途径有三:① 通过政策与目标进行协调;② 通过行政组织的层级结构进行协调;③ 通过正式与非正式沟通进行协调。

协调应是积极的、推进工作前进的协调。这种协调既要维护本单位工作的平衡,又不能因循守旧、墨守成规而抹杀创新,害怕改革。有两种协调:一是支持先进、促进后进的协调。这种协调用以解决因先进而出现的不平衡(如一部分人先富,或一部分单位率先改革等而造成的不平衡),这时,不能因协调而阻止先进发展。一是解决突出问题的协调。这种协调用以处理影响全局工作进展的重大问题。

领导者为了协调,要正确运用表扬和批评、奖励和惩罚两种手段。领导者必须坚决抛弃那种模棱两可、不痛不痒、哼哼哈哈的官僚主义作风,做到是非分明、勇于负责和公平正直。

监督是根据领导机关规定的目标、任务,经常检查下级的工作,及时查明距离目标的偏差,以便总结经验,纠正错误,确保任务的完成。

社会主义领导监督的根本目的是维护人民的利益。在社会主义条件下,还存在少数领导者对党和人民不负责任的现象,少数工作人员还存在着惰性以及经常发生不能正确理解上级领导意图的情况,因此,社会主义领导的监督是完全必要的。如有些人总要钻政策空子,尽可能为本单位、小团体多捞一些利益,而不考虑国家的损失,甚至搞什么"上有政策,下有对策",这就离不开监督。在我国,各级党委承担着对行政的监督、保证工作。

监督职能表现为多种形式。按监督对象的活动过程,可分为预先监督——在执行领导指示之前防止越轨行为发生;日常监督——在执行领导决策过程中及时查明妨碍目标、任务实现的缺点和偏差;事后监督——在工作执行之后检查是否正确执行了上级指示、有无偏差以及出现偏差的原因。按监督的实行者可分为专职监督机构的监督和领导者直接进行的监督。监督的原则是及时而有效。

监督的目的是控制。所谓控制,就是从外部对执行者和执行组织的活动和运行状况进行宏观把握,对其偏离未来目标的行为或活动进行监控、校正、引导,以保证组织在实现目标的过程中保持稳定、有序的运动。控制的任务在于寻求动态的系统或组织的稳定和有序,在组织稳定和组织活力之间寻求一种平衡,既保持组织的稳定,又给予所控制对象的动态运行有一个可活动的范围或空间。领导的控制必须符合组织目标,适应组织状况,控制关键点,把握发展趋势,有弹性,关注例外(即超出一般的特例)。

三、组织与教育

领导者也是组织者。组织包括社会实践活动中的机构设置、

权力分配和人员使用等。具体说来,组织的内容包括:

(1) 建立合理的组织编制。就是把领导者提出的总任务按不同方面和层次加以分解,根据分解出来的具体任务设置相应的部门和单位,同时授予这些部门、单位以必要的权力,并规定它们的职责。只有这样,领导的指挥、协调、监督等职能才能顺畅地得以发挥。组织编制的合理有效,关键在于能形成一个有机的整体,在这个有机的整体中,既有合理的专业化分工,又能够互相配合,共同服从统一的目标和指挥。

(2) 制定统一纪律以保证组织机构的顺利运转。有效的领导必须规定严格的纪律,并严肃地执行纪律。所谓有纪律,就是根据既定的任务,明确规定全体人员的行动规范。对于违反纪律的,该批评的批评,该处分的处分,该撤职的撤职。严肃纪律,用以保证整个组织效能的发挥,是古往今来一切高明领导者的一项重要组织工作。

(3) 选人用人。这是一项重要的领导组织职能。每一个领导者都应具有"爱才之心,识才之眼,用才之法,容才之量,育才之职",善于发现每一个有用之才,并把他们安排在适当的岗位上。领导者的组织职能,还在于懂得干部队伍的群体结构和合理的人才配备。有的干部精通一个专业或一项生产过程;有的干部在党政领导岗位或经营管理方面具有组织才能。在组建一个地区、部门或企事业单位的领导班子时,这两类干部要配备得当,形成合理结构。

教育指领导者对广大群众进行宣传、动员、培养、训练,从各方面提高他们的素质,以适应实践需要的职能。教育的内容由社会实践活动的需要决定,主要包括帮助群众提高政治思想、科学文化、生产技能等方面的水平。一般地说,教育可以划分为政治思想教育和业务技术教育两个方面。

任何领导意图都要通过人的行动来实现,而人的行动总要受一定思想所支配。所以,一切有头脑的领导者无不重视思想工作。思想政治教育是社会主义领导者实现领导意图的重要手段。其必要性在于,正确的领导方针和政策不是群众自发的反映,而是运用马克思主义集中群众意志的结果,是客观规律的反映。要使群众理解它、接受它,必然要进行思想教育。

帮助群众提高业务素质,是领导者教育职能的另一个重要方面。业务技术素质是完成具体业务工作任务的保证。

领导者本身则有一个先接受教育的问题。因为“要做人民的先生,先做人民的学生”,这是我们必须记住的。

以上从六个方面阐述了领导者的基本职能。当然还有其他一些职能。凡此种种领导职能,可以归结为处理与人的关系、与事的关系和与时间的关系三个方面。首先,领导者面对的是人,因而,引导、指挥、协调、监督、组织与教育的对象都是人,要履行好这些职能,必须千方百计地通过一系列措施,了解人,理解人,把握人的需求。其次,要完成组织目标,必然有大量事情要做,领导活动的一个重要内容就是处理一系列事务,所有的领导职能都必须体现在这一系列事务的处理中。再次,完成领导任务与规划,与安排个人和组织的时间密切相关。领导者处理与事的关系,主要体现为领导的科学化;处理与人和时间的关系,主要体现为领导的艺术化。领导的职能是科学化与艺术化的统一。

第三节 体现社会主义领导本质的特殊职能:思想政治工作

一、思想政治工作的含义、特点和地位

思想政治工作,是指以人为对象,解决人们的思想、观点、政治立场的问题,提高人们认识世界的能力,动员人们自觉地为实现当

前和长远的目标而奋斗的工作。任何一种领导活动,都是通过对人的领导,达到对世界的改造。“在社会历史领域内进行活动的,是具有意识的、经过思虑或凭激情行动的、追求某种目的的人;任何事情的发生都不是没有自觉的意图,没有预期的目的的”①。因此,影响人们思想、观点和立场的思想政治工作,不能不是领导工作的中心环节。

新时期领导工作的中心任务是要建设具有中国特色的社会主义,这就要高举当代马克思主义——中国特色社会主义理论的旗帜,坚持用集体主义、社会主义和爱国主义思想教育人民群众,努力培养有理想、有道德、有文化、有纪律的一代社会主义新人。要教育人民坚定有中国特色社会主义的信念,反对资产阶级自由化,随时注意克服涣散、腐蚀人们意志的错误思想,反对怀疑以至否定党的领导和社会主义的思潮。要引导人民在改革中正确处理国家、集体和个人三者利益的关系,正确处理局部利益和全局利益的关系,加强社会主义精神文明建设,以保证我们的事业健康发展。

思想政治工作在领导工作中占有重要地位和作用。

毛泽东同志早在党的“七大”政治报告中指出:“掌握思想教育,是团结全党进行伟大政治斗争的中心环节。”全国解放后,他又指出:“政治工作是一切经济工作的生命线。”②周恩来同志在《怎样做一个好的领导者》一文中,把“要求领导干部抓紧思想政治的领导”列为领导者第一条任务。邓小平同志指出:“我们说改善党的领导,其中最主要的,就是加强思想政治工作。……党的领导机关除了掌握方针政策和决定重要干部的使用外,要腾出主要的时间和精力来做思想政治工作,做人的工作,做群众工作。”并说:“在工作重心转到经济建设以后,全党要研究如何适应新的条件,加强

① 《马克思恩格斯选集》第4卷,人民出版社1995年版,第247页。

② 《毛泽东文集》第6卷,人民出版社1999年版,第449页。

党的思想工作,防止埋头经济工作、忽视思想工作的倾向。"①

思想政治工作的重要性是由党的领导同群众的关系以及思想政治工作的性质、特点所决定的。我们党的领导不是靠发号施令,而是靠马列主义、毛泽东思想和正确的路线、方针、政策,靠对群众强有力的思想工作。只有通过思想政治工作,把领导的决策变为群众的行动,我们的目标才会达到。

具体地说,思想政治工作在领导工作中的重要地位与作用表现为:

(1) 思想政治工作,对于动员群众实现领导目标,起着保证作用。人民群众是领导工作的基础,没有群众的支持和参加,领导目标就无法实现。正确领导,就是正确地决定问题,组织对正确决定的执行,组织对这种决定的执行情况的检查;而要做到这一切,非有群众的经验和直接参加不可。要使群众参加这一切活动,就要从政治上思想上把群众动员起来。任何事情都要靠人去做,而任何有人群的地方都有先进、中间、落后之分。只有先进分子的积极性而不动员广大群众的积极性,事情是做不好的。提高那些对自身长远和根本利益还缺乏自觉的人们的觉悟,使领导目标成为人们自觉的行动目标,这正是思想政治工作的使命。在路线、方针、政策的基础上,群众的自觉就成为能否实现这些路线、方针、政策的决定因素。因此,不论哪一层次、哪一领域的领导工作,都必须掌握思想教育这一中心环节。这是实现领导目标的保证。

(2) 思想政治工作对于经济工作和其他一切工作的正确的政治方向,起着保证作用。无产阶级政党领导的任何工作都要符合人民的利益,这是一切工作的政治方向问题。在当前,坚持四项基本原则,正确贯彻执行党的路线、方针、政策,高举邓小平理论旗帜,抵制和反对资产阶级思想影响等,就是正确的政治方向。为保

① 《邓小平文选》第3卷,人民出版社1993年版,第48页。

证一切工作沿着正确的政治方向前进,除了要依靠坚强的组织领导、健全的法制和纪律外,还要依靠强有力的思想政治工作。如果削弱和放松了思想政治工作、经济工作和其他一切工作,就有脱离社会主义轨道的危险。

(3) 思想政治工作对于建设高度的社会主义精神文明具有重大作用。以共产主义思想为核心的社会主义精神文明,是社会主义现代化的基本特征,是社会主义制度的本质要求。社会主义精神文明建设中的文化建设和思想建设,都离不开思想政治工作。

(4) 思想政治工作,对于正确处理人民内部矛盾,团结一切可以团结的人,促进安定团结,也起着保证作用。只有通过深入细致的思想政治工作,才能化解矛盾,消除隔阂,减少内耗,团结大多数,化消极因素为积极因素,带领广大群众为实现我们的目标而努力。

基于对思想政治工作的重要作用的以上分析,可以得出结论:思想政治工作是经济工作和其他一切工作的生命线。这就是对思想政治工作在领导工作中的地位与作用的集中表述。

二、思想政治工作的基本规律

思想政治工作同世界上一切事物一样,有它自身运动发展的规律。认识思想政治工作的特殊规律,掌握好它的特点,从实际出发,遵循客观规律行事,是做好思想政治工作的必要条件。思想政治工作的规律性体现在构成思想政治工作的一切要素的相互关系上,这些要素是:思想政治工作的施行者(教育者)、思想政治工作的对象(受教育者)、思想政治工作的内容和方法,以及人们生活于其中的社会环境。要做好思想政治工作,就要根据我们党进行思想政治工作的丰富经验,并参照心理学等现代科学的某些成就,正确处理好这些要素间的关系。

1. 内容和方法必须适应被教育者的思想发展变化规律

要做好思想政治工作,必须适应人的思想和行为的客观规律性。恩格斯说：人们“行动的一切动力，都一定要通过他的头脑，一定要转变为他的意志的动机，才能使他行动起来”①。人们的一切行动是受思想(愿望和动机)支配的，而支配行动的思想，是人所处的社会条件、生活条件、工作条件和环境等客观条件作用于大脑的结果。“客观条件→思想(表现为愿望、动机)→行动”这一公式，表述了人们思想和行为的客观规律。这一规律，决定了我们在从事思想政治工作时，不但要研究外界客观条件是如何决定和影响人的思想，而且要研究人的思想动机是怎样指导行为的。只有这样，才能自觉地、更有效地做好思想政治工作。

要弄清支配行为的思想赖以产生的客观条件，尤其是社会条件，以追寻根源，抓住本质。人的思想动机的形成，从生理基础看，是人脑的机能；从内容看，则是物质世界的反映。人的思想虽能支配人的一切行为，但它不是行为之源，而是一种“中介”。我们分析和判断一个人，要从其行为出发，透过其动机，找到其产生动机的客观条件，尤其是社会根源。正是人们的社会关系和社会环境影响、制约并决定着人们思想的变化发展。因此，思想政治工作一方面要重视影响人们思想、行为的社会环境，不仅着眼于转变单个人的思想，还要重视转变社会风气，改变社会环境(包括社会心理、社会意识形态等)；另一方面，在转变单个人的思想时，也不可孤立地看单个人的思想表现，而要注意从他所处的社会地位、社会关系及所受的教育等方面，寻找其思想发展变化的影响源，并根据其思想特点有的放矢地进行工作。

要注重个性心理对人的思想行为的影响。由于人的不同的生理基础、不同的生活和教育条件，形成个人气质、性格、能力、兴趣、爱好这些个性心理上的差异。这些个性心理，通过情感和意志在每个人身上保存下来，固定起来，具有一定的稳定性。一个人的积

① 《马克思恩格斯选集》第4卷，人民出版社1995年版，第251页。

极行动,不仅包含着思想意志的明确程度,也包含着情感的兴奋水平和意志努力的程度。只有根据每个人的个性特点,选择相应的思想政治工作的内容和方法,才能把共性与个性、一般与个别统一起来。例如,对于逻辑思维能力较强,或者说属于理智型的人,采取逻辑性较强的说理方法,可能奏效较大;而对于形象思维能力较强,或者说属于感情型的人,采用形象感染的方法可能见效更快;对性格粗犷和感情细腻的人,对外向型和内向型的人,思想教育的内容和方法也均应有所不同。

2. 依靠群众力量做好思想政治工作

思想政治工作具有广泛的群众性。哪里有群众,哪里就有思想政治工作。基层组织的领导活动,必须直接依靠本组织的群众;较高层次组织的领导活动,由于影响所及的群众面广,更要做好思想政治工作。思想政治工作的群众性决定了不能把思想政治工作仅仅当作领导者的事,而要看做是人民群众自己的事,广泛动员大家都来做好思想政治工作。如不依靠广大群众,只靠少数人冷冷清清地做工作,一不能正确地掌握群众的真实思想和情绪,二很难全面了解被教育者的状况和特点,三会形成领导与群众之间的隔阂,甚至对立。

依靠群众做好思想政治工作,有两条途径:

(1) 通过广泛的宣传教育,形成文明的社会风气、正常的社会心理和健康的社会舆论,使错误的思想和行为受到社会的抵制和指责;正确的思想和行为得到公众的赞扬和仿效。这是依靠群众做政治思想工作的社会途径,有利于造成扶正祛邪、兴旺振奋的"大气候",形成做好思想政治工作的良好局面。

(2) 充分运用人们自然形成的各种交往和关系,开展群众性的相互间的思想帮助,做好深入细致的思想工作。

3. 教育者必先受教育

教育者(包括领导者和思想政治工作者)自身的思想、行为和能力状况,在一定程度上是决定思想政治工作成败的关键。从思想上说,只有先觉者才能觉后觉。要教育群众相信马克思主义,教育者自己必须弄懂并坚信马克思主义,否则,就不可能进行正确的教育,至少不能进行有说服力的教育。从行动上说,只有以身作则才能带领群众。教育群众去做的事,教育者必须先自己做到,自己做表率,说话才有分量,才有威信。有些人做思想政治工作没有力量,一个重要原因就是自己不能做表率。从能力上说,只有具备较强的认识能力和工作能力的教育者,才能做好影响人们思想、观点、立场的艰巨工作。

教育者既然是“人类灵魂的工程师”,就要有“工程师”的本领。因此,教育者必须首先弄懂马克思主义基本理论,还要懂得一些社会学、心理学、教育学、管理学、逻辑学、美学等学科知识,并具备综合运用这些理论和知识的能力。

教育者要认识到,自己同样是思想政治工作的对象,也需要不断提高自己认识和改造世界的能力。教育者和被教育者不但在地位上是平等的,而且在教育上也是相互的。教育者如果不能向被教育者学习,就不是一个好的教育者。

三、思想政治工作的原则

1. 疏导——思想政治工作的基本方针

我党思想政治工作的基本方针是疏导。疏导,就是疏通、引导。疏通,就是广开言路、集思广益;引导,就是循循善诱、说服教育。疏导的方针,是一条实事求是、以理服人、讲求实效的方针。疏通是引导的必要前提,引导是疏通的发展趋势。要在疏通中引导,在引导中疏通,又疏又导。没有疏通,就不可能正确引导;没有引导,疏通也就失去了实际意义。

疏导方针之所以是思想政治工作的基本方针,这是因为:

(1) 从工作对象看。思想政治工作的对象是人,思想工作是做人的工作。而人是有感情和意识的。思想意识的问题只能靠说服,只能因势利导,以理服人。任何堵塞、压制、强迫命令的办法,都不能解决思想问题。

(2) 从思想问题的性质看。我们所面临的思想问题,大量属于人民内部矛盾。凡属于人民内部矛盾的争论问题,只能用民主的方法去解决,只能用讨论的方法、批评的方法、说服教育的方法去解决,而不能用强制的、压服的方法去解决。实行疏导的方针,既能够克服错误的思想和行为,又可以保障人民的民主权利,保护人民群众当家做主的主人翁精神和积极主动精神。

(3) 从人们的思想发展变化过程看。一个人的思想转变,必须经过自身的思想矛盾的斗争和转化,这就需要创造条件,让大家畅所欲言,把各种意见和想法都讲出来;然后,通过摆事实、讲道理,才能明辨是非,坚持真理,纠正谬误。而这正是疏导方针所主张的。

2. 理论联系实际的原则

思想政治工作一定要从实际出发,紧密联系时代要求,结合人们的工作实际、生活实际和思想实际来进行。要防止和反对两种倾向:一是空洞说教,不接触群众的思想实际;二是就事论事,不去提高人们的思想觉悟。

贯彻理论联系实际的原则,应该做到思想教育的时代性和针对性。

所谓时代性,是指思想教育要适合时代需要,具有时代感和时代气息。在一定的历史条件下,社会的经济、政治、文化等方面的发展变化,对人们的思想都会产生深刻的影响。时代不同,思想政治工作的主题、目标、具体内容也会不同,因而,思想政治工作的内容必须适应时代的要求,随历史状况、社会背景的变化而变化。如在当代中国,思想政治工作的内容和目标都必须围绕改革开放、建设有中国特色的社会主义、"一个中心,两个基本点"的党的基本路线,围绕新世纪我党面临的新情况、新问题、新实际。思想政治工作的要求既不同于过去战争年代,也不同于1978年党的十一届三中全会之前。

所谓针对性,指的是要熟悉教育对象,了解对象的具体实际,掌握他们的思想脉搏,做到有的放矢、对症下药。思想政治工作是入耳入脑的工作,必须使思想教育与个人的实际相结合,才能奏效。而各人的思想实际不是千篇一律的,即使同样的问题,各人的认识程度、理解程度也不尽相同,因而,必须"一把钥匙开一把锁",具体情况具体分析。不分对象实际,搞"千人一面"的说教,结果只能是言者谆谆,闻者藐藐,收效甚微。

3. 民主平等的原则

领导者与群众的平等关系、思想政治工作的民主方式,是有效地进行思想政治工作的重要条件。民主平等原则必须贯穿于思想政治工作的始终。这是因为:第一,相信群众、依靠群众是马克思主义的基本观点,思想政治工作以此为出发点,就必须贯彻民主平等的原则;第二,教育心理学认为,教育的过程是教育者的"心理需要"同教育对象接受教育的"心理需要"相互印照的过程,是他们之间"心理交流"的过程。教育者和教育对象"心理需要"相吻合,"心理交流"相沟通,就会引起彼此之间情感上的"共鸣"和"共振",收到良好的教育效果。反之,如果教育者和教育对象的"心理需要"相矛盾,"心理交流"受阻碍,那么教育对象在接受教育上往往产生对抗性,思想政治工作也就会失去效力。

坚持民主平等原则,就要做到:第一,虚怀若谷,平等待人,放下架子,向群众学习,倾听群众意见;第二,要充分相信群众,尊重群众首创精神,善于发动群众自我教育;第三,对于犯错误的人,不能歧视,要满腔热情地帮助他们,耐心细致地做好矛盾转化工作。

4. 结合业务工作一道做的原则

人们的思想问题,往往是同他们在劳动和工作过程中遇到的种种实际问题有关,是通过各项业务活动表现出来的。要克服思想政治工作、业务工作两张皮、各管各的现象,把思想政治工作渗透到业务活动中去,有效地解决业务活动中的各种具体矛盾,充分调动人们的积极性和创造性,保证各项业务工作顺利完成。如果离开各项业务工作,不解决任何实际问题,孤立地去做思想政治工作,必然会变成“空头政治”,把思想政治工作引入歧途。

坚持这一原则,把思想政治工作和业务工作两股绳拧成一股绳,就要做到:第一,思想政治工作干部要熟悉业务,深入业务工作实际;业务干部也要克服忽视思想政治工作的单纯业务观点,在做好业务工作的同时做好思想政治工作。第二,要把解决思想问题与解决业务工作实际问题相结合,切忌“空对空”,“只务虚,不务实”。第三,要教育群众正确对待国家、集体和个人三者之间的关系,正确对待有关个人利益的问题(如工资、住房、奖金等);要把物质奖励和精神鼓励结合起来,正确处理好两者关系,不能只搞物质鼓励,不搞精神鼓励。人总是要有点精神的。

5. 循循善诱的原则

思想政治工作的循循善诱原则,是由人们的认识程序规律所决定的。人们的认识过程是由感觉、知觉到思维的过程;是从认识个别事物到认识一般道理的过程;又是一个从量的逐渐积累到质的飞跃的过程。这一由浅入深、由表及里的认识程序,说明人们的认识需要一个过程,而我们的思想政治工作也需要遵循这个过程。

循循善诱,就是要有耐心,思想工作要步步深入,一步一个脚印,不急于求成。有人把这一原则概括为“施之以爱,动之以情,晓之以理,喻之以义,导之以行”的20字诀,这有一定道理。

“施之以爱,动之以情”,是思想政治工作的入手。要做好思想政治工作,领导者首先要对群众有深切的爱。只有这样,才能从本质上、主流上发现蕴藏在他们中间的巨大的积极性;才有耐心和韧劲对他们循循善诱,坚持不懈地把工作做深做细;才能以真挚的感情对待群众,信任、尊重、体贴、关怀他们;受教育者也才能被激起感激、信赖和爱戴之情,敞开自己心灵的窗扉,接受教育,如春风化雨,点滴入土。

“晓之以理,喻之以义”,是思想政治工作的深入。情与理各有其作用。以情打开大门,用理进入内堂。要解决人们的思想问题,归根结底,还要靠充分说理。理不说不明,灯不拨不亮。只有通情达理,把情和理有机地结合起来,才能发挥思想政治工作的巨大威力。

“导之以行”,是思想政治工作的归宿。通晓道理的最终目的是为了付诸行动。受教育者能否以积极的行动投入我们为之奋斗的事业,这是检验思想政治工作成功与否的最终标准。

6. 言传身教的原则

思想政治工作,要言传与身教相结合,身教重于言教;言行一致,以身作则,是做好思想政治工作的切实保证。领导者的身体力行,就是一种无声的命令。群众不光听你说得怎样,更主要的还要看你做得怎样。在现实生活中,往往有两种人:一种人言传又身教;一种人说的是一套,做的又是一套。哪一种人能做好思想政治工作呢?当然是前者,而不是后者。为此,领导者必须严格要求自己,经常检点自己的一言一行,凡是要求群众做到的,自己首先要做到,真正达到言行一致,事事处处以身作则。一旦有错,一经指出,就及时改正。只有这样,才能真正赢得群众的爱戴和敬佩。

四、思想政治工作的方法

做好思想政治工作,除了要遵循客观规律,坚持正确的方针和原则外,还要讲究工作方法。有了科学而灵活多样的方法,就能使思想政治教育更加具有说服力、感染力、吸引力,更好地发挥思想政治工作的强大威力。

思想政治工作的方法很多,并有不同的归纳。这里提出十种方法,作为参考。

1. 正面教育,以理服人

正面教育,以理服人,也就是所谓“灌输法”。列宁反复讲述,马克思列宁主义不能在工人运动中自然产生,而只能实行灌输。灌输的内容主要包括两个方面:一是政治思想的灌输,包括:对人民群众进行马列主义、毛泽东思想、邓小平理论的教育;祖国历史特别是近代史的教育;党的纲领、历史和革命传统的教育;宪法和公民权利、义务、道德的教育;各行各业的职业道德、职业纪律的教育以及党的各项方针政策的教育等。二是科学文化知识的灌输,如关于社会主义市场经济理论知识的学习、现代科学技术知识的学习等。

灌输的方法,一种是经常性灌输,即在日常生活和工作中,通过报纸、广播、书刊、文学艺术、电影电视、会议等手段进行灌输;一种是系统地组织学习,即组织各种脱产、半脱产的轮训等。

灌输不是生硬的填塞,而是要按照疏导的方针,讲究灌输方法的科学性和艺术性,善于启发、诱导。教育内容不仅要材料新鲜、观点明确、主题突出、针对性强、说理透彻,而且应努力做到构思巧妙、引人入胜、波澜起伏、扣人心弦、语言生动、富有趣味。在教育形式上则要生动活泼、灵活多样,切忌单调划一、呆板枯燥。

2. 重视个别工作,一把钥匙开一把锁

做好一人一事的个别工作,是思想政治工作的基本功。其特点是:要针对对象的特殊性,根据不同人的不同问题、不同特点,采取不同方法。其前提是:摸准对象的具体情况,既要了解思想问题,又要掌握个性特征。其做法是:实事求是地作科学分析,一是一,二是二,不夸大,不缩小;允许申辩,耐心帮助,不操之过急;激发长处,鼓励进步,不苛求于人。

3. 抓住思想倾向,工作做在前头

抓倾向,抓苗头,积极主动地开展思想工作,这也是思想政治工作的一个重要方法。作为一个领导者,必须经常注意群众的思想倾向,定期研究分析他们的思想状况,善于抓住带有普遍性的思想倾向进行工作,以期把一些错误思想和行为解决于始发阶段,不使问题成堆为患。必须注意:第一,持慎重态度,认清问题的性质和程度,掌握好政策界限;第二,着眼于大多数,着眼于普遍,不扭住枝节问题,并以积极引导向上为主,不能以批评为主;第三,努力运用舆论力量,树立良好风气,克服歪风邪气。

4. 思想教育和知识教育相结合

寓思想性于知识性之中,是一种很受欢迎,尤其受年轻人欢迎的方法。可以在政治教育中,充分运用丰富的知识内容,去启迪人们的心灵,使人们在接受教育的过程中,同时得到知识启示、道德熏陶、艺术感染;也可根据需要,有针对性地组织学习有关知识,在知识的学习中,受到启发,提高认识。如通过对中国近代史的学习培养爱国主义精神,通过对社会主义市场经济理论的学习提高建设有中国特色的社会主义信念,通过对法律知识的学习提高人们的社会主义法制观念等。

5. 树立榜样,典型示范

树立可以作为人们言行表率和楷模的榜样,给人们以鼓舞、教育和鞭策,激励人们奋发向前,这是有效地开展思想政治工作的一个方法。运用典型示范,就要根据每个时期党的方针政策以及思想政治教育的目的和要求,去发现榜样人物,使思想教育的目标形象化、具体化。有了榜样之后,要充分发挥它的典型示范作用,还要进行培养、教育、总结、宣传,造成一个群众性的学先进、超先进的热潮。榜样人物并不是十全十美的,往往会受到别人的挑剔,领导上必须加以爱护和支持。当然,也应注重于建立榜样人物和群众的正常关系,使榜样对群众具有吸引力,大家能自觉主动地向榜样学习。

6. 以诚相待,以情感人

同教育对象做知心朋友,与他们沟通感情,是提高思想政治工作有效性的重要途径。领导者做思想工作,特别是做后进群众的思想工作,应该有诚恳的态度,从关心体贴入手,打动感情,要同他们推心置腹,促膝谈心,做到以心换心,与被教育者成为知心朋友,在交心过程中,要扶植其自尊心,激发其上进心,使他们自身增长前进的动力。如果思想有反复,要有信心、有耐心,坚持把工作做到家,以真诚打动人心。

7. 关心群众生活,解决实际困难

关心群众的日常生活问题,帮助解决一些实际困难,是思想政治工作的重要内容。要经常调查了解群众的不同需要,属于合理的要求而又能解决的问题,就要及时帮助解决;对于一些不合理的要求,以及一时解决不了的问题,也要给予说明、解释。同时还要结合处理实际问题,进行思想教育,加以正确引导。这样,才能使领导与群众的关系更为融洽,更能充分地调动起群众的积极性。

8. 扬善为主,激励上进

这是激励法与批评法的结合。在思想领域里,经常存在着正确与错误、先进与落后的矛盾。为了解决这些矛盾,领导者要敢抓敢管,支持什么,反对什么,态度鲜明。要善于运用表扬与批评相结合的方法,而以扬善为主。

行为科学认为,任何人的行为都受某种动机的直接支配。行为科学把一个人从动机到行为再到达到目标的过程,称为激励过程。西方管理理论非常重视激励在调动人的积极性方面的作用,提出了许多激励理论。波特尔与罗勃尔提出如图 2-1 的激励模式:

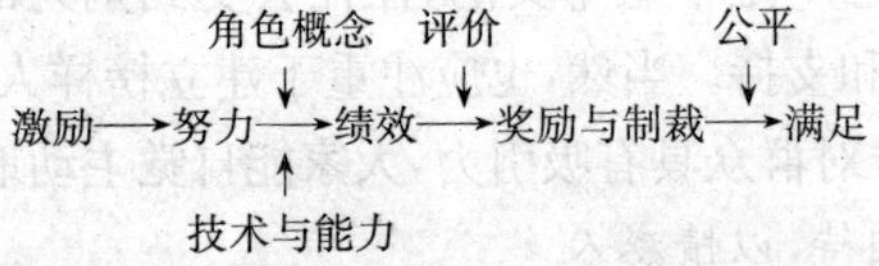

角色概念 → 努力与绩效之间;评价 → 绩效与奖励之间;公平 → 奖励与满足之间

激励——→努力——→绩效——→奖励与制裁——→满足

技术与能力 → 努力与绩效之间

图 2-1　波特尔与罗勃尔提出的激励模式

这一理论说明：先有激励，激励导致努力，努力又导致绩效(工作成绩、效果或表现)。一种努力要达到绩效，角色概念要明确，技术与能力要达到适当的水平。奖励和制裁要根据绩效，即根据对绩效的实事求是的评价。奖励与制裁要公平、公正，才能使职工感到满意，从而强化动机与行为。

行为科学的强化理论着重讨论了奖惩在激励过程中的作用，认为表扬与奖励或批评与惩罚是强化人们的动机，从而影响和引导人们行为的一种重要方法。"奖"起着正强化、正面引导的作用，它不仅使本人有成就感，增进保持荣誉的内在动力，也有利于形成学先进、争上游的心理气氛，激励人们上进；"惩"是一种负强化，可以起警告和劝阻作用，使本人与他人不再发生或减少错误行为。

强化理论提出：在进行表扬、批评和奖励、惩罚时，要注意以下几点：

(1) 以正强化为主。这体现了表扬与批评相结合，以表扬为主的原则。它符合心理学原理。表扬可以使受表扬的人产生一种积极的情绪体验，感到愉快，受到鼓舞。这就要求领导者把着眼点放在人们的长处上，重视发现人们的优点和长处。

(2)"对期望行为的强调"。意指要注意表扬与批评、奖励与惩罚的目的性。通过表扬和奖励，目的在于出现我们所期望出现的行为；通过批评和惩罚，目的在于少出现或不出现我们所不期望出现的行为。"对期望行为的强调"，要摆脱被动应付的局面，要通过表扬或惩罚有的放矢地扶持或阻止某种倾向，让表扬或惩罚作为一种主动的手段。例如，我们目前要着重解决纪律问题，我们就可有意识地围绕"纪律"问题，表扬好的，批评差的，以达到我们所期望出现的增强纪律的局面。

(3) 实事求是。有两方面含义：首先，准确性，即恰如其分，不能"乱点鸳鸯谱"。其次，原则性与灵活性相结合。如规定了制度、纪律必须执行，这是原则性；但在执行过程中又要考虑具体情况,有所变通,不能生搬硬套。

(4) 因人而异,形式多样。思想政治工作应针对不同对象采取不同的方法。例如在采用奖惩这一强化激励方法时,因各人特点不一样,对正负强化的反应也不尽相同:有的人爱面子,口头表扬就有作用;有的人讲实惠,希望有点物质奖励;有的人脸皮薄,会上批评受不了;有的人相反,不狠狠地触动他,他满不在乎,等等。这样,就必须根据不同情况采取不同方法,才会有好的效果,而不至于适得其反。

(5) 必须注意及时性。对群众的好思想好行为要及时予以肯定,使他们好的动机得到及时强化,以得到保持和再现。如果不及时肯定,甚至漫不经心,漠不关心或视而不见,不作任何表示,他们的行为就难以保持下去,甚至会觉得没有得到认可,"干好干坏一个样",从而采取马马虎虎、随随便便的做法。

惩罚必须慎重,要做到:① 有话在先;② 宽严一致;③ 掌握时机。有话在先,而不是"不教而诛",才能惩前毖后。宽严一致,而不是"厚此薄彼",才能令人信服。掌握时机,就是要"冷处理",不要"热处理"。有利于解决问题的最好时机是:① 错误事实已清楚;② 激情已经过去(不要在气头上);③ 错误影响尚未扩大;④ 群众记忆犹新时(不要搞成"算旧账",这样得不到群众支持)。

运用奖惩这一激励措施,一定要从爱护同志出发。奖惩本身不是目的,而是方法而已。要想运用好这种方法,立足点非常重要。立足点正确,才能有正确的方法,把工作做好。

9. 养成良好风气,陶冶人们道德情操

养成良好风气,增强环境的感染气氛,是做好思想政治工作不可忽视的助动力。领导者必须运用各种方法,为培养人们的高尚思想、道德情操提供一个良好的、健康向上的氛围和社会环境。只有这样,才能为做好思想政治工作奠定良好的基础。

10. 相互配合,共同努力

由于人们有着广泛的社会交往和社会关系,影响他们思想的因素和渠道是多方面的、复杂的,许多因素又常常交互起作用。因而,思想政治工作是一个系统工程,需要多方面的配合。要把单位内部的各种力量组织起来,形成思想政治工作的综合体系。不仅党组织及各职能部门要认真从事思想政治工作,行政工作系统也要把思想政治工作作为自己的一项重要职能;各种先进人物也是一支不可忽视的思想政治工作的力量。此外,还要运用社会上的各方面力量,来做好思想政治工作。

第四节　领导的一般原则

领导原则,是领导活动规律的体现。对领导规律加以概括和总结,变成具有主观指导性的东西,变成领导者应当自觉遵循的规范和准则,就是领导的原则。因此,我们可把领导原则定义为具体反映领导规律的领导运作准则,是为确保领导活动的成效而必须遵循的基本规范。领导原则有一般和具体之分。反映领导活动某一方面规律的,叫做领导的具体原则,如领导的决策原则、用人原则等。领导活动的一般原则,则是贯穿于领导活动各个方面共同规律的反映,因而带有普遍性。

一、领导与群众相结合原则

就是在一切工作中把领导者的正确领导同广大群众的主动性、积极性紧密地结合起来。这是我党在长期斗争中形成的最基本的领导原则,也是马克思主义的基本的领导方法。这一原则是领导者适应并引导被领导者规律的体现。

领导和群众是领导活动的基本要素。二者积极性的充分发挥和有机结合,是一切领导活动成功的根本保证。大量事实证明,只有领导骨干的积极性,而无广大群众的积极性相结合,便将成为少数人的空忙。但如果只有广大群众的积极性,而无有力的领导骨干去恰当地组织群众的积极性,则群众积极性既不可能持久,也不可能保持正确的方向和达到高级的程度。领导者适应并引导被领导者规律所概括和揭示的正是领导者要适应并引导被领导者,被领导者也要适应领导者的相互适应关系。把这一规律应用于实际工作中,就是领导和群众相结合的原则。

为实现领导与群众的结合,我们必须做到:领导者必须树立明确的群众观念;坚持从群众中来、到群众中去的领导方法;采取一般号召和个别指导相结合的方法;加强廉政建设,克服消极腐败现象等。

二、统一领导原则

这一原则的具体内容是:领导活动在一定日期内必须有统一的目的,而对于实现这一目的的全部活动,只能有一个领导意志和一致的行为规范。

为了实现统一领导,必须有一个坚强的领导核心,即"由最有威信、最有影响、最有经验、被选出担任最重要职务而称为领袖的人们所组成的比较稳定的集团"①。由于领导集团中的成员之间经验、能力、水平等不尽一致,在领导集团中必然推选出出类拔萃的人物来集中大家的意志和智慧,并以其为核心建立一个团结一致、联系群众的领导班子。

在社会主义现代化建设中,为了实现统一领导,各级领导者必须自觉地在思想上和政治上保持同党中央的一致。

为实现统一领导,领导系统应该是一元的,既有合理的分工又有统一的指挥:① 上级领导机关对于下级部门布置任务,应逐级

① 《列宁选集》第4卷,人民出版社1995年版,第151页。

传达和通知,才能使下级机关的工作形成统一的步调和协调的配合。② 对于下级机关的决定,上级领导机关的各个职能部门不能随意改变。

在贯彻这一原则时,必须处理好集权与分权的关系(主要指指挥权和决断权)。在复杂的领导系统中,有关全局的大权必须集中,没有集权就没有统一;有关局部的小权则又需要分散,否则局部工作就不能顺利展开。该集中的不集中,在上面叫失职,在下面叫专断;该分散的不分散,在上面叫包办,在下面叫无自主性。这些都是违反统一领导原则的。

真正实现分权,领导人就应该让受权者有充分的活动空间,贯彻"只管两头,不管中间"的黑箱原理,而不应事事插手,横加干涉。集权与分权相结合,既有领导者积极性,又有被领导者积极性,相当于既有火车头动力,又有车厢动力的"动车型"机车,使整个组织充满活力。

授权是分权的一种形式。所谓授权,即在组织内部,领导者将部分职务权力授予下级机关或职能机构,以便下级机关能在上级的监督下自主地行动和处理行政事务,从而为被授权者提供完成任务所必需的客观条件。授权是领导者智慧和能力的扩展和延伸,体现了实现领导目标的需要;授权可以锻炼被领导者的能力,增强其责任心,调动其积极性、主动性与创造性,是提高组织整体效能的需要;另外,授权也是考察干部、培养人才的需要。

科学授权要遵循五条原则:① 视能(力)授权原则,即根据授权事项的性质、特点等,认真选择能力适合的下级;② 单一隶属原则,即只能在直接的上下级之间进行授权;③ 秉公授权原则;④ 有效控制原则,即在授权后要有一套考核监督办法,不能放任自流;⑤ 信任支持原则,即对被授权者要充分信任,不能将信将疑。

科学授权的模式有:① 充分授权;② 有限授权;③ 弹性授权:交替使用充分授权和有限授权的一种模式;④ 制约授权:把

执行某项任务的职权分解为若干部分后分别授予几个不同的下属子系统,使各子系统之间产生相互制约作用,以免出疏漏。这是一种在无法实行充分授权和有限授权的情况下的一种行之有效的授权模式。

统一领导并不是说在一切方面绝对一致,只是说在总的目标方向上、共同的行为规范上统一;统一的意志、统一的目标、统一的步调必须伴之以不同的特点、各种灵活性和具体的创造,"一刀切"的做法是违背统一领导原则的。应是"统而不死,活而不乱"。真正的统一领导应该呈现生动活泼的局面,而不是死气沉沉的局面。

在统一领导的实施过程中,还应坚持统一指挥的原则。统一指挥指:在完成一项工作任务时,作为下属人员只应接受一位领导人的命令;对于力求达到同一目标的部门的全部工作活动,只能有一个统一的指挥机构。一件工作由两个人指挥,如果这种指挥完全一样,那就是多余;如指挥不一致,就会产生一系列矛盾。在双重指挥面前,下级人员无法尊重权力,遵守纪律,只能无所适从,造成工作混乱。由于双重指挥,同级领导者也会因意见不同而产生隔阂、猜疑甚至对立。因此,各级领导者应该消除指挥关系上的二元性,建立统一的指挥体系,执行统一的计划,明确职责范围。

三、系统整体原则

这一原则要求领导者用系统的观点考察和处理问题,正确处理整体与局部的关系,把领导工作的各个方面有机地结合起来,实现系统整体的优化,从整体上提高领导效率。

各级领导者首先必须使自己的工作服从整体、全局,以整体的观念看待、处理本部门的局部工作。还要善于调整各个局部工作之间的关系,形成整体的合理结构,从而提高领导工作的系统整体效率。一条锁链的强度不是取决于最强的那一环,而是最弱的一环;长短不齐的木板组成的水桶,盛水量不取决于最长的一条,而取决于最短的一条。有效的领导,必须善于抓住整个链条的薄弱环节,同时使各个环节、各个方面互相协调,充分发挥其交叉效应,形成最佳的整体效能。

四、分层领导原则

所谓分层领导,是指在领导系统中建立合理的层次系列,并正确处理层次之间的相互关系。

1. 为什么要分层

(1) 由领导的宽度所决定。所谓领导宽度,是指领导者所管辖的下属机构工作单位(人员)数目的限度。由于领导者体力和心理方面的疲劳,加上处理工作事务知识面的局限,在一个领导工作系统中,领导者能够直接领导的部门在数量上总有一定限度。下属部门数量过多,领导者精力有限,无法兼顾,并且不易协调。因此,较大规模的领导系统中不止两个层次,往往出现更多的层次。一位领导者究竟能有效地管理多少下属和部门呢?对此往往有不同看法。英国将军汉密顿爵士依据军事组织的历史得出结论,认为领导的宽度应在3—6人之间。日本许多企业认为,宽度以5—10人效率最高。但这也不是绝对的,要根据具体情况而定。如一级教育机关下属的学校虽然比较多,但由于性质相同,易于管理,横向联系也易于协调,可不设中间层次。

一般地说,确立领导宽度的标准包括:① 上下级知识的多少和能力的大小。知识愈多能力愈大,领导宽度愈大;反之,宽度愈小。② 上下级相互关系的复杂程度。关系愈复杂,宽度应愈小;反之,可大些。③ 下级活动同类性的大小。同类性愈大,宽度愈大;反之,愈小。④ 下级工作分散性的大小。工作愈分散于各地,宽度就愈小。此外,还应考虑到技术性和专业化程度。

(2) 由于各个层次具有不同功能。例如,一般企业划分为四个层次:经营层(企业最高领导)、管理层(各职能部门)、执行层

(车间)、操作层(作业小组)。这些层次划分不仅由领导的宽度决定,更主要的是由企业领导管理的性质所决定。不同的领导层次具有不同的性质和职能。只有使领导活动的多种内容处于相应的层次之中,整个企业才能有规律地运转,并取得最佳管理效率。

2. 如何处理各层次关系

上一级领导应当尊重这种层次系列,只对下一级部门行使一定的权力,而不要包办代替和越级处理问题。下级部门也不应该将自己职权范围内的问题无原则地上交,而应根据统一的行为规范,发挥自己的主动性和创造性。

当然,分层领导的原则在任何情况下都不是绝对的。譬如,有时高层领导者直接深入到基层去抓典型、“解剖麻雀”,解决有代表性的问题,对于推动全局工作是十分重要的。有时,高层领导者由于事关全局的工作和紧急的任务,需要直接同广大群众见面,实行总体动员。在这种情况下,事事逐级下达就会影响工作效率。当然,“直接干预与直接解决——这不是经常的办法,而是在特殊情况下的办法或是为了示范”①。

五、职、权、责、利相统一原则

领导者职位、权力、责任、利益的相统一,是实现有效领导的重要原则之一。

职务是领导者在一定社会组织中按其任务与职能所处的法定地位。权力是一定社会组织为保证领导者履行其领导职能所赋予的强制性力量。责任是一定社会组织为约束领导者必须按法律规范开展活动和行使权力所规定的必须承担的后果。利益则是领导者的一定的比较集中、持久的各种需要。职、权、责、利是领导工作不可缺少的四个方面,是实现有效领导的必要条件。

① 《周恩来选集》上卷,人民出版社 1980 年版,第 129 页。

为有效地确保职权统一,可采取的措施有:在领导职位设置上,坚持宁少勿滥原则,不搞职务照顾;副职、兼职不宜过多;建立和健全正常的干部任免和离退休制;明确规定各种职位上的工作权限。权责统一的原则是"有多大的权,就要负多大的责"。例如,领导班子讨论问题,"议而不决"的责任应由有决断权的第一把手负;"决而不行"的责任在于执行者;"行而不果"则分两种情况,如是决策失误导致,责任在决策者,如是执行不力导致,责任则在于执行者。分工分权、分权分责是一个组织在运行中必须遵守的规范。当确实需要两个以上部门或下属共同承担某项任务时,必须把最后责任落实到一个部门或一个人身上,如平均分摊责任,必然造成没人负责。这是所谓"不平行原则"。常见的职权分离状况有有职无权和有权无职;常见的权与责分离状况有有责无权和有权无责;常见的职与责分离状况有有职无责和有责无职。

职、权与责的分离,是官僚主义产生、泛滥的基础。如有的向下级分派任务,而不授予相应权力,造成办事的无权,有权的不办事,致使下级部门四处请示,八方汇报,工作长期搁置,公文旅行;或者有了权力,无相应责任,而滥用权力,不负责任,使国家和人民利益受到损失。

应避免"揽权"与"越权"现象产生。所谓"揽权",即对一些本来不属于自己而属于下级职权范围内的事,硬要插手去管,把本属下级的职权硬要揽到自己手上来,从而大大束缚或挫伤了下级的积极性和创造性。所谓"越权",即对一些本不属于自己而是上级领导职权范围的事情,硬要插手去干,超越了自己的职权范围,从而造成职权混乱。

"抗衡"与"架空"也是违背这一原则的现象。所谓"抗衡",即下级对上级的不服从;所谓"架空",即领导班子内部一部分人联合起来配合行动,架空某一成员,使其徒有虚名,不能行使实权。

对于尽职尽责的领导干部,应当给予相应的物质利益和精神荣誉,不能“干多干少干好干坏一个样”。

必须划清每个机关部门和工作岗位的任务及其职责范围,保证任务到人、权力到人、责任到人、利益到人,做到事有人管、管事有权、权连其责、利益与成绩相关。

六、集体领导和个人分工负责相结合原则

这是社会主义领导的一个根本原则。主要指工作中的重大问题,一定要由领导集体讨论和决定;决定时严格执行少数服从多数的原则;集体讨论的事情分头去办,各负其责,失职者要追究责任。

实行集体领导,必须反对个人独裁和分散主义两种错误倾向,也不能搞个人崇拜、家长作风、个人专断等;同时要克服无政府主义、自由主义等不良倾向。坚持集体领导,尤其要处理好领导班子成员之间的关系。

当然,坚持集体领导,并不意味着领导工作中事无巨细,都要集体讨论决定。列宁指出:“任何夸大和歪曲集体领导而造成办事拖拉和无人负责的现象,把集体领导机关变成空谈场所,这是极大的祸害。”①如果任何问题,哪怕是微不足道的问题,一定要进行集体“讨论”和“仔细研究”,就容易养成议而不决和烦琐哲学的作风,反而使许多问题迟迟得不到解决。

集体领导必须同个人分工负责相结合。“借口集体领导而无人负责,是最危险的祸害”②。应当让负责每项工作的同志有职有权有责,主要领导干部不要包办代替他们的工作。除了特殊情况之外,不要直接插手别人负责的事情。当然,不能放弃督促检查,要经常和分工负责的同志保持密切联系,听取汇报,交换意见,协调工作,保证领导工作按集体决定的精神顺利进行。

---

① 《列宁选集》第 4 卷,人民出版社 1972 年版,第 24 页。

② 《列宁选集》第 4 卷,人民出版社 1972 年版,第 24 页。

七、其他原则

除上述主要的领导一般原则外,常见的领导一般原则还有:

1. 激励原则

即领导应注意运用一定的方式激励、强化人们的动机,最大限度地调动人的积极性、主动性和创造性。

2. 宽严相宜原则

即领导者需根据不同情况,区别不同对象,说服教育和强制并重,宽严并举,赏罚得当。有时以严为主,有时以宽为主,或宽严相济,交替使用。为自觉的人指示方向,对不自觉的人给以告诫,从而督促整个组织或团体沿着同一轨道,向同一目标前进。

3. 目标导向原则

即领导者必须从本组织本部门的自身条件和状况出发,正确地确立目标,科学地选择达到目标的途径和步骤,合理地控制实现目标的进程,以充分发挥目标的导向作用、激励作用。

4. 适度原则

即领导者一要使自己的思想认识和行动符合客观事物发展的规律性,符合事物发展的阶段和程度,避免超越或滞后。二要善于捕捉时机,掌握分寸,做事恰到好处,避免坐失良机,放“马后炮”,做“事后诸葛亮”。

5. 弹性原则

即领导者在行使职能、制订计划和目标时要留有余地,对事情的处理要“留一手”、“多一手”,准备好可供选择的多种方案;在执行目标的过程中则要根据客观事物的变化,及时修正、调整计划,实行动态管理。

6. 权变原则

即领导者要懂得权宜之变,要能在不违背根本利益的前提下,考虑各种有关的变动因素,因地、因时、因事制宜,随机应变,灵活机动地处理和解决问题。这是一种通权达变的观念。当然,强调权变并不意味着领导者可不受任何约束,为所欲为。权变是有条件的,其一,不能无视客观规律和实际效果而蛮干;其二,要符合组织的整体利益和长远利益。

对以上所有原则都要灵活运用,要从实际出发,努力摸索具体领导工作中的特殊规律,并坚持在实践中注意摸索,不断丰富这些原则。

第五节 行政领导

一、行政领导的含义及特征

所谓行政领导,是指国家管理社会的一种功能,是国家行政机关各级行政首长及其领导班子,依法行使国家权力,为组织与管理国家事务和社会公共事务而实施的决策、指挥、控制、组织、协调、监督等行政活动及其过程。行政领导是领导活动的一种,它贯彻于整个行政管理的各层次、各方面和全部过程,并在国家行政管理系统中占据主导地位,起着关键作用。

同任何领导活动一样,行政领导也由三方面构成要素:行政领导者、被领导者、作用对象和行政领导活动所面对的客观环境。

行政领导者是行政组织中担负决策、指挥和监督等职责的人员,包括领导个体和群体,是行政领导活动的主体。行政领导者在行政管理活动中具有特殊的地位和作用。首先是核心作用。行政领导者在行政管理活动中,将运用自己的权力和威信,带领、指挥、推动所属人员围绕共同目标协调一致地工作。如若缺乏这种核心作用,行政组织就会丧失向心力和凝聚力,行政职能的行使就会发生障碍。其次是导向作用。行政领导者的重要职能之一就是规划和决策,以此来规范和指导行政组织活动的方向。再次是桥梁作用。党和国家的方针政策、上级机关的决定和指示,都将通过行政领导者这一"桥梁"进入贯彻实施阶段。

行政领导活动中的被领导者是指在行政领导者的带领、指挥下,按照上级领导的决策和意图进行活动的个人或团体。从广义上说,被领导者包括广大人民群众在内的所有管理对象;从狭义上说,被领导者特指行政组织中的下属工作人员和管理对象,也即行政领导活动的直接行为客体。被领导者具有如下三方面特征:第一,相对性。领导与被领导是相对而言的。同一个主体,相对于上级机关而言是被领导者,相对于下级机关而言却又是领导者。第二,动态性。领导者与被领导者的位置往往是在变动的。今天是领导者,明天可能变为被领导者;而今天的被领导者明天也可能晋升为领导者。第三,从属性。一般来说,行政领导者与被领导者的关系是权威与服从的关系。只是这种关系在不同的社会制度下有不同的表现形式。在私有制社会中,这种关系本质是一种强制性的关系,体现了尖锐的阶级对立;在社会主义社会中,行政领导者的一切权力都是被领导的主体——人民群众所赋予的,因此,人民是主人,领导者是公仆。这个本质关系不能颠倒。人民将管理国家政务的权力和责任授予行政领导者的同时,就规定了自己自愿维护法定权威、服从领导者正确领导的责任与义务。

作用对象指行政领导活动所作用的客体。这种客体按其范围分,有全国性的行政事务和地方性的行政事务;按其属性分,有经济管理事务、民政管理事务、治安管理事务、国防管理事务等。作用对象不同,行政职能和行政职权也有所不同。

行政领导所面对的客观环境指制约和影响行政领导效能的诸客观因素的总和,包括社会的政治因素、经济因素、文化因素及历史因素等,它是行政领导活动的现实基础。

行政领导的诸构成要素是相互作用、相互影响的一个整体。因而,行政领导是否高效,并不完全取决于行政领导的本身,还取决于被领导者和作用对象、客观环境的状况。要实行有效的行政领导,行政领导者除应具备较高素质外,还必须充分认识被领导者和作用对象等在行政领导活动中的地位与作用,掌握行政领导规律,从而提高驾驭领导活动的本领。

行政组织的性质、层级和职权活动方式决定了行政领导的不同类型。

按行政的隶属关系分,有中央行政领导和地方行政领导。

按行政组织的形式分,有一般权限的行政领导和专门权限的行政领导。一般权限的行政领导,指国家各级政府的领导。它统一领导所管辖的行政区域内各行政部门的政务工作,对行政管理的目标、规范、监督以及人事任免等有统一的决策权、指挥权和控制权。专门权限的行政领导,指在一级政府领导下的各职能部门的领导。它负责组织和管理本职能部门的行政事务,贯彻执行赋有一般权限的行政机关的有关决定和指示,领导和指导下属行政部门的工作。

按国家公务员的类别分,有政务类行政领导和业务类行政领导。政务类行政领导,指从中央到地方各级人民政府的领导活动,其主体是各级政府及其所属部门的正职领导人,客体是行政辖区内的政务和社会事务。政务类行政领导的主要职能是:依法决策、制订规划;组织用人,提供服务;全面协调,检查监督。政务类行政领导在行政管理过程中起主导作用,具有全面性、综合性,并有很强的政治性。业务类行政领导,指政府职能部门和业务部门的领导活动,其主体是行政机关中除政务性行政领导的其他行政领导。其主要职能是:负责贯彻执行上级和政府的决议、决定和指示,负责组织、领导和管理某一方面的行政事务或在业务上领导下属行政部门的工作。业务类行政领导工作带有局部性、专门性,但对象范围广、门类多、业务性较强。

与其他一般社会组织的领导相比,行政领导具有如下特征:

第一,政治性。行政领导作为国家行政机关各级行政首长的领导,履行的是统治阶级的使命和国家的职能,因而势必带有强烈的政治性。国家性质不同,行政领导的根本宗旨也不同。社会主义国家的行政机关是人民的政府,我国的行政领导者要牢记为人民服务的根本宗旨,以人民公仆的态度和敬业的精神来为人民"行"好"政"。这是社会主义的行政领导者同一切剥削阶级的行政领导者的根本区别。

第二,执行性。在国家政权体系中,行政机关从属于权力机关,是权力机关的执行机关。因而,行政机关在实施行政领导的过程中,必须以执行执政党和国家权力机关制定的路线、方针和政策为前提。在我国,行政领导必须执行中国共产党的路线、方针和政策,必须执行国家权力机关所制定的法律和所赋予的任务,向权力机关负责,受权力机关监督。

第三,权威性。行政领导代表国家,以国家的名义开展活动,并以国家的强制力为后盾而作用于社会,因而具有权威性。行政领导的权威性具体体现为法律的权威性。行政领导依据法律,运用国家赋予的权力来组织和管理社会公共事务,行政领导活动也是一种执行国家法律的活动,是法律的体现、权力的象征。同时,政府管理活动要及时、准确、协调一致地进行,必须遵守严格的纪律,必须维护严格纪律的权威性。行政领导的权威性决定了依法行政的重要性。

第四,综合性。行政管理内容的广泛性决定了行政领导的综合性。行政管理涉及国家政治、经济、文化的各个领域和社会生活的各个方面。随着社会经济和科学技术的不断发展,国家行政管理的范围呈现出日益扩大的趋势,其管理事项也呈现出日益复杂的特点。现代行政领导面临着日益复杂和广泛的行政事务,其活动内容体现出政治领导、经济领导、文化领导和技术领导等综合性特点。

第五,服务性。社会主义国家的性质决定了行政领导是为人民服务的公仆式的服务活动。社会主义国家的行政领导者要当好“三个代表”,真正代表最广大人民群众的根本利益,代表先进生产力的发展要求和先进文化的前进方向。服务性是社会主义行政领导的特有属性。

二、现代行政领导的行政职能

1. 行政指挥与行政控制

所谓行政指挥,即指国家行政机关及其领导者运用行政组织的职权,通过下达指令、命令,引导、调度和率领下属组织与群众向既定目标前进,努力完成各项任务的活动过程。行政指挥是行政领导的重要职能,是行政领导过程中的一个重要环节。作为一个行政领导者,只有不断提高指挥能力和艺术,才能更好地履行行政领导的职责。

行政指挥在行政执行活动中具有极其重要的作用,主要表现为:① 行政指挥是保证行政管理活动协调开展的重要手段。行政管理活动是许多人共同进行的活动,为保证行政活动的顺利开展,必须通过强有力的指挥,从全局出发,统筹兼顾,妥善协调各种关系,正确处理和解决各种矛盾,以保证行政活动有秩序、有节奏地进行。② 行政指挥是完成行政决策目标的重要保证。任何决策的实施,都离不开强有力的指挥。只有统一而有权威的指挥,才能统一步调,上下同心,左右协力,并发挥好行政组织的整体功能,保证行政决策目标的圆满实现。③ 行政指挥是人尽其才,充分发挥下属积极性的关键。行政领导指挥有方,能用人所长,避人所短,赏罚分明,措施得当,就能最大限度地调动被领导者的积极性;如若指挥不当,滥发号施令,人不能尽其才,下属的聪明才智不能很好地发挥,就会挫伤下属的积极性,行政领导也就失去了成效。

行政指挥作为行政领导的一种职能,具有如下特征:

(1) 行政指挥权为行政组织及其领导者所特有。只有具有行政权的行政组织和在行政组织中拥有法定职权的领导者才能进行行政指挥。各级行政机关及其领导者在各自的职权范围内行使行政指挥权,而非行政机关则无这种权力。

(2) 行政领导的综合性决定了行政指挥内容的广泛性。国家的政治、经济、文化、科学技术、军事、外交以及社会生活等各方面的公共事务,都在行政指挥的范围内。因而,行政指挥不同于一般企业单位或社会团体的指挥,这种指挥仅限于其内部事务或专门业务。

(3) 行政领导的权威性决定了行政指挥的权威性。国家行政机关进行的指挥具有法律效力,每一个被指挥者都必须服从,否则就要受到法律的制裁。

(4) 行政指挥是维护和推进社会公共利益,实现国家、政府既定目标的手段。行政指挥的范围是行政机关对国家、政府和社会公共事务的管理;凡与此无关的一切指挥活动都不属于行政指挥。

所谓行政控制,是指在行政领导活动中,对执行领导决策、指令、指导过程的各项活动所进行的监控。行政控制是行政领导的又一项基本职能。行政控制的具体过程是:将实施决策方案的效果,反馈给决策机关或指挥中心,以便决策指挥者能及时对决策和行政措施进行调整、修改、丰富和更新,以减少失误,保证行政领导的机制能有效地运转。

行政控制主要有两项内容:衡量和修正。衡量,即对纵向行政指挥系统的各个层次执行计划、实现目标活动的进展情况及成果进行衡量,看是否符合计划进度和目标期望值。修正则是对偏离计划正常实施进程和目标的及时纠正。行政领导预期目标的具体实施是一个衡量与修正不断交替进行的过程。现代行政管理活动是离不开行政控制的。由于现代社会因素的复杂多变,行政行动计划的设计即使非常周密,也难免会遇到始料不及的偶然因素;因此,有效的行政指挥必须在控制系统的监督下进行。行政控制是行政组织相对稳定和正常运转的必要条件。

行政控制是社会控制的一个极为重要的组成部分,行政领导的综合性决定了行政领导的内容广泛性,行政指挥涉及社会的方方面面,因而,行政指挥的有效进行,行政组织的相对稳定与正常运转,直接关系到社会秩序和社会稳定。行政控制、行政领导有力,社会控制就有力,社会就稳定;行政领导失控,就难以实施强有力的社会控制,也就没有正常的社会秩序和稳定的社会局面。

行政控制有强制性和非强制性两种方式。政权、法律、纪律等是强制性的控制形式;习俗、道德和宗教等是非强制性的控制形式。有效的行政控制是这两种方式的结合,我们要根据具体情况,有的放矢地采取不同方式,有效地进行行政控制。

2. 行政沟通和行政协调

行政沟通指行政组织之间、个人之间及组织与个人之间,为实现共同的组织目标,采取一定的程序和方式,经由载体为媒介传达、交换思想、观点、意见和咨询等,以相互了解,密切合作。

行政沟通不仅是领导手段,而且是一种领导职能,因而,正常的沟通有助于组织成员之间交流思想,彼此了解,消除分歧和误解,以强化群体意识,发挥整体效能,提高组织效率,完成共同任务,实现共同目标。行政沟通是克服官僚主义、密切干群关系、实现行政领导的重要保证。

在行政领导活动中,常见的沟通类型有:

(1) 行政领导班子内部的沟通。这是增强班子内部团结、协调一致、统一行动、交流思想的主要手段。领导班子内部的沟通,关键在于一把手要有民主作风,有事主动与大家商量;重大决策和行动,由集体讨论决定,不搞"一言堂"。

(2) 与下属人员的沟通。作为一个行政领导,要经常向下属人员说明、传达自己的构想及工作计划、制度、程序和工作目标等,并主动听取下属人员的意见,包括反面意见,利用各种方式同下属人员沟通,以得到下属人员的理解和支持。

(3) 与上级领导的沟通。下级行政领导,应经常主动地向上级汇报、请示工作及反映情况,以自觉接受上级领导的指导和帮助。

(4) 与同级行政领导的沟通。即同级行政机关、部门领导之间交流经验,互通信息,以启迪思路,开阔眼界。

(5) 与广大人民群众的沟通。这是最主要的沟通。一个称职的行政领导应经常了解群众的思想状况、群众的要求或群众关心的问题,向群众宣传领导的意图,以说服和教育群众,统一群众思想,调动最广大人民群众的积极性,为实现组织目标而奋斗。

行政领导的综合性决定了行政沟通应比一般社会成员间的沟通内容更多样、对象更广泛、时限性更强;同时,行政沟通作为行政领导的一种职能,是依法反映和代表行政组织的意图和意志的活动,因而应努力克服随意性,增加规范性。

沟通的最直接的目的在于协调。因而,行政协调也是行政领导的一种重要职能。协调含有和谐、团结、统一、一致、平衡等意思。行政协调即指行政调整、调停或调剂,即行政领导为完成总目标而协调上下左右关系,妥善处理各方面矛盾,从而步调一致地完成既定任务。

行政协调在行政领导活动中起着重要作用,主要有:① 指向作用。即通过良好的协调,把各方面的积极因素调动、组织起来,彼此配合,有计划、有步骤地为实现既定的目标而努力工作。② 衔接作用。即通过良好的协调,合理地衔接行政领导系统中的各种因素、各个环节。③ 组合作用。即通过良好的协调,化单独的行动为合作的行动,化个人的努力为集体的努力,产生很强的凝聚力。④ 增效作用。即通过良好的协调,减少不必要的摩擦,提高行政组织的效能及行政领导的整体水平。

行政协调的基本原则有:坚持党性、全局为重;以礼待人、互利互让;依法办事、严守信誉;坦诚相见、舍己为公。

为做到良好的行政协调,应努力克服“职能偏见”,即片面认为本部门的事情最重要,一切从本部门利益出发,我行我素,自立“山头”,互不配合。为清除这种“职能偏见”,应在明确职能部门职责范围的基础上,发扬互助精神,强化职能部门间的合作;行政首长,则应有全局观念,对各部门在整体目标中的地位与作用有清醒认识,并做好统筹兼顾工作。

3. 行政监督

与行政控制相联系的是行政监督,指党和国家以及人民群众依照法律,对国家行政领导机关及其工作人员进行约束、检查、审查、评价和督促的一种制度。

我国行政监督从性质上看,是一种法制监督,因而,行政监督也叫行政法制监督。法律是行政监督的基本依据:其一,行政监督的宗旨是检查、评价国家行政机关及行政领导、工作人员能否依法行政、依法办事;其二,实施行政监督的主体所享有的监督权是我国宪法所赋予的;其三,行政监督活动也是依法进行的。

行政监督的种类繁多,按监督时间划分,有事前监督、事中监督和事后监督;按监督主体划分,有党的监督、国家权力机关监督、司法监督、行政机关内部监督、社会监督和群众监督;按监督方法划分,有有组织监督和无组织监督。

在此,我们简要叙述按监督主体为标准作区分的各种行政监督的主要内容。

(1) 党的监督。我国宪法明确规定:必须坚持中国共产党的领导。领导权就是监督权。因此,中国共产党对行政领导的监督权是必然的。中国共产党对行政领导的监督途径主要有:① 各级行政领导在作出重大决策前,必须报告同级党委,待党委批准后由行政领导颁布实施;② 国家机关行政领导的任免由上级党委或同级党委考核、提名,提请国家权力机关任免;③ 通过行政机关内党组织对行政领导进行监督;④ 通过党的纪律检查委员会和派驻行政机关内的纪检机构对行政领导进行监督;⑤ 各民主党派对国家行政机关领导提出批评、建议、监督等。

值得注意的是,党对行政领导的监督,不等于直接干预行政机关的具体工作,而只是研究和制定重大的方针政策,对行政领导的工作予以检查和督促,提出问题和改正意见。

(2) 国家权力机关的监督。这里所说的国家权力机关通常是指各级人民代表大会和它的常设机构——人民代表大会常务委员会。它对国家机关行政领导的监督途径有:① 听取和审查行政领导的工作报告;② 通过提案和当面提问的形式向行政领导提出质询;③ 视察和检查工作;④ 组织特定问题的调查委员会实施工作调查;⑤ 通过办理人民群众的来信来访实施监督;⑥ 审理、颁布或改变、撤销国家行政机关拟定的法规性文件、决定和命令,监督国家行政机关正确地履行职责;⑦ 根据同级党委和上级党委的提名,任免国家行政机关领导人。

(3) 司法监督。所谓司法监督,指人民检察院和人民法院对国家机关的行政领导活动所实施的监督。人民检察院是国家的法律监督机关,它主要通过行使检察权,通过法纪检察和刑事检察,保障行政领域社会主义法制的实施,保证国家行政机关和行政领导的政务行为的合法性。人民法院作为国家的审判机关,则主要通过审理各种案件,特别是行政案件,对国家行政机关和行政领导进行监督,以司法裁决的形式保障各种行政行为的合法性。

(4) 国家行政机关内部监督。国家行政机关内部监督亦称自力监督,就是行政领导和行政机关通过行政系统的自身力量、自身组织实行自我监督,以保证行政领导自身行为的合法性。行政系统自我监督的途径有:① 设立专门的行政监察机构(监察部门)进行自我监督;② 审计监督,即通过专门机构或组织对国家行政机关的财政财务进行检查、审查,从而达到对行政领导作出的财政财务决策实施监督;③ 行政组织之间的互相监督,包括权限机关的监督(上级对下级的监督)、职能部门的监督(政府各职能部门就其所主管的工作,在其职权范围内对其他部门的监督)和主管部门的监督(国务院各部委对地方人民政府相应的工作部门及其行政领导的监督)。

(5) 社会监督和群众监督。这是行政领导监督的重要形式,主要途径有:① 各级政协组织和政协委员对各级政府和行政领导的监督;② 各级工会、共青团和妇联等组织对行政管理工作的监督;③ 社会舆论的监督;④ 来自群众的多种形式的监督。

第三章

领导和行政领导体制:组织依托

领导体制是领导活动的组织依托。领导的职能、原则,领导者与被领导者之间的关系等都必须通过特定的领导体制才能体现。有效的领导活动需要科学的领导体制得以最终实现,体制顺则领导活动畅通,体制不顺则领导活动阻碍重重。现代化的领导及行政管理需要现代化的领导体制。领导体制改革是领导活动现代化发展的题中之义。

第一节 领导体制

一、领导体制的含义及内容

领导体制是指领导者为保证领导活动正常进行并实现领导职能而建立的组织机构形式和有关规章制度系统的有机统一体,是领导功能制度化的表现形式,是领导系统中权力划分、机构设置、横向及纵向部门之间相互关系的确定的组织形式和制度形式。领导体制是领导活动的载体。要取得领导的成功,除了领导者素养要好、领导班子(集团)结构要合理外,还要有一个科学的领导体制。领导者个体和群体作用的发挥,往往受制于领导体制。

领导体制的主要内容包括:① 领导组织结构,指领导组织内部各个基本要素的构成。② 领导的层次与跨度,即纵向组织结构的等级层次与领导的宽度。③ 领导机构中各部门之间的职责与权限划分,即建立严格的自上而下的领导行政法规和岗位责任制,对各个领导部门(领导干部)的职责权限作出的严格而明确的规定。这是领导体制的核心问题。④ 领导干部的管理制度,即狭义的人事制度,包括选举、招考、任免、考核、弹劾、回避、离(退)休等方面的制度。它是国家政治制度的组成部分。

领导活动的二重性决定了领导体制的二重性。首先,领导体制具有与人类社会生产力相适应的自然属性。从现代社会管理形态来看,不论社会制度性质如何,都有一个组织机构设计与管理效率的关系问题。领导体制采取什么样的组织机构形态,在很大程度上取决于它所处的社会生产力水平。在历史发展进程中,相同的组织机构形态,可以为不同的社会制度服务;在同一社会制度下,也可采用不同的组织机构形态。因而,领导体制的运作状态,既与社会制度有关,也与组织机构形态有关。领导体制的组织机构形态并不是区别国体的标志。其次,领导体制又具有与生产关系、上层建筑相联系的社会属性。这是因为,领导体制虽然不是根本制度,但它受制于一定社会的经济制度和政治制度,并起着维护和发展社会根本制度的作用;作为行为主体的领导者,也无不是代表一定经济利益、政治利益的"社会人"。历史唯物主义认为,物质生活的生产方式制约着整个社会生活、政治生活和精神生活,自然也制约着领导体制。而且,领导体制以领导权为中心内容,以实现国家和社会管理的目标为主要职能,因而,在领导体制的二重性中,社会属性占有主导地位,自然属性是服务于社会属性的。

领导体制的出现和发展,是人类领导活动的客观要求。在现实的社会生活中,领导活动必须以一定的组织机构为载体,才能保证把实现目标的各要素系统地、有机地连接起来,实现决策、指挥和协调等多种职能。具体地说,领导体制的作用包括:

(1) 为领导活动提供组织保证。领导体制可以协调领导机构的内部分工;可以沟通领导者与被领导者之间的关系;可以提高领导活动的整体效能。效能来自目标方向和工作效率,而无论是目标方向还是工作效率都直接同领导体制有关,诸如:机构的设置是否合理,职责权限的划分是否妥当,领导层次与宽度是否得当等。只有体制是健全的,领导活动才能是高效的;否则,就会出现决策迟缓、失误、互相推诿、内耗丛生、办事效率低下等现象。

(2) 提供规范领导行为的根本机制。领导体制具有合法性、强制性、稳定性、全面性等特点,它是领导行为的基本规范。

要充分发挥领导者的积极性和才能,防止消极腐败现象,固然需要领导者个人的高素质,但根本性的约束力来自领导体制。领导体制对于领导者具有十分重要的影响作用。因而,努力建立健全合理、科学的领导体制,是领导活动中至关重要的根本任务。

二、领导体制的模式与结构

1. 领导体制的模式

领导体制的模式即领导体制的类型,指领导组织机构的具体内容,尤其是各部门之间的职责与权限划分的重要内容。现代领导体制的基本模式有:

(1) 集权制与分权制。在领导体制的模式中,按照领导系统中各层次领导机关和领导者职权的集中与分散划分,有集权制与分权制之分。

集权制指对所有领导工作的最后决策权都集中在上级机关和领导者,下级必须依照上级的决定办事的体制。分权制则指下级机关或领导者在自己的管辖范围内,有权自主地决定问题,上级对下级权力范围内的事不加干预的体制。集权制与分权制各有其优缺点:

集权制模式有利于政令统一、标准一致、力量集中、统筹兼顾、指挥方便、令行禁止;但往往因统得过死而缺乏应变能力,忽视下级利益,压抑下级的积极性、主动性和创造性;并容易滋长上级领导机关和个人的独断专行,产生官僚主义。

分权制按权分级、按级分工、分工负责,富有弹性和灵活性,有较强的应变能力,便于发挥下级机关和个人的主动性、积极性和创造性,上级也能因此而减轻不必要的工作负担,防止官僚主义。但分权制的过分发展,极易造成政令不一,难以统筹兼顾;极易产生地区保护主义或本位主义;甚至导致全局失控,有令不行,有禁不止。实行分权制领导体制,必须加强宏观调控,以尽量减少以上弊端。

(2) 一体制(完整制)与分离制(独立式)。在领导体制的模式中,按照上级机关对下级机关的控制方式和程度划分,有完整制和分离制之分。

完整制又称一元化领导,指同一领导层次的各机关或一个机关中的各个构成单位,所接受的上级指挥、控制和监督,完全集中在一位上级领导者,或一个上级领导机关的领导体制。分离制又称独立式或多元化领导,指上级的指挥、控制和监督不是集中于一位上级领导者或一个领导机关,而是分属于两个以上的平行或双重领导机关或个人的领导体制。完整制与分离制各有其优缺点:

完整制发挥得好,能够集中权力、统筹规划、责任明确、减少扯皮、雷厉风行、便于合作;反之,会因权力高度集中而造成独裁专断,助长下级对上级的依赖心理,使下属单位失去自立精神。

分离制发挥得好,能防止专断独行、滥用权力,并能促使下属各单位独立工作、各尽其能、各司其职,发挥主观能动性;即使上级领导机关不健全或领导者不称职,下级机关仍能独立工作不致影响全局。然而,分离制又容易产生各自为政、政出多门、权力冲突、工作重复、缺乏规划、人财物浪费等弊端。

完整制与分离制是一对矛盾的两个方面,是对立的统一体。严守一种制度必然对工作不利,只能因时因地灵活掌握,做到科学地统权,科学地放权,避免"一放就乱,一统就死"。

(3) 一长制(首长式、独任式)与委员会制(合议式)。在领导体制模式中,按领导机关中最高决策人的人数划分,有一长制与委员会制之分。

把法定最高决策权完全集中在一个行政首长身上的领导体制称一长制,亦称首长式或独任式领导体制。其优点是:权力集中,指挥灵敏,责任明确,减少扯皮,办事果断。然而,一个人的知识、能力、经验、精力等毕竟有限,"日理万机"难免有超负荷之苦,首长一人独揽大权,容易主观片面,"智者千虑,必有一失";如缺乏必要的监督和制约,或所选首长稍有不当,不仅容易独断专行,而且可能导致滥用职权、营私舞弊,危害国家或集体。

把法定的最高决策权交由两位或两位以上的行政首长组成的委员会行使,称作委员会制,或称合议制。委员会制坚持集体领导,分工负责,互相监督,彼此配合,有利于集思广益、博采众长、考虑周密、避免武断;然而一旦权力分散,责任不明确,缺乏严谨的法规,容易议而不决、决而不行,以致坐失良机,贻误工作;或争功诿过,有时甚至会发生无人负责现象。

在领导活动中究竟采取哪种体制模式,需根据领导活动的具体性质。一般来说,属于速决性的、执行性的、技术性的、纪律性的、突发性的一类领导活动,宜采取首长制的方式处理;属于方针政策、规划制定以及立法性、协调性、综合平衡性等一类领导活动的处理,宜采取委员会制处理。

在领导活动的实施过程中,政党系统和国家立法机构宜采取委员会制。它们所进行的运筹战略规划、制定方针政策、拟定法律条文等重大工作,都应反复酝酿,充分讨论,集体作出决定。毛泽东同志在《关于健全党委制》中指出:党委制是保证集体领导,防止个人包办的党的重要制度。"一切重要问题(当然不是无关重要的小问题或者已经会议讨论解决只待执行的问题)均须交委员会讨论,由到会委员充分发表意见,做出明确决定,然后分别执行。"[1]邓小平同志在《党和国家领导制度的改革》中也说过:"重大问题一定要由集体讨论和决定。决定时,要严格实行少数服从多数,一人一票,每个书记只有一票的权利,不能由第一书记说了算。集体决定了的事情,就要分头去办,各负其责,决不能互相推诿。失职者要追究责任。"[2]而生产指挥系统、军事指挥系统及一些行政机构,宜采取一长制。党的十二届三中全会通过的《中共中央关于经济体制改革的决定》指出:"现代企业分工细密,生产具有高度的连续性,技术要求严格,协作关系复杂,必须建立统一的、强有力的、高效率的生产指挥和经营管理系统。只有实行厂长(经理)负责制,才能适应这种要求。"运用一长制方式,可以对执行性的问题,行政性的、军事性的、技术性的一类事务,进行果断快速的处理,避免办事拖拉疲沓,以争取时效。

领导体制发展到今天,一长制与委员会制均在相互靠拢。一长制的主要负责人,常常把重大问题交给现代"智囊团"去拟定决策方案,或交给专门委员会进行处理。委员会制则逐渐减少委员人数,减少副职、虚职,以求提高工作效率。有的委员会制常常在对某项问题协商一致后,交予负有直接或完全责任的委员去作决定,以明确责任,便于检查考核。

(4) 终身制与限任制。在领导体制模式中,按职位的任期划分,有终身制与限任制之分。

所谓终身制,即在职位上的领导者的任职不受任何限制,即使丧失了任职能力和生活能力,也可以继续担任这一职位。与终身制相应的是常任制,指在这个职位上的领导由考核产生,一经委任后,除辞职、退休或死亡外,一般长期任职。"常任制"与"终身制"

① 《毛泽东选集》第4卷,人民出版社1991年版,第1340—1341页。
② 《邓小平文选》第2卷,人民出版社1994年版,第341页。

的重要区别在于：前者实行退休制度，后者不实行退休制度。

所谓限任制，即规定明确的职位任期，有限制连任次数、但不到规定任期期满一般不能使之离职的定期限任制；在任职期内按某种规定的程序随时可能被解除职务的不定期限任制；连任届数不受任何限制的无限期连任制。

2. 领导体制的结构

领导体制的结构指在领导机构内部各部门之间的相互关系。这种关系归纳起来，不外乎纵、横两个方面，即纵向的隶属关系和横向的协作关系。体现这种内部关系的结构称领导体制结构。常见的有：

(1) 直线式(分级式、层次式、系统式)结构。一种传统的领导体制模式。在这种体制下，同一系统的各个机构之间，全部联系都归于同一条垂直领导线上；每一个下属机关都只有一个上级领导执行着全部领导和管理职能；但在上层机构之下，则一般都有若干个下属机构；而每一个下属机构之下，还有若干个更下级的机构，直到最低层领导，从而形成一系列不同的层次而呈现出一种从上到下的"金字塔"形的阶梯等级。这种结构的领导类型一般是一长制。其结构模式如图 3-1 所示。

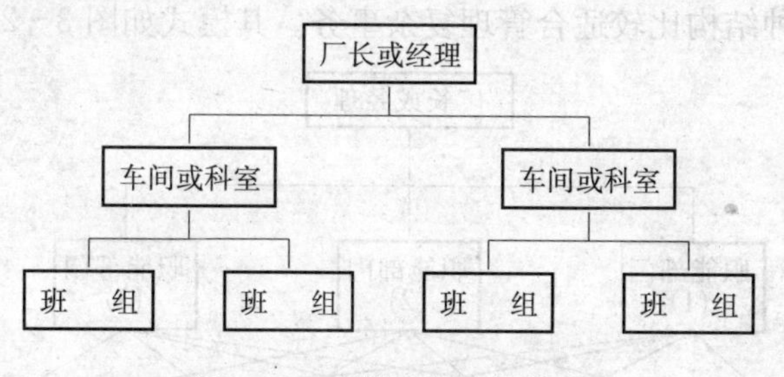

图 3-1　直线式领导结构图

直线式结构的优点是系统内部上、下、左、右的关系一目了然，职责分明，行动迅速，步调一致，纪律严明。但这种结构仅适用于领导场合较小、上下级关系比较单纯的组织或单位。几千年来,在人类社会长期发展的各个历史时期,无论是行政领导、生产领导、军事领导还是宗教领导等,大都采用这种领导体制结构,但随着历史的发展,社会组织越来越复杂,社会活动的规模越来越大,这种结构就越来越不能适应形势发展要求了。只有军队还始终如一地沿用着这种领导体制。

(2) 职能式(功能式、机能式、分职式)结构。在一个领导机构中,按照领导工作的范围要求,横向平行地设置若干个职能部门,每个职能部门均以整个组织系统为服务对象,只是分工和服务不同的领导体制称职能式结构,又称功能式结构、机能式结构、分职式结构。在这种领导体制下,凡是与完成某种职能有关的部门和工作人员都由此职能机构归口,然后再通过各职能机构对下属各单位分别实施对口领导。领导者则对其职权范围内的所有问题拥有指挥权。例如,工厂中的办公室、计划科、人事科、财务科等就是职能机构。这些机构与各个车间的关系,从干部的角度看,科长与车间主任的关系是平级的;但从工作的角度看,这些科室在各自的职权范围内对所涉及的人、事、物拥有指挥权。它们从各个方面协助厂长对车间实施领导。职能式结构最早由美国管理专家泰罗提出。这种结构比较适合管理复杂事务。其模式如图 3-2 所示。

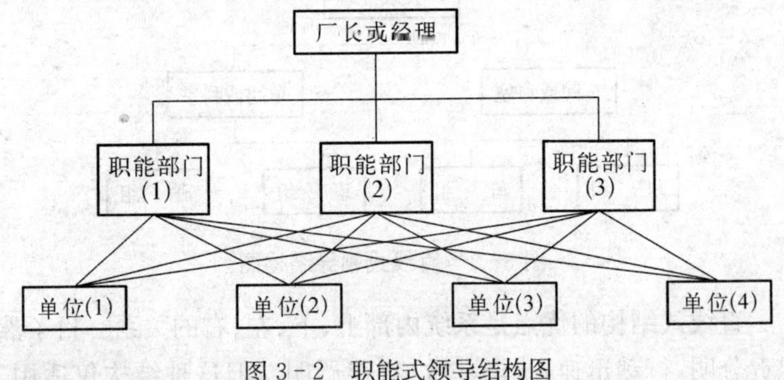

图 3-2 职能式领导结构图

职能式结构分工精细,职责明确,便于领导者摆脱繁琐事务,集中精力抓大事。每个职能部门长期从事某方面工作,经验丰富,情况熟悉,专业性强,工作效率高。但一旦分工过细,容易造成机构臃肿、部门重叠、人浮于事、互相扯皮。就上下级关系而言,上级对下级的指令往往过多,"上面千条线,下面一根针",而且各职能部门容易政令不一,甚至相互抵触,导致下级无所适从;下级对上级则往往请示工作手续繁琐,影响工作效率。就各部门间关系而言,容易产生本位主义,忽视全局的弊端。

(3) 混合式(直线-职能式)结构。这种结构以直线式结构为基础,在每个领导层次又设立了从事专业管理的职能部门;各级领导者通过本级各职能机构实施领导。这些职能部门既可作为领导者的参谋部门,出谋划策,又可按职能分工分别处理各类问题。这种结构集直线式和职能式两种模式的优点,是目前普遍实行的一种较好的领导体制结构。例如,省政府在对地区行署和县政府实行直线领导的同时,还通过自己的职能部门(计委、经委、外贸部门)实行职能式领导。混合式结构模式如图 3-3 所示。

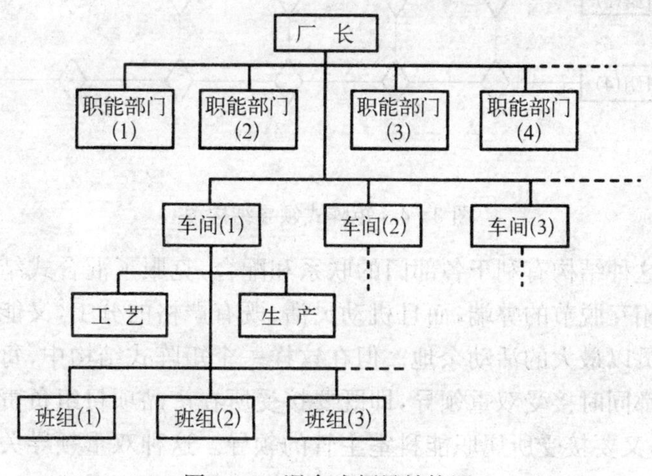

图 3-3 混合式领导结构图

(4) 矩阵式(规划-目标)结构。一种按照数学矩阵原理建立起来的领导体制,又称"规划-目标"结构形式。它把按职能划分的部门与按项目划分的部门结合起来,形成纵向与横向结合的管理系统。这种体制结构最先是由美国洛克希德飞机公司和休斯飞机公司等在 20 世纪 50 年代末,为执行巨大的军事生产计划而采用的,以后逐步推广到其他领域。由于它适应了现代化大型科研生产项目的要求,因而在世界各地大中型科研生产单位被普遍应用。其模式如图 3-4 所示。

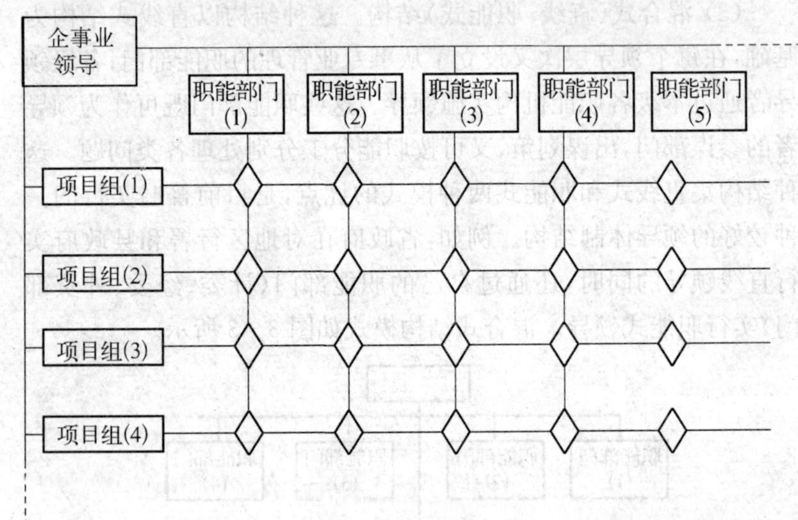

图 3-4 矩阵式领导结构图

这种结构有利于各部门的联系和配合,克服了混合式结构各部门相互脱节的弊端,而且机动灵活,既有严格的分工,又能给工作人员以最大的活动余地。但在这样一个矩阵式结构中,每一个成员都同时接受双重领导,即既要接受所在产品项目组负责人的领导,又要接受所属职能科室主管的领导。这种双重领导关系容易产生矛盾,并且很难协调,这就是矩阵组织形式的缺点。

三、科学设置领导机构的基本原则

体制的首要因素是机构的设置。要科学地设置领导机构,并使之协调运转,有效工作,就必须遵循以下诸原则:

(1) 完整统一原则。现代领导机构要反映出现代领导活动的全部功能。为此,除了设置决策机构、执行机构以外,还必须建立和加强信息机构和监督机构。这些机构有机地组成完整的领导系统,在统一领导下,分工负责,互相配套,协调动作,最终实现共同目标。

(2) 精干合理原则。机构设置要精干,包括机构的数量和规模要精干,要因人设事;领导班子要精干,不能设虚职;工作人员要精干,要因才适用;领导层次要简化,一级负责的问题不必逐级审批。当然,机构不是越少越好,而是要依据工作性质的要求,依据任务的多少和难易程度,合理设置机构,合理定编定员。

(3) 责权一致原则。任何领导机构和领导者承担了任务,就要负责,有责就应有职权。办事的人没有权,有权的人不办事,这种责权分离的做法是非常错误的。只有责权一致,才能发挥各种组织和人员的主动性、创造性。

(4) 指挥统一原则。任何组织如果多头领导,必然相互掣肘、政令不一,致使上层矛盾丛生,下属无所适从。领导者必须合理分工,主管一定范围的工作。下属只应听主管领导的命令。日常工作不能越级请示,不能越级指挥。

(5) 分层负责原则。指在纵向领导层次内实行负责制,以明确上下级职责,切忌事必躬亲、包揽一切,及“等、靠、要”。

(6) 分事负责原则。指在横向领导部门中实行负责制。正副职领导者之间明确分工,明确职责,正副职之间如若发生分歧,经协商不能一致时,正职拥有决定权。工作人员则实行岗位责任制,明确不同岗位的职、责、权、利,并以此考核和奖惩工作人员。

(7) 管辖适度原则。每一层次的领导者直接指挥和监督的对象范围,要有合适的限度,过多了,领导者的能力和精力承担不了,就会误时误事;太少了,势必会增加领导层次和人员。管辖幅度的大小,应以发挥最大效率为目的。领导者能力强,领导手段现代化、效率高,管辖幅度就可大些;反之,就可小些。

(8) 经济节约原则。设置机构要符合客观需要,人员定编要适合工作繁简,开销经费要根据事业规模,这就是经济。盲目扩大机构和盲目裁减机构都违背了客观规律,都不符合经济节约原则。

(9) 提高效率原则。对领导机构、领导者、工作人员的工作都应有数量、质量、时限和效果要求。效率高的标志是:以较少的劳动付出及较短的时间,取得较好的效果;既能超额完成任务,又能达到预定目标;在相同的条件下,比别人作出更多的成就。

(10) 审批简便原则。各级领导部门应减少繁琐的审批手续,克服官僚主义,应逐级下放审批权,缩短审批时间,实行"就近审批"。对不适当的审批规定应定期检查,及时纠正。

(11) 遵循法律原则。领导机构,特别是行政领导机构,必须依照法律规定的原则设置;机构的设立、合并、撤销、增减等,都必须严格按照法律规定的程序审批;机构的人员编制和定员人数必须依法审定,不得随意增加、扩大和转移。只有依法办事,领导机构才能保持其权威性。

(12) 服从任务原则。设置组织机构是完成任务的组织措施,必须服从任务需要,不能为设立而设立。依事设职是这一原则的根本要求。依据这一原则,必须明确任务对设置组织提出的要求,在总目标的前提下,按专业化分工需要,划分若干部门,设置若干职位,规定职权,选择合适人选。随任务和环境的变化,组织机构也应作相应变化。

四、领导体制的现代化要求

作为上层建筑范畴的领导体制,其演变、发展必然受着生产力发展水平、政治制度、民族文化传统等因素的影响和制约。其中,生产力是领导体制变革、发展的最终决定力量,只有适合生产力发展水平的领导体制才是合理进步的。政治制度则决定着领导体制的性质。一个国家的领导体制必然是其国体和政体的反映。因而,实行什么样的领导体制,同一个国家的经济基础和社会政治制度有着密切关系。从近代到现代,资本主义国家的政治、企业领导体制的演变过程,集中地反映了领导体制走向现代化的历史发展变化趋势。

随着社会化生产的发展,资本主义企业的领导和管理体制经历了几百年演进的过程,领导体制得到了空前的发展,呈现出如下趋势:

(1) 从家长制领导到管理阶层的兴起。工业革命前,由于主要是小规模的、简单的手工作坊,生产力水平低下,所有者、管理者融为一体,企业实行家长制领导,老板说了算。工业革命后,工厂代替了手工作坊,生产劳动趋向专业化,管理也需专业化,管理阶层应运而生。对企业的经营管理逐渐从所有者转到管理者身上,出现了所有权与经营管理权的分离。这是领导体制的一个历史性变化,在时间上显示了优越性。人们把这种领导和管理方式称为"经理制",一直沿用至今。

(2) 从单个"硬"专家领导到"软"专家集团领导。工业管理初期,通常是由一些生产技术高超、才能出众、具有专业知识的人担任领导和管理任务,这是所谓"硬"专家的领导体制。随着生产规模的扩大,分工越来越细,一个单位或一项较大的工程,涉及许多行业,需要多方面知识,管理的方式和手段也发生了根本变化,这样,单靠某个专家的领导就不行了,需要有专门管理知识和管理经验的"软"专家集团担任领导。同时,还要有包括各种技术专家、管理专家组成的"智囊团"参与决策领导。这种有现代"智囊"参与的领导体制,标志着一种"谋"与"断"分离的新的领导方式的产生。这是现代领导体制的重要特征。

(3) 从集权制到集中与分散相结合的多级领导。经理制初期,事无巨细,都由经理负责处理。但这种集权过多的领导方式,越来越不适应市场瞬息万变的激烈竞争,各种问题纷至沓来。市场经济的发展客观上要求在必要的集中领导下,扩大分散管理的权力。在20世纪二三十年代,一些国家开始寻求新的领导途径。美国率先提出了在大型企业中实行集中领导、分散管理的"事业部制"。其特点是:把经营决策与具体管理分开,使总经理等公司一级的高层领导可以摆脱日常事务,集中精力研究处理全局性大事;而日常生产、销售等具体管理活动则由各事业部独立自主地承担。

领导体制的现代化发展趋势,清楚地体现了领导体制的历史演进规律:首先,领导体制的变化发展必然与社会经济水平相联系。生产力的发展、经济基础的变更,推动着领导体制由原始民主制向君主专制制、分权制衡制及民主集中制的演化。其次,由集权向分权、集中向民主的演进,是领导体制演进的必然趋势。生产力越发展,社会越现代化,政治越民主化,领导体制就越迈向权力分散化、民主化。同时,领导体制的演进规律也决定了领导体制的现代化进程是一个漫长的、艰难的进程。一是体制的惯性力量往往阻碍着领导体制的变革,使传统的体制力量难以轻易变化;二是体制的整体系统性往往决定着领导体制变革的艰巨性。自上而下,整体推进是领导体制发展的基本特征,正由于此,任何局部的、不彻底的领导制度变革都难以奏效。我国历史上领导机构改革上出现的"精简—膨胀—再精简—再膨胀"的曲折与反复就是明证。

第二节　行政领导体制

一、行政组织和行政领导

行政组织是国家为实现对社会公共事务的有效管理而依法建

立的组织实体。它是一种社会组织,是整个社会组织系统的一种特殊类型。

对行政组织可作广义和狭义两种理解。从广义上理解,一切具备计划、组织、指挥、协调和控制等行政功能的组织都可称作行政组织。它既包括国家行政部门的组织,也包括国家立法和司法等部门内履行行政职能的组织,还包括企事业单位、群众团体等内部的相应组织。从狭义上理解,行政组织特指国家的行政机关。它是唯一行使国家行政权、发挥领导和管理国家政务职能作用的组织,是按照国家宪法和有关法律建立起来的管理国家行政事务的主体。我国的行政组织是指国务院和各级地方政府及其内部机构。行政学所研究的"行政组织",主要是狭义的。当然,行政组织的有关原则和管理方法,也不同程度地适用于非政府机关,即具有领导和管理职能的其他社会组织。

行政组织与行政领导有着密切的联系。

1. 行政组织是实施行政领导的载体

行政组织是行政权力的载体,是国家行政管理活动的最主要的主体。国家要推行和管理公务,必有其组织,并通过组织即国家机器,系统、完整地表达国家的意志;作为国家行政机关的行政组织,也是行政权利、责任、义务的归属。从这个意义上说,行政组织是国家行使统治权的表现形式;没有行政组织,就不可能有国家的行政作用,也就没有行政领导可言。由于行政组织是行使行政职能的基础,因而,行政组织的建设是否科学合理,其运行是否流通顺畅,将直接关系到行政效率的高低,关系到行政领导的素质。

2. 行政组织的职能无不是对行政领导意图的贯彻

作为一种复杂的社会组织系统,行政组织是由许多子系统构成的,它们分别具有不同的作用和职能。行政组织的功能活动是在这些子系统相互作用的基础上展开的。无论是国家还是地方的行政组织,作为其构成要素的子系统有:

(1) 领导机构。这是行政组织的核心机构,是整个组织体系的首脑机关和决策中心。它作为一个行政领导的群体,拥有最高决策权、指挥权和监督权。如我国的国务院就是这样的领导机构。

(2) 执行机构。负责贯彻执行最高行政领导决策和指令的职能机构。其作用在于把总体目标和最高决策分解为各种具体目标和行动方案,并层层落实到具体的行政管理工作中。执行机构是行政组织体系中"行动的"主体,它直接管理和处理各种社会公共事务。

(3) 参谋辅助机构。向领导机构提供信息服务,辅助领导机构作出最佳决策,进行最佳指挥和协调,并帮助各执行机构进行行政事务管理的各种职能机构。它们一般不直接参与对社会公共事务的管理工作,只是一种辅助性的工作部门。如计划、财务、人事、机关事务管理等部门以及政策研究室、办公室、秘书厅、"智囊团"等。

(4) 监督机构。依法对各种行政机构及其活动进行监督的执法性机构,如政府中的监察机构、审计机构等。

(5) 信息反馈机构。负责了解行政组织运行状况,搜集、整理、分析与行政组织活动及其效果有关的各种信息的情报服务机构。如统计局、信息中心、资料室、档案室、情报室等。其主要作用在于及时将有关信息反馈到行政决策中心和各级行政机构,以便完成或修正行政决策及各种方案。

上述五种类型的行政组织既有明确分工,又相辅相成,缺一不可。它们相互配合,共同完成行政活动中的领导工作、事务工作、辅助工作、监督工作及研究工作。而在这一整个行政组织体系中,领导机构处于核心地位。其他机构进行的工作都是为更好地落实、完成领导机构的决策目标而必需的。可以这么说,整个行政组织系统的各种机构都是直接或间接地为贯彻行政领导意图而服务的。

3. 行政组织具有与行政领导相同的属性

既然行政组织是行政领导的载体,行政领导意图通过行政组织而得以实施,因而,行政领导的属性必然通过行政组织的运行而体现。行政组织与行政领导一样,同样具有政治性、社会性、服务性、法制权威性等。行政组织与其他社会组织相比较,其权利和义务都必须由宪法和法律作依据。行政组织通过法定的行政权力,对国家政治、经济、文化和社会生活等方面实施最广泛的干预和领导,其权力的作用范围可以涵盖社会中的每一个组织和个人;行政组织所制定的政策、法规、法令、命令等,在其管辖范围内的每个组织和每个个人都必须遵守和执行。其他任何社会组织都不可能具有这种法制权威性。这也是行政组织与其他社会组织的最主要的区别,而这一区别正是源于行政领导与其他领导的区别。

二、行政组织结构和现代行政领导体制

行政组织的内涵主要表现为两方面:一是组织的体制与结构,即它的静态层面,包括行政组织的类型、结构体系及职能的确定、机构的设置、权责的划分等;二是组织的运行和能量的释放,即它的动态过程,包括行政原则的遵循、组织机构间的协调配合等。

行政组织的结构形式、责权划分体系和行政工作制度称行政组织体系,即行政领导体制。所谓行政组织结构,是行政系统内部各构成单位的排列组合方式,或者说是行政组织各部门及各层级之间所建立的相互关系的体系。有正式结构和非正式结构两种。正式的行政组织结构是有意设立并经正式批准的常设的行政组织各部门、各层级间的关系体系;它是行政活动及关系的主要框架。非正式组织结构是未经正式规划的发生于组织成员间的一种活动关系形态。如一些自发性的组织以及为处理某些重要问题而临时设立的机构。在实际工作中,正式结构与非正式结构共处于组织机构中,相互联系,相互作用。行政领导体制的功能受行政组织结

构形式的制约;一旦结构形式发生变化,行政领导体制的功能也将随之变化。行政领导体制结构合理,其功能就完善;反之,组织结构不合理,其功能则将因各构成要素的相互牵制、内耗而大受影响甚至丧失作用。

行政组织的结构有纵向与横向之分。行政组织的纵向结构,亦称层次结构,即各级政府上下级之间、每级政府各组成部门上下之间构成的领导和被领导的主从关系的排列组合方式。行政组织纵向结构的层次,依工作需要及历史发展情况而定。我国行政组织的纵向结构分为国务院、省级政府、市级政府、县级政府及乡级政府五个层次。在一级行政组织内部,如省级政府内部,又可划分省政府、委厅局、处、科级等层次。这样就形成行政组织的层级指挥系统,层次越高,管辖范围就越广,权力影响力就越大。

在行政组织纵向结构的建设中,要正确确定各个层级的合理的管理幅度,尽量减少纵向结构的层次,处理好管理幅度和管理层次两者之间的关系。管理幅度小而管理层次多的行政组织,权力集中,控制有力,便于政令统一,但不利于发挥下级机关和人员的主动性和创造性。管理幅度大而管理层次少的行政组织,有较多的分权和较少的控制,利于发挥下级机关和人员的主动性和创造性,但却容易产生松散和存在削弱领导权威的可能性。

行政组织的横向结构,亦称部门结构。这是同级行政组织(部门)之间构成的分工合作、相互协调的平行关系。对行政组织的横向结构,可从各部门的职权范围、业务性质和在行政过程中的功能作用来加以分析。无论怎样划分和设立行政部门,都要使之成为一个相互联系、配合默契、能动协调的有机系统。

行政组织结构中各层次、各部门之间行政关系的制度化表现,形成了行政组织的体制,也即行政领导体制。从中央与地方的关系看,有中央集权制和地方分权制;从行政决策权的行使上看,有行政首长负责制和委员会制。

中央集权制指国家行政权力由中央政府集中统辖的行政体制。这种体制的特点是:第一,全国只有一部宪法和一种国籍。第二,中央政府掌管着全国性的国防、军事、外交、铸币、财政和内政等方面的广泛权力,必要时,地方政府行政首长可由中央政府任免。第三,各级地方政府服从中央政府的统一领导,并接受其监督。中央集权制有利于维护中央权威,但如果集权过度,形成僵化的高度集权体制,则容易挫伤地方的积极性和创造性。我国两千多年来的封建社会基本上实行的就是这种体制。

地方分权制指国家行政权力由中央政府和地方政府分别行使的制度。其特点有:第一,国家除一部具有最高法律效力的统一宪法规定外,一般还有成员国和州的宪法。第二,中央政府与成员国或州的职责权限由国家宪法统一规定。中央政府一般有外交、宣布战争、军队的管理与指挥、货币发行与金融政策的制定等方面的专有权力;地方政府则有除国家宪法明确限制外的管理地方性事务的广泛权力。地方分权制有利于发挥地方的积极性和创造性;但过度分权,则容易削弱中央政府的权威,形成"地方主义"甚至"诸侯割据"的不利局面。采取联邦制的国家,一般采取的就是这种行政领导体制。

实施行政领导,保证社会正常运行的理想体制是纵横结合的立体交叉式。这种体制能综合两种类型体制的优点为一体,既有利于维护中央权威,又能较好地发挥地方的积极性。这种体制正符合我国行政领导体制改革的方向。

三、行政组织原则和行政组织理论的发展

1. 行政组织原则

行政组织建设的原则,是对行政组织的管理活动与发展规律的理论概括和总结,是指导行政组织建设,实行行政管理科学化,实现行政组织设置合理、高效的指导思想。总结国内外的经验,要建设科学合理的行政组织,必须遵循如下原则:

(1) 职能目标原则。行政组织的建设必须适应政府职能的需要,行政组织结构的设计应以政府职能目标为唯一根据,职能目标是行政组织存在和运行的基础。没有管理职能依据的组织设置,只能是“因人设事”。行政职能的内容决定了行政组织机构设置的规模,行政职能目标的变化决定了行政组织结构要作相应的调整。如果行政组织机构不随职能目标的变化而变化,就会出现多余的行政组织和冗余的行政能量,易损害行政管理整体目标的实现。

(2) 整体效能原则。行政组织的设置应注重整体效能。在机构设置过程中应做到:① 功能齐全,结构合理。科学合理的行政组织结构应有完善的管理功能,即应由决策中心、执行机构和反馈机构等组成的完整的系统。行政组织要获得预期的管理功能,必须优化行政组织结构。各行政机构之间的信息传递和处理应做到全面、准确、及时和高效,既不能让行政组织所管辖的内容方面产生缺口,影响行政目标的完整性,也不能让行政指挥的链条脱节,以至出现指挥失灵或出现无人过问的死角。② 运转协调,灵活高效。协调是管理工作的一个重要职能。行政组织内部关系的协调,既指行政人员相互之间关系的协调,又指同级行政单位或上下级行政单位之间的协调。行政组织只有运转协调,才能使行政机构的个体行为变为整体行为,才能增强行政组织的凝聚力,使行政组织系统的整体功能得以实现。

(3) 分权管理原则。国家行政组织是一个庞大复杂的权力体系,既要保持权力机构的完整统一,又要实行分权管理。实行分权管理是实现行政管理完整统一的必要保证和现代管理专业化分工的必然要求。实行分权管理,就是将行政权力逐级下授,按部门分工,使行政组织的每个层级、每个部门以至每个人员岗位都拥有履行其职责所应有的相应的行政权力,以实现责权一致,保证各自所承担的行政管理任务能有效完成。合理分权是实行这一原则的关键。上级行政组织和行政领导者的主要职责是决策、指挥、协调、监督和控制等,应保留决策权、指挥权、行政奖惩权等。下级行政组织和行政人员的主要职责是执行上级各项措施和决策、服从上级指挥和安排、具体管理各项行政事务等,应拥有一定的执行权、管理权,应允许其在职责范围内独立自主地采取各项必要的行政措施和手段,有效地处理各种行政事务。

(4) 精干效能原则。这一原则要求行政组织的设置应以尽量少的机构、人员和财物的投入完成尽可能多的工作任务,以提高行政领导的效能,实现精干、高效、廉洁的目标。为此,必须做到:① 根据任务和需要设置机构;② 取消重叠交叉机构;③ 减少管理层次;④ 人员配备得当。因事设岗,因岗择人,裁减冗员,不设只挂名不干事的虚职,以克服官僚主义,减少消耗,提高工作效率。

(5) 依法设置原则。即行政组织的设置必须有法律依据,必须按法律程序。各级行政组织设置的数量、性质、地位、职责、权力、编制、隶属关系、管理程序、行为规范等,都必须有法律依据。行政组织的设置必须经过一定的法律程序,履行必要的法律手续。要杜绝机构设置的随意性,避免机构膨胀、人浮于事的现象发生。

2. 行政组织理论的发展

行政组织现象的出现,可以追溯到历史的早期;然而,研究行政组织理论的出现,却还是20世纪以来才出现的。将近一个世纪以来,行政组织理论的发展,大体上经历了三个阶段:古典科层组织论(官僚制度理论)、新古典组织论和现代组织理论。

古典科层组织论,是由德国社会学家麦克斯・韦伯(Max Weber, 1864—1920)以普鲁士的官僚政治为背景,以对法律顾问的无上权威的信仰为基础建立起来的理论。它以组织形式和法规制度对行政效率的影响作为研究重点。韦伯被认为是"系统研究科层制度的奠基人"①。

① K. 默顿:《有关科层组织的阅读文选》,纽约1952年版,第17页。

科层制(bureaucracy,又译官僚制)本指实施管理的社会行政机构的特殊形式。韦伯用来指称现代社会实施合法性统治的行政组织,是一种高度理性化的组织机构的理想模型。韦伯认为,科层官僚制之所以成为现代社会最合乎理性的行政管理类型,是因为它的工具合理性。这种工具合理性的一个重要方面是它的形式主义。形式法规确定每个机构的管辖范围,规定机构内的权力分布,把每个职位与责任联系起来并为履行职责建立规则秩序。其中,占主导地位的是形式化的秉公办事的精神。它保障了每个人在法律、法规、制度面前获得形式上平等的地位。由于排除个人的专断和偏好,一切事务都成为可计算的、可预测的和可控制的。科层制的工具合理性的另一个方面是把技术效率置于首位。充分发达的科层制是一个严密的权能系统,它把整个社会变成了一架非人格化的庞大机器。在这种行政管理中,一切社会行动都建立在功能关系上,精确性、速度、清晰性、持续性、统一性、严格的服从、减少摩擦、减低物力和人力消耗,等等,都被提高到最适宜的程度。

韦伯在肯定科层制的纯技术性的合理性的同时,还注意它本身包含的非理性成分。例如,分级审理原则的贯彻,必然会带来陡然增多的文件数量,可能会使文牍主义风气蔓延;强调履行职务活动必须在文件形式上齐全的过分求全态度,反而会使处理公务的效率低下;法规明确确定了官员的权限和职责,又可能产生互相推诿的本位主义的消极现象;严格按照规章制度处理公务和变人的关系为事务的关系,又可能会带来官僚式的冷漠态度,等等。因此,"科层制"与"官僚主义"密不可分,它们之间的界限难以划分,科层制是孕育官僚主义的温床。

新古典组织论是参照心理学的行为理论和社会心理学对非正式组织的研究,在修改古典科层组织理论的基础上而提出的组织理论。它侧重研究结构的调整问题,主要观点有:

第一,组织形态有尖三角形结构和扁三角形结构。前者便于集权控制,后者利于分权管理。古典科层组织论以典型组织结构为主,强调集权,缩小控制幅度,而增加管理层次。新古典组织论倾向扁平组织结构,研究如何分权和授权。

第二,集权和分权组织程序有三个含义:① 按地理范围考察,若一个组织集中在同一地域,可以集中权力,推行集中管理,其组织程序呈现集权形式。② 按组织功能看,如某行政职能(如人事权)集中于上级组织,为集权;而组织中各单位有权自行处理时,为分权。③ 按决策层次和授权范围来决策,为分权;反之,将决策集中于组织最高层,则为集权。他们提出"集权控制,分权工作"的模式,以使组织基层人员尽可能地发挥他们的创造性。

第三,美国教授古立克(L. H. Gulick)和伍韦克(L. Urwick)于 1937 年提出了部门化原则。主张按目标、程序、地区、人事物材这四个原则将机关组织分为目标机关组织、程序机关组织、地区机关组织和人事物材机关四类。部门化以完成组织功能为目的,并同专业相联系。

古立克提出用 POSDCORB 这一缩写词代表行政工作内容。其中,P 代表计划(Planning):凡事必须先确定目标,必须建立正式机构和组织体系,并规定相应职责范围和协作关系;S 代表人事(Staffing):包括人员的选择、训练、培养和恰当的安排等;D 代表指挥(Directing):包括对下属的领导、监督和激励;CO 代表协调(Coordinating):为使各部门步调一致,共同实现组织目标;R 代表报告(Reporting):下级对上级的报告和上级对下级的考绩、调查和审核;B 代表预算(Budgeting):包括财务计划、会计、控制等。古立克在行政组织理论中较早地引入了系统论思想。

现代组织理论着重于组织整体的研究,包括:① 承认非正式组织存在的理论。② 平衡系统理论,认为组织的生命力在于确保人们作出贡献和利益满足的平衡。③ 合理决策理论,认为行政组织的基本功能是提供一个作合理决策的机构。④ 社会系统理论,认为任何组织都是一个天然的社会系统。一切社会系统都必须解决四个基本问题:适应环境、实现目标、结合所属的次一级的单位组成一个较大的系统、保持其存在的价值。现代组织是一个小社会,它是大社会的一个单元,无数单元层层结合,最后构成社会大系统。

现代组织理论的根本观点,是把开放组织体系看成是信息的输入、转变和输出的不断循环运动的过程。在这个过程中,应重视信息的储存、反馈和调整,并充分反映组织体系内外部因素的多元性。

综上所述,古典科层组织论以组织内部的组织形式和法规制度对行政效率的影响为研究重点;新古典组织论以组织形态对行政效率的影响为研究重点;现代组织理论把系统观引入行政组织研究,不仅重视组织整体研究,而且更重视社会环境与行政组织的相互影响。这些研究,对于我国行政领导体制的改革,都有一定借鉴意义。

在现代西方行政组织理论中,英国著名政治学家和历史学家帕金森(C. Parkinson)对资本主义社会中行政组织存在的弊端的揭示,对后人很有启示。他以讽刺笔调,用小品文形式,揭示行政组织中的一些问题,诸如:① 行政主管工作忙时(不管是否真忙),总喜欢增加下属,而不喜欢增加与自己势均力敌的对手。官多了,行政机关各级人员之间,彼此会制造出许多工作,结果人人都有事干。因此,行政机关不管实际事情多寡,机关人员每年都要增加5%—6%。② 行政机关建立的年代愈久,组织中的人选质量就愈低劣。因为行政主管选择下属,必取才华不如自己的人,以免增加威胁自己职位的竞争者。③ 开会时,时间耗费的长短,与讨论问题的重要性成反比。这是因为,小事大家都懂,而且关系不大,故人人都争着发言。反之,大事不仅关系重大,而且自己不懂,故守口如瓶,以免承担责任。④ 委员会的组织内部,必然产生较小的非正式的核心委员会。然后,这个核心委员会又逐渐发展,日益庞大,如此周而复始,循环不已。⑤ 一个机关内部越腐败,办公楼和内部的办公用具就越华丽。华丽的建筑和设施,可以作为机关腐败程度的证据。⑥ 机关有多少钱,就会用多少钱,只会增加,不会减少,因为用不完,下一年度就会减少预算。等等。1957年,他将其中的十篇文章汇成《帕金森定律》一书。这本书一问世,立即畅销世界。帕金森对政府机关通病的揭露,着实给后人以警示作用,对于我国当今行政体制的改革,也有启发意义。

第三节　我国领导体制的改革

一、新中国领导体制的历史演变

新中国建立以来,我们用革命的手段推翻了旧中国的领导体制,建立了社会主义的全新的领导体制,至今已有六十多年的历史了。随着历史的发展和社会的进步,我国的社会主义领导体制也发生了一系列演变。这一演变过程大体经历了这样几个阶段:

1. 创建阶段(1949—1966)

1949年,中华人民共和国建立后,我国一改旧中国专制、独裁、反动、腐败的官僚体制,建立了工人阶级领导的、以工农联盟为基础的、人民民主专政的各级人民政府及有关的人民政权机关和国家机器,基本确立了社会主义政治制度,逐步形成了集中统一的社会主义经济、政治体制。主要表现为:① 确立中国共产党为执政党的领导地位;② 实行人民代表大会制度;③ 党和政府以及群众团体的领导机关都实行委员会制,在各自的系统进行统一领导;④ 中央与地方的关系实行中央集权制,称作中央集中统一领导下的分散或分级管理;⑤ 国家对国营企业实行"统一计划,分级管理",主要产品实行统购统销,取消个体私营。

2. 动乱阶段(1966—1978)

在十年动乱期间,新中国已建立的领导体制被彻底打乱。“文革”后期,在“加强一元化领导”的口号下,把一切权力都集中到各级党委,形成更严重的党委包揽一切的现象。这种领导体制经1975年修订的宪法肯定后,原来就存在的集权过多过死的弊端发展到更为严重的地步。这种状况一直延续到1978年党的十一届三中全会召开。

3. 调整、改革阶段(1978年以后)

党的十一届三中全会以后,党和国家领导人在领导体制方面采取了一系列重大改革措施。主要内容有:坚持和改善党的领导;加强各级人民代表大会的权威;实行首长负责制;建立统一、高效和强有力的行政领导;在中央统一领导下扩大地方自主权;实行政企分开,扩大企业自主权等。这些改革措施开创了一个新局面。然而,在这一阶段,长期形成的我国领导体制方面所存在的弊端并未真正解决,思想上的“左”的倾向依然存在,权力过分集中的现象,以及相关的以权谋私、官僚主义和家长作风还严重存在。

以邓小平南方谈话和党的“十四大”召开为标志,我国领导体制又进入一个深化改革的新阶段。

我国的企业领导体制也经历了漫长的演变过程。建国初期,从1951年起,在全国范围内有两种具有代表性的领导体制:一是华北地区实行的党委领导下的厂长负责制;二是东北地区借鉴苏联经验所建立的“一长制”,即厂长在生产行政管理工作中的负责制。在全国范围内推行“一长制”,是我国工业发展史上的一件大事。从当时情况看,“一长制”的实行,对生产管理有许多优越性;但在实行中,也存在一些问题,诸如:一些行政领导人员忽视党和群众的监督作用,个人说了算;缺乏必要的规章制度,造成当政者相互推诿的现象。这本来是正常现象,然而由于当时的政治环境的影响和指导思想上的失误,1956年,厂长负责制被视为资本主义“白旗”被拔掉。

1956年9月召开的党的第八次全国代表大会决定实行党委领导下的厂长(经理)负责制:“在企业中,应当建立以党为核心的集体领导和个人负责相结合的领导制度。凡是重大的问题都应当经过集体讨论和共同决定,凡是日常的工作都应当由专人分工负责。”党委领导下的厂长负责制在当时起到了一定的积极作用,但也暴露了种种弊端,诸如:在“政治挂帅”的口号下,厂长不敢负责任,大小事都请示书记,企业的权力日益集中到企业党委;党委领导下的厂长负责制实质上成了党委领导下的厂长分工负责制,形成了“大权独揽,小事都管”的“书记一长制”。

在1966—1976年“十年动乱”期间,不论是群众造反组织执掌大权、统帅一切的“一元化”领导,还是“三结合”革命委员会的“一元化”领导,或者是企业中事实上存在的党委书记包揽一切的“一元化”领导,都使党委领导下的厂长负责制名存实亡。

1978年,中共中央在《关于加强工业发展若干问题的决定(草案)》以及其他文件中,明确提出建立和健全党委领导下的厂长分工负责制,明确规定党委行使决策权,厂长负责管理权,加强了厂长的权力。1984年5月15日,全国人大六届二次会议决定,逐步实行厂长(经理)负责制。中央明确提出:“在国营企业中逐步实行厂长(经理)负责制,企业的生产指挥、经营管理由国家委托厂长(经理)全权负责。”并在会后进行了广泛试点。在总结试点经验的基础上,中共中央、国务院于1987年1月11日发出通知,要求在全民所有制企业中全面推行厂长(经理)负责制,并明确指出:全民所有制工业企业的厂长(经理)是一厂之长,是企业法人代表,对企业负有全面责任,处于中心地位,起中心作用;企业党组织的工作重点为保证和监督党和国家各项方针政策的贯彻实施,做好企业党的思想建设、组织建设和思想政治工作;进一步健全职工代表大会制度和各项民主管理制度,发挥工会组织和职工代表在审议企业重大决策、监督行政领导干部、维护职工合法权益等方面的作用。

二、新中国建立后领导体制的主要弊端

1949 年中华人民共和国成立,现代领导体制建设时期开始。然而,由于我党长期处于战争年代,具有鲜明的集权化特征的战时领导体制影响极大。"军令如山倒",在战时领导体制下,上级对下级发布的命令具有不可动摇的权威性,下级对上级指挥必须绝对服从。加上我党领导对于社会转型的认识不足,长期迷信战争经验,习惯于阶级斗争的思维模式,导致我国建国几十年来领导体制长期存在如下诸种弊端:

第一,权力过分集中。表现为:① 在集权与分权的关系问题上,过分强调集权,忽视了对地方与下级的合理分权。邓小平同志指出:"权力过分集中的现象,就是在加强党的一元化领导的口号下,不适当地、不加分析地把一切权力集中于党委,党委的权力又往往集中于几个书记,特别是集中于第一书记,什么事都要第一书记挂帅、拍板。党的一元化领导,往往因此而变成了个人领导。全国各级都不同程度地存在这个问题。权力过分集中于个人或少数人手里,多数办事的人无权决定,少数有权的人负担过重,必然造成官僚主义,必然要犯各种错误,必然要损害各级党和政府的民主生活、集体领导、民主集中制、个人分工负责制等等。这种现象,同我国历史上封建专制主义的影响有关,也同共产国际实行的各国党的工作中领导者个人高度集权的传统有关。"[1]② 在统一领导与分工负责的关系上,过分强调集中与统一,忽视了发扬民主和科学分工,从而使党的一元化领导变成个人说了算,甚至个人凌驾于组织之上。

① 《邓小平文选》第 2 卷,人民出版社 1994 年版,第 328 页。

第二,政企不分。政府过多地干预企业生产,企业丧失应有的自主权,从而严重地影响了我国经济的发展。党的十四届三中全会《决定》明确指出:“政府管理经济的职能,主要是制订和执行宏观调控政策,搞好基础设施建设,创造良好的经济发展环境。”“政府运用经济手段、法律手段和必要的行政手段管理国民经济,不直接干预企业的生产经营活动。”企业必须尽快摆脱长期以来形成的对政府的依赖习惯,坚持厂长(经理)负责制。

第三,领导体制不健全。诸如:机构臃肿、重叠和残缺不全;缺少自上而下的行政法规和负责制,以至无章可循,难以独立负责;缺少干部正常的分类、考核、录用、奖惩、退休等法规;干部能进不能出,能上不能下,造成层次多、副职多、闲职多,缺乏应有的竞争机制。

产生以上弊端的主要原因,除了战时领导体制的传统影响外,还有:① 我国历史上长期封建统治的影响;② 我国建国后长期计划经济的影响;③ 我党党内“左”的思想路线的干扰破坏;④ 共产国际时期各国党的工作中领导者个人高度集权的传统影响。

经过党的十一届三中全会以来的改革实践,以上问题有了很大程度的改观,但政治体制改革的任务还很重。我们必须认识到,只有努力克服这些弊端,才能更充分地发挥社会主义制度的优越性,使有中国特色的社会主义现代化建设事业得到更顺利地发展。

三、我国领导体制改革的基本原则和主要内容

1. 我国领导体制改革的基本原则

根据历史的经验与教训及其领导体制的现代化要求,我国领导体制改革的基本原则是:

(1) 权力分配合理。在纵向领导层次中,改革权力过分集中的领导体制,适当下放权力,合理配置各层次的职权范围,以调动各方面的积极性。下放权力的总原则是:“凡是适宜下面办的事情

都由下面决定和执行。"其中,尤其要划清中央和地方的职权界限,以在保证全国政令统一的前提下,做到地方的事情由地方管,避免中央包揽一切。在横向领导层次中,改革职责不明、互相扯皮的现象,合理分权,使各方面的工作真正做到有职、有权、有责,真正实现互相配合、监督、协调、制约和促进,以推动领导活动有条不紊地进行。

(2) 机构设置适当。领导机构是实现领导职能的组织实体。机构设置合理,领导工作才能完整有序地运转。各级领导机构的确立,必须符合"精简"、"统一"、"效能"、"节约"和"反对官僚主义"五项要求。这既是确立组织机构的目标,又是检验组织机构的质的标准。所谓"精简",即根据领导工作的实际需要,建立起精干有力的领导班子。机构臃肿、人员过多,不但难以运转,而且会产生内耗。所谓"统一",即整个领导机构中的各个部门都有明确的目标、清楚的分工,职责范围没有交叉重叠,同时又能互相有机配合,领导层次和领导宽度确定恰当,从而在纵、横两个方面都能协调统一而不别扭分散。所谓"效能",即指领导机构在工作的数量、质量、速度等方面都有好的效果。"效能"原则与"节约"原则紧密相连,只有不浪费人力和物力,才能有效提高工作效能。而所有这些,都是反对官僚主义的保证。

(3) 工作制度健全。领导工作的核心是以职、权、责、利相统一为原则的领导工作责任制。其基本内容涉及工作职能范围的划分、工作权力的限定、工作责任的承担以及相应的奖惩制度。依据这一原则,责任到人就要权力到人;只交责任,不交权力,责任制非落空不可。应明确各级的职权范围,不能事无巨细都要层层请示汇报,不负责任地互相推诿、扯皮和敷衍塞责,甚至争权夺利。

(4) 法律保障有力。领导体制的改革要依法办事,体制的一切变革要以法律、法规的形式固定下来。要依法分配权力、设置机构;依法进行领导,抵制不正之风,维护群众合法权益。

(5) 自我调节灵活。领导体制不是永恒不变的。处于动态的领导行为来说,不但需要凭借领导体制充分发挥领导者的积极性和创造性,而且还要根据工作任务及面对情况的变化,对领导体制进行不断的改革。因而,确立一种能自我调节的灵活机制极为重要。

2. 我国领导体制改革的主要内容

我国领导体制的改革是一项系统工程,包括多方面的内容。从宏观上看,领导体制的改革必须与经济体制、政治体制、行政体制及其他相关体制的改革同步进行,其中,经济体制、政治体制和行政体制的改革是重点,对领导体制的改革关系重大。因而,我们将从经济体制、政治体制、行政体制三方面阐述领导体制改革的内容。

(1) 经济体制改革:领导体制改革的重要基础。就经济体制而言,涉及领导体制的内容包括确立宏观调控体系,转变政府职能和确立现代企业制度,实行政企分开,扩大企业自主权两方面。

以公有制为主体的现代企业制度是社会主义市场经济的基础。建立适应市场经济要求,产权清晰、权责明确、政企分开、管理科学的现代企业制度,是社会化大生产和市场经济的必然要求,是我国国有企业改革的方向。现代企业的领导体制必须适应现代企业制度的基本特征,这些特征是:① 产权关系明晰,企业中的国有资产所有权属于国家,企业拥有包括国家在内的出资者投资形成的全部法人财产权,成为享有民事权力、承担民事责任的法人实体。② 企业以其全部法人财产,依法自主经营,自负盈亏,照章纳税,对出资者承担资产保值增值的责任。③ 企业按照市场需求组织生产经营,以提高劳动生产率和经济效益为目的,政府不直接干预企业的生产经营活动。企业在市场竞争中优胜劣汰,长期亏损、资不抵债的应依法破产。④ 建立科学的企业领导体制和组织管理制度,调节所有者、经营者和职工之间的关系,形成激励和约束相结合的经营机制。

在多元经济利益主体存在的市场经济条件下,政府既要发挥管理经济的职能,又不能像原来高度集中的经济体制那样,用包揽一切的管理方式去进行管理,政府管理的职能必须进行转换。《中共中央关于经济体制改革的决定》指出:"国家机构特别是政府部门究竟怎样才能更好地领导和组织经济,以适应国民经济和社会发展的要求,这是一个需要认真加以解决的问题。过去由于长期政企职责不分,企业实际成了行政机构的附属物。中央和地方包揽了许多本不应由它们管的事,而许多必须由它们管的事又未能管好。加上条块分割,互相扯皮,使企业工作更加困难。这种状况不改变,就不可能发挥基层和企业的积极性,不可能有效地促进企业之间的合作、联合和竞争,不可能发展社会主义统一市场,而且势必严重削弱政府机构管理经济的应有作用。"在市场经济条件下,政府职能可概括为三个方面:一是对整个国民经济的规划、指导、协调的职能;二是保障监督性的职能;三是为经济发展创造基础条件和提供服务的职能。从宏观上说,这些职能表现为:① 制定经济和社会发展战略、计划、方针和政策;② 制定资源开发、技术改造和智力开发方案;③ 协调地区、部门、企业之间的发展计划和经济关系;④ 部署重点工程,特别是能源、交通和原材料工业的建设;⑤ 组织市场调查和预测,收集、分析、处理、发布经济技术信息和市场供求信息,为企业提供技术经济情报,提供咨询指导。从微观上说,这些职能包括:① 对经济利益主体的直接和间接管理;② 对公用设施等市政基础建设以及社会福利进行投资和服务;③ 依照法律、法规和规章,检查、监督企业的生产经营活动;④ 调解、处理企业之间的经济纠纷的经济案件,保护企业生产经营自主权和合法权益。总之,政府在发挥管理经济职能的时候,不管是在宏观上还是在微观上,必须改变过去单纯依靠行政手段进行管理的方式,运用行政手段、法律手段和经济手段来进行管理,以适应政府职能的转换。政府行政领导体制的改革必须适应政府职能转换的要求。

(2) 政治体制改革：领导体制改革的主要内容。所谓政治体制,是指国家实行政治统治的全部机构的组织形式和活动规则,属政治上层建筑范畴。我国的政治体制,可简称为党和国家的领导体制,包括：政权组织制度、干部制度、决策组织等。

依据党的"十六大"精神,我国政治体制改革内容大致包括如下几个方面：

其一,坚持和完善社会主义民主制度。健全民主制度,丰富民主形式,扩大公民有序的政治参与,保证人民依法实行民主选举、民主决策、民主管理和民主监督,享有广泛的权利和自由,尊重和保障人权。坚持和完善人民代表大会制度、共产党领导的多党合作和政治协商制度、民族区域自治制度、基层民主制度。

其二,加强社会主义法制建设。适应社会主义市场经济发展、社会全面进步和加入世贸组织的新形势,加强立法工作,提高立法质量,到2010年形成中国特色的社会主义法律体系。

其三,改革和完善党的领导方式和执政方式。坚持依法执政,实施党对国家和社会的领导,进一步改革和完善党的工作机构和工作机制。按照党总揽全局、协调各方的原则,规范党委与人大、政府、政协以及人民团体的关系,经过法定程序,使党的主张成为国家意志,支持政府履行法定职能,依法行政;支持政协围绕团结和民主两大主题履行职能;同时加强对工会、共青团和妇联等人民团体的领导,支持其依照法律和各自章程开展工作,更好地成为党联系广大人民群众的桥梁和纽带。

其四,改革和完善决策、行政管理、司法、干部人事、权力监督等五项制度和机制。一是改革和完善决策机制,完善重大决策的规则和程序,建立社情民意反映制度、重大事项社会公示制度和社会听证制度;完善专家咨询制度,实行决策的论证制和责任制,防止决策的随意性。二是深化行政管理体制,进一步转变政府职能,改进管理方式,推行电子政务,提高行政效率,降低行政成本,形成行为规范、运转协调、公正透明、廉洁高效的行政管理体制。三是推进司法体制改革,着力于实现公平和正义,着力于司法独立公正,加强对司法工作的监督,惩治司法领域中的腐败。四是深化人事制度改革,扩大党员和群众对干部选拔任用的知情权、参与权、选择权和监督权。实行党政领导干部职务任期制、辞职制和用人失察、失误责任追究制。五是加强对权力的制约和监督。重点加强对领导干部特别是主要领导干部的监督,加强对人财物管理和使用的监督。

在以上四个方面中,后两方面直接与领导体制有关,有些内容本身就是领导体制改革的内容。作为领导功能制度化表现形式的领导体制,是领导系统中权力划分、机构设置、横向及纵向部门之间相互关系的确定的组织形式和制度形式。从广义上说,领导体制的构成要素涵盖决策体制、管理体制、用人体制、权力制约和监督体制等。“十六大”报告中对我国政治体制改革的许多论述和规定,凡涉及这些方面的,都可看做是领导体制改革的内容。

在“十七大”报告提出的发展社会主义民主政治举措中,凸显了我党开启政治体制改革新局面的决心。政治体制改革将从“积极稳妥”到向“纵深推进”,逐步涉入“深水区”。报告指出:“政治体制改革作为我国全面改革的重要组成部分,必须随着经济社会发展而不断深化,与人民政治参与积极性不断提高相适应。”

“十七大”报告对当今我国政治体制改革提出了全新要求:

其一,要探索扩大人民民主,保证人民当家做主的领导体制,探求一种能“健全民主制度、丰富民主形式、拓展民主渠道,保障人民的知情权、参与权、表达权和监督权”,能“从各个层次、各个领域扩大公民有序政治参与”的政治体制,尤其要探索科学化、民主化的决策体制,保证党务公开、政务公开,保证民意畅通。

其二,要把"基层群众自治制度"纳入中国特色政治体制,努力探索一种能保证人民依法直接行使民主权利,管理基层公共事务和公益事业,实行自我管理、自我服务、自我教育、自我监督的基层政治体制。

其三,要探索政企分开、政资分开、政事分开、政府与市场中介组织分开的服务型政府体制,"实现政府行政管理与基层群众自治有效衔接和良性互动"、有效界定政府公权力的范围,改变政府管理越位、缺位、不到位的状况。加快行政管理体制改革,建设服务型政府。加大机构整合力度,探索职能有机统一的大部门体制,健全部门间协调配合机制。统筹党委、政府和人大、政协机构设置,减少政府职数,严格控制编制。加快事业单位分类改革。

其四,要探索能实施完善的制约和监督机制的体制,探索"决策权、执行权、监督权既相互制约又相互协调的权力结构和运行机制",以确保权力正确行使,让权力在阳光下运行。

尤其要探索决策体制的改革。"十七大"报告指出,要"提高党科学执政、民主执政、依法执政水平,保证党领导人民有效治理国家:坚持国家一切权力属于人民,从各个层次、各个领域扩大公民有序政治参与,最广泛地动员和组织人民依法管理国家事务和社会事务、管理经济和文化事业";"保障人民的知情权、参与权、表达权、监督权";"支持人民政协围绕团结和民主两大主题履行职能,推进政治协商、民主监督、参政议政制度建设;把政治协商纳入决策程序,完善民主监督机制,提高参政议政实效"。

"十七大"提出的这些政治体制改革的全新要求无不是把领导体制尤其是党的领导体制改革作为一个重要方面内容的。

(3) 行政体制改革:领导体制改革的重要环节。根据经济体制和政治体制改革的要求,我国行政体制的改革也迫在眉睫。全国八届人大《政府工作报告》指出:我国"行政管理体制和机构改革,是建立社会主义市场经济体制和加快经济发展的重要条件,也是政治体制改革的紧迫任务。当前的突出问题,是政企不分,关系不顺,机构臃肿,效率低下”。行政体制改革的中心环节是转变政府职能,其主要内容包括以下几方面:

第一,理顺关系,精简机构。即根据市场经济发展的一般规律,结合我国政治制度、政治体制以及其他社会组织的自身特点,对政党、国家机关、社会团体、企事业单位在社会活动中的组织功能进行科学合理的重新认定。对于政府来说,理顺关系包括内外两方面:首先要理顺政府与党委、人大、政协、社会团体、企事业单位的外部关系。在此基础上,理顺政府系统内部各层次、各部门之间的关系。理顺外部关系是前提,理顺内部关系是保证;只有外部关系理顺了、协调了,才能为内部关系的理顺提供稳定的基础;而外部关系的理顺,又取决于内部关系的理顺。

实行党政分开,是理顺外部关系的主要内容。党政分开的具体内容是:① 明确党政的不同职能,转变党的领导方式。党内一部分主要领导同志不兼政府职务,可以集中精力管党,管路线、方针、政策,真正建立从国务院到地方各级政府的从上到下的强有力的工作系统。② 调整党的组织形式和工作机构,理顺党组织与人民代表大会、政府、司法机关、群众团体、企事业单位之间的关系,做到各司其职。

依据精简、统一、效能的原则,精简机构,是理顺内部关系的主要内容。主要内容是:① 采取分级管理、层层负责的办法,搞好干部管理体制的改革,把政府中行使国家行政权力、执行国家公务的人员,从原来的干部队伍中分离出去,形成独具特色的国家公务员体系,依法进行科学管理。② 贯彻和体现注重实效、鼓励竞争、民主监督、公开监督的原则,破除论资排辈的旧观念,创造合理流动、人尽其才的工作环境。③ 健全干部的考核制度,明确干部责任制。

第二,下放权力,提高效率。下放权力,就是改革权力过分集中的领导体制,重新合理分配权力,以调动各方面的积极性,提高工作效率。下放权力的总原则是:“凡是适宜下面办的事情都应由下面决定和执行。”为此,① 要分清中央和地方的职权范围,在保证全国政令统一的前提下,充分调动地方的积极性;② 要转变政府职能,建设服务型政府,把政府的经营管理权下放到企业单位,改变政府包办代替的做法。

总而言之,我们要通过行政体制的改革,建立一个能够适应并促进社会主义市场经济发展和现代化建设的,具有中国特色的功能齐全、结构合理、运转协调、灵活高效的行政管理体系。

党的“十七大”政治报告指出:“行政管理体制改革是净化改革的重要环节。”经济体制和政治体制的改革成果必须落实到行政管理体制上,以统筹党委、政府和人大、政协机构设置,减少领导职数,提高领导效益,推进中国特色社会主义事业。

四、领导体制改革对提高民主执政能力的重要性

党的十六届四中全会提出和确立了科学执政、民主执政、依法执政的执政党建设目标。这是我们党在新的历史条件下对执政方略、执政体制和执政方式的新的认识。它同我们党提出的依法治国、发展社会主义民主政治、建设社会主义政治文明、建设现代化强国的重要目标是相一致的。而对于执政建设,领导体制问题至关重要,它关系到执政理念和方略的落实,关系到执政目标的实施。正因为如此,中共中央关于加强党的执政能力建设的决定明确把“改革和完善党的领导体制和工作机制”作为加强党的执政能力的指导思想之一。

1. 领导体制改革体现民主执政的实质

民主执政的实质是执政为民、执政靠民。具体内容包括:① 推进社会主义民主的制度化、规范化和程序化,保证人民当家做主;健全民主制度,丰富民主形式,扩大公民有序的政治参与,保证人民依法实行民主选举、民主决策、民主管理、民主监督;坚持和

完善人民代表大会制度,保证各级人民代表大会制度都由民主选举产生,对人民负责,受人民监督,支持人民通过人民代表大会及其常委会依法履行职能,密切人大代表同人民群众的联系,使国家的立法、决策、执行、监督等工作更好地体现人民的意志,维护人民的利益;尊重和保障人权,保证人民依法享有广泛的权利和自由。② 扩大基层民主,完善基层政权、基层群众性自治组织、企事业单位的民主管理制度,坚持和完善政务公开、厂务公开、村务公开等办事公开制度,保证基层群众的民主权利。③ 改革和完善决策机制,推进决策的科学化、民主化。完善重大决策的规则和程序,通过多种渠道和形式广泛集中民智,使决策真正建立在科学、民主的基础上。④ 加强对权力运行的制约和监督,保证把人民赋予的权力用来为人民谋利益。拓宽和健全监督渠道,认真贯彻党内监督条例,建立和健全领导干部个人重大事项报告制度、述职述廉制度、民主评议制度等,改革和完善党的纪律检查体制,加强社会监督,保障公民的检举权、控告权、申诉权。

凡此种种,无不是社会主义民主政治的深化、具体化。可以说,民主执政的实质就是发展社会主义民主政治,民主执政目标的贯彻落实就是社会主义民主政治能力的提高发展。

而无论从社会主义民主政治建设的途径看,还是从世界民主政治发展的大趋势看,领导体制改革都是民主政治建设的一个不可缺少的重要方面。领导体制改革和民主政治建设是同一个目标的两个方面,相辅相成,相得益彰,因而对民主执政意义重大。

江泽民同志指出:“我国政治体制改革的目标是,建设有中国特色的社会主义民主政治,健全社会主义法制,切实保障人民群众当家做主的权力。”[1]这就是说,建设有中国特色的社会主义民主

① 《江泽民论有中国特色社会主义(专题摘编)》,中央文献出版社 2002 年版,第 299 页。

政治,必须通过政治体制改革这一具体途径。通过政治体制改革,发展社会主义民主政治,建设社会主义政治文明,这是党的十六大提出的重要任务。因而,考察领导体制改革与民主执政的关系,首先要考察领导体制改革与政治体制改革的关系。

"发展社会主义民主政治,最根本的是要坚持党的领导、人民当家做主和依法治国的有机结合和辩证统一。"①坚持这三者的统一,是发展社会主义民主政治的根本,也是推进政治体制改革的总方针。

政治体制改革必须在党的领导下进行。中国共产党是中国特色社会主义建设事业的领导核心,党的领导是人民当家做主和依法治国的根本保证。实践已经证明,在我国,改革的推进、开放的扩大、经济的繁荣、人民的团结、社会的安定、民主的发展、国家的统一,都要依靠党的领导。加强和改善党的领导,同样是我国政治体制成功的关键和保证。而加强和改善党的领导必然离不开党的领导体制的改革。正由于此,党的十六大明确提出要"从改革体制机制入手,建立健全充分反映党员和党组织意愿的党内民主制度";明确提出要"按照集体领导、民主集中、个别酝酿、会议决定的原则,完善党委内部的议事和决策机制,进一步发挥党的委员会全体会议作用。改革和完善党内选举制度。建立和完善党内情况通报制度、情况反映制度和重大决策征求意见制度。"②所有这些,都是改革和完善党的领导体制的重要内容。

人民当家做主是社会主义民主政治的本质要求。继续推进政治体制改革,就是要在党的领导下,最广泛地动员和组织人民群众,更好地实现依法管理国家和社会事务,管理经济和文化事业,

---

① 《江泽民论有中国特色社会主义(专题摘编)》,中央文献出版社 2002 年版,第 30 页。

② 江泽民:《全面建设小康社会,开创中国特色社会主义事业新局面》,载《求是》2002 年第 22 期。

维护和实现人民群众的根本利益。而要做到这点,除了要在全党和各级政府牢固确立“执政为民”的权力观、增强群众观念外,一个重要的途径是要建立和健全“执政为民”领导体制,诸如十六大提出的:健全基层自治组织和民主管理制度,完善公开办事制度;完善村民自治、完善城市居民自治,建设管理有序、文明祥和的新型社区;坚持和完善职工代表大会和其他形式的企事业民主管理制度,保障职工的合法权益;完善重大决策的规则和程序,建立社情民意反映制度,建立与群众利益密切相关的重大事项社会公示制度和社会听证制度,完善专家咨询制度,实行决策的论证制和责任制等。而所有这些制度的建立都离不开领导体制的改革。

依法治国是党领导人民治理国家的基本方略。建设社会主义民主政治,就要保证国家各项工作都依法进行,逐步实现社会主义民主的制度化、法律化。而领导体制的改革正是实现社会主义民主制度化、法律化的一个重要方面。“依法治国,就是党领导人民治理国家,保证人民依法实行民主选举、民主决策、民主管理和民主监督,维护广大人民群众的根本利益。”①领导体制的改革,就是要改变那种个人说了算,主观臆断,随意决策,不依法行政的现象,做到一切领导行为都依法行事,以制度、法律保证“执政为民”。

由上所述,政治体制改革的“三个有机统一”的总方针无不内含着领导体制改革的要求。

2. 领导体制改革体现提高领导者民主素质的要求

社会主义民主政治的建设,与人的素质有直接关系。无论是民主选举、民主管理、民主监督,还是推进基层民主自治,推进决策的科学化、民主化,都离不开人的素质的提高,包括民主观念的确立、民主意识的强化、民主管理能力的提高等。1990 年江泽民同志在山西考察工作时曾经指出:“民主和自由,跟一个国家的政治

① 《江泽民论有中国特色社会主义(专题摘编)》,中央文献出版社 2002 年版,第 329 页。

状况、经济水平、历史传统、文化结构和整个社会的发展水平有很大关系。比如选举,……我们现在没有用直接选举的办法,为什么呢?我们十一亿人里面有两亿文盲,怎么直接选举?这不是很清楚吗?但是能说我们不民主吗?我们通过开人民代表大会的办法用间接选举,也是民主的,符合我们目前的实际情况。将来经济文化水平提高了,民主也要发展。"①这段话清楚地表明,民主的发展与社会的政治、经济和文化发展同步,与人的素质发展同步。因而,民主政治建设的一个重要内容应是人的民主素质,尤其是领导者民主素质的提高。

政治发展的核心是人的发展,包括人在政治上的彻底解放和全面发展及政治观念的发展。人是民主政治的主体,主体的民主素质是衡量民主政治发展程度的重要尺度之一。我国社会主义民主政治的主体是全体人民。这就要求我们充分发挥人民在民主政治建设中的作用,提高人民的民主素质。民主素质是公民行使民主权利必不可少的主观条件,也是领导者科学运用权力,尊重被领导者民主权利的重要条件。全体人民包括领导者的民主素质越高,民主向纵深发展的程度就越高,民主政治的建设越有成效;反之,民主发展的进程就越慢,民主政治的建设就越难有成效。

现代化的民主政治需要现代政治人。现代政治人需要具备如下诸方面素质:① 具有科学的、正确的世界观和人生观;② 具有较强的自由、自主意识和平等意识;③ 对社会改革和创新持开放态度;④ 有较强的政治参与意识;⑤ 有较强的法治观念;⑥ 积极参加政党和利益集团的活动;⑦ 相信科学技术和人的能力,不相信宗教;⑧ 具有效能感和成就感,办事讲究效率;⑨ 关心社会,勇于维护社会利益;⑩ 认同历史和国家,对民族和国家有忠诚感。所有这些,可归纳为民主意识和民主能力两方面素质。民主政治

① 《江泽民论有中国特色社会主义(专题摘编)》,中央文献出版社 2002 年版,第 321 页。

的建设,无疑离不开对实施民主政治的主体尤其是领导者的民主意识和民主能力两方面素质的造就。

民主执政靠人去落实,因而,建设一支善于治国理政的高素质干部队伍,以保证建设一个求真务实、开拓创新、清正廉洁的执政党,是当务之急。正由于此,党的十六届四中全会提出了开展"以提高党的执政能力为重点,全面推进党的建设的新的伟大工程"①。提出了旨在提高全党素质尤其是党的领导干部素质的诸条措施,包括:加强党的思想理论建设;深化干部人事制度改革;加强各级领导班子建设;加强和改进党的基层组织建设;坚持和健全民主集中制等。

而领导者素质又同领导体制有着密切关系。

首先,领导体制对于领导者的个体素质及领导业绩有十分重要的影响作用。如邓小平同志在《党和国家领导制度的改革》一文中所指出的:"我们过去发生的各种错误,固然与某些领导人的思想、作风有关,但是组织制度、工作制度方面的问题更重要。这些方面的制度好可以使坏人无法任意横行,制度不好可以使好人无法充分做好事,甚至走向反面。即使像毛泽东同志这样伟大的人物,也受到一些不好的制度的严重影响,以至对党对国家对他个人都造成了很大的不幸。"②江泽民同志也指出:"我们党一直致力于克服官僚主义、形式主义、脱离群众以及各种腐败现象,这也是机构改革要下力气解决的问题。这些问题的产生,固然与人的素质有关,但更重要的是机制和管理制度问题。以往廉政建设的经验说明,没有严格的规章制度,想从根本上解决问题是不可能的。因此,党政机关必须通过机构改革和各项制度建设,形成高效的运行机制和严格的监督机制,从机制和管理制度上,防范和消除消极腐

① 见《中共中央关于加强党的执政能力建设的决定》第9部分。

② 《邓小平文选》第2卷,人民出版社1994年版,第333页。

败现象的滋生，密切党群、政群、干群关系。”①

领导体制对领导者个体民主素质的影响至少可从三方面加以理解：

其一，领导体制是领导者行使领导职能的制度保证。领导体制作为领导活动中人们的基本行为规范，从根本上制约着领导者或领导集体以及被领导者的活动方式，科学合理的领导体制是领导者或领导集体实施民主有序领导、充分施展才能、有效实现领导目标的重要保证。

其二，领导体制关系到领导者积极性的发挥。在此所说的领导者积极性主要指：作为民主素质构成要素的较强的自由、自主意识和平等意识；较强的政治参与意识；较强的效能感和成就感等。领导者的工作积极性和热情由其工作性质、被领导者的支持程度及领导体制是否科学等各种因素综合决定，其中领导体制的科学与否是一个十分重要的因素。如机构设置健全，各机构间职责权限划分合理，干部管理制度科学，各个领导机构及其成员在整个领导体系中能各司其职、各显其能、和谐合作，领导者就能心情舒畅，充分激发起积极性和工作热情；反之，体制不健全、不合理、不科学，就会导致决策迟缓、失误增多，或各部门相互推诿，内耗丛生，领导者的聪明才智得不到充分发挥，从而挫伤其工作积极性和热情，降低领导活动的民主程度。

其三，领导体制关系到领导者个人民主素质的形成、提高。一个好的领导体制，不仅可以充分调动领导者的积极性、创造性，而且可以监督、制约领导者实施领导过程中可能出现的不良倾向，从而促成领导者民主素质的形成、提高。反之，领导体制不好，非但不利于领导者个人民主素质的形成、提高，反而可能促使其走向反面。诸如：一旦干部选拔管理制度不能体现公平

---

① 《邓小平文选》第2卷，人民出版社1994年版，第316—317页。

竞争和能者上、庸者下的原则,就会挫伤广大领导者的积极性和进取精神而将一部分人的精力引向做表面文章,跑官要官,从而导致吏治腐败;一旦领导体制不能体现集权与分权关系,权力过分集中,缺少监督制度保证,则容易导致领导者独断专横,滥用权力。

其次,就执政党的整体素质而言,其本身就是一个制度问题、体制问题。一个领导班子的素质如何,能否实施民主执政的目标,主要并非取决于构成领导班子的领导者个体,而主要取决于领导体制和领导工作机制。这种体制和机制应能有效防止个人凌驾于组织之上;有效贯彻决策的民主化、科学化;有效加强对权力运行的制约和监督;有效推进民主的制度化、规范化和程序化。有了一个健全的、体现“有序民主”的领导体制和工作机制,执政党的整体素质就有了保障。

可见,领导体制对领导者或领导集体民主素质的养成和提高关系极大。难怪在人类跨过中世纪的专制制度后,近代西方学者悟出民主政治不应着眼于思想、意识形态,而应着眼于“改造政府的体制”的思想①。法国的孟德斯鸠则明确提出“权力制约”概念,其实质也在于从建立权力制约的体制入手抑制腐败,发展民主政治。从世界各国反腐败的情况看,任何国家的腐败现象都根源于不受制约的权力。“绝对权力,即绝对腐败。”“腐败条件=垄断权+自由裁量权-责任制。”即:官员在享有垄断权和自由裁量权,又不需对滥用权力承担责任时,腐败行为的条件就成熟了。这就是说,良好的权力制约的体制是防范滥用权力的根本。对腐败现象,不能仅仅诉诸道德谴责,而要从治本入手。建立科学合理的领导体制,正是关键。世界上一些比较廉洁和反腐卓有成效的政府,都以建立良好的体制为主要手段。

---

① 参见:孙钱章主编:《现代领导方法与艺术》(上),人民出版社2000年版,第37页。

3. 领导体制改革体现政治现代化的基本趋势

民主政治是社会进步的必然趋势。对此,可从两方面加以考察:

首先,民主政治是衡量社会进步和人的解放程度的重要尺度。马克思主义在揭示民主的本质时,不仅将民主问题同国家和阶级统治结合起来,而且将民主与人类解放结合起来,从历史唯物主义的角度把握民主与社会进步、人类解放之间的关系。依据这一考察,在人类社会的历史进程中,人类政治演化的总趋势是同社会进步、人类解放的历史进程相一致的。在这一过程中,民主政治的完善、广泛的政治参与,不仅标志着社会进步的程度,而且推进着人的全面发展。正是伴随着政治革命而确立的民主政治把等级制下的人变成"市民社会的成员",变成"独立的人",变成"公民"、"法人",即把受奴隶社会、封建社会生产关系束缚的人们从人身依附关系下解放出来,逐渐成为能够在政治上平等地享有政治权利的人。人类社会最终将走向的社会民主,不仅是人类彻底解放的要求,而且也是人类社会历史辩证发展的必然。"资产阶级民主政治—社会主义民主政治—社会民主"的发展系列,体现了摆脱"人的依附关系"后的人类解放程度的提高。社会主义民主政治是迈向广泛的社会民主的重要阶段。不经过这一阶段,广泛的社会民主是不可能实现的。从这一历史进程看,可以这么说,社会的进步实际上就是民主政治不断扩展的过程,人们政治参与程度不断提高的过程。

其次,民主政治建设是现代化进程的一个重要方面。有一种公认的观点,即把现代化理解为传统社会向现代社会的转型,这种转型应是全面的。在政治方面,就是从不发达政治社会向发达政治社会的过渡。这里所谓不发达的政治社会,主要特征有:专制主义;人治;政治和行政决策为少数人所垄断,只反映少数人的意志;政党为少数政治领袖所把持,不能成为公民参与政治的中介组织,公民参与政治水平很低;以家族、血缘关系和身份关系分配政治角色等。与此相反,发达的政治社会正是与民主政治体制联系在一起的,其主要特征有:民主政治,政府的权力得到公民的认同并受到公民的监督;政体具有弹性,能够容纳和吸收社会分化出来的群体和新生的政治力量;依法治国,法律面前人人平等;政治和行政决策均来自民意,并有较高效率;政党成为公民参与政治或成为联系政府和公民的中介;政治参与既有广度又有深度。从不发达政治向发达政治的过渡是政治发展的一个重要阶段,我们可称此为政治现代化。政治现代化是社会现代化总进程中与经济、文化等现代化处于互动过程中的不可分割、相互制约的一个重要方面。

综上所述,民主政治的发展,人民政治参与程度的提高,社会民主化范围的扩大和程度的加深,是社会发展的必然。从这个意义上说,民主执政目标的提出,可视为我国社会主义民主政治发展进程中的一个重要里程碑,正体现了世界民主政治发展的必然趋势。而这一趋势的实现离不开体制改革。

在历史上,领导体制的发展曾经历过从家长制到管理阶层的兴起、从单个"硬"专家领导到"软"专家集团的领导、从集权制到集中与分散相结合的多极领导等环节。无疑,这些环节与民主政治的发展进程是一致的。从世界范围看,领导体制现代化的一个重要特征就是体现领导功能各类组织系统的完备性。在现代领导体制中,除了起核心作用的决策系统和设置强有力的执行系统(这是传统领导体制中也有的)外,还具有信息反馈系统、参谋智囊系统和控制监督系统。之所以要在现代领导体制中新增添这三个系统,无疑是为了提高现代领导的科学性和民主化程度。

领导体制的具体结构也随着民主政治的发展而发生着显著变化。从传统的"金字塔"式的直线式结构经职能式结构到混合式结构和矩阵式结构,无不适应了社会生产规模的日益扩大、组织系统的日益复杂化和领导功能的日益增多。混合式比以往的直线式和职能式能更好地实施集权与分权的结合;矩阵式结构则完全是为适应大规模生产和科研而出现的。当今新诞生的、开始在国际流行的“五C模式”和“超级领导”等领导体制结构更是反映了民主政治发展趋势——更广泛的社会民主。

所谓“五C模式”,即由首席执行官(CEO)、首席信息官(CIO)、首席知识官(CKO)、首席财务官(CFO)和首席运营官(COO)共同构成的梯形领导平台。依据这种领导模式,各首席官是各自领域的最高领导主体,他们都能从全局出发,做出涉及本领域的独立决策。在五种首席官中,只有首席执行官具备一定统摄权,但这种权力的影响力比起原来金字塔式模式已小得多了。这是一种实质性的但又悄然发生的民主进步,实际上是社会经济发展和政治进步在领导职能和领导体制结构上的反应。其实质在于,变一人领导权能结构为多人领导权能结构,变单角色孤权领导为多角色众权领导,由一个领导群体取代一个领导个体。

超级领导则是一种发动被领导者领导自己、影响别人的新型领导模式。这一模式一反把被领导者看作单纯被领导者的传统,而把他们看作富有主动精神和责任感的准领导者或实际领导者,发挥他们的全方位作用,以共同推进事业,完成领导任务,实现领导目标。这种模式的意义在于实现了领导主体状态的转换:由传统意义上的领导主体过分突出和高高在上的状态向现代意义上的领导者与被领导者的平等状态转化;由领导主体与领导客体的分离甚至对立状态向领导主客体趋向缓和甚至同化状态转化。这是一种将领导主体与领导客体整合为一的平盒式的领导模式。它能改变被领导者地位,极大调动组织系统中所有成员的积极性和创造性。这一模式的推广,甚至能引发社会结构的变化,从而推进民主政治的建设。当然,与“五C模式”不同,超级领导还只是一种体现新世纪领导发展趋向的思潮,但它的实践足以成为反映社会民主的新世纪领导发展的潜在方向和实际动力。

《中共中央关于加强党的执政能力建设的决定》第一次较系统地提出了通过发展党内民主带动人民民主,从而推进领导体制改革的思路。《决定》中提出了许多发展党内民主的具体措施,诸如:认真贯彻党员权利保障条例,建立和完善党内情况通报制度、情况反映制度、重大决策征求意见制度,逐步推进党务公开,增强党组织工作的透明度,营造党内不同意见平等讨论的环境,鼓励和保护党员讲真话、讲心里话,建立和健全常委会向全委会负责、报告工作和接受监督的制度,建立党的代表大会代表提案制度等,都可看作领导体制现代化要求的具体体现,这无疑为推进我国社会主义民主政治的建设指出了具体途径。

五、党的领导体制改革:党内民主推进人民民主的切实保障

发展社会主义民主政治是推进人民民主的重要环节,政治体制改革是发展社会主义民主政治的重要动力;而领导体制改革又是政治体制改革的核心内容,因而,我们可以逻辑地得出这样的结论:领导体制尤其是党的领导体制改革是党内民主带动人民民主的关键。

"十七大"报告提出要以改革创新精神全面推进党的建设的伟大工程。胡锦涛指出,党要站在时代前列带领人民不断开创事业发展新局面,必须以改革创新精神加强自身建设。党的建设关系到中国特色社会主义事业的发展。要高举中国特色社会主义这面旗帜,必须强化党的建设理念。在"十七大"报告中提出的全面推进党的建设的六项工作中,尤其引人注目的有两条:

一是提出了执政党建设的总体布局,即:把党的执政能力建设和先进性建设作为主线,加强思想建设、组织建设、作风建设、制度建设、反腐倡廉建设。胡锦涛说:"对任何腐败分子,都必须依法严惩,决不姑息!"党与腐败"水火不相容"这样的铿锵之词,首次出

现在报告中,充分显示了拥有 7 300 多万名党员的世界最大执政党面对腐败的坚决态度。报告进一步明确了反腐倡廉在党的建设中的重要地位和作用,强调了惩治腐败的同时要"三个更加注重":更加注重治本,更加注重预防,更加注重制度建设;提出标本兼治、综合治理、惩防并举、注重预防的方针。"十七大"对党风廉政建设和反腐败斗争事业的新定位,表明党中央对反腐倡廉工作规律性的认识和把握达到了新高度。

二是积极推进党内民主建设,以扩大党内民主带动人民民主,以增进党内和谐促进社会和谐;尊重党员主体地位,保障党员民主权利,推进党务公开,营造党内民主讨论环境。任期制、票决制、常任制等表述出现在"十七大"报告中,把党内民主提升到新高度。"票决"的行动早已经付诸实施。"十三大"提出重大问题经投票决定,后来在重大决策和人事问题上,我党开始实行一人一票投票决定的制度。"十七大"报告提出,"推行地方党委讨论决定重大问题和任用重要干部票决制",从而使票决制这一党内民主形式以一种制度予以固定下来,这是党内民主发展的重要成果。"党员主体地位"是本次报告的一个新提法,这个名词包含了三重含义:党员是党的主人,党员是党内权力的源泉,党员是党内行动的主体。尊重党员主体地位,是党的建设的新理念。

十七届四中全会进一步指出:"坚持以党内民主带动人民民主,以党的坚强团结保证全国各族人民的大团结。"而要做到这点,坚持和完善党的领导体制是根本。就如十七届四中全会的决议所指出的:"科学的领导体制是党有效治国理政的根本保证。"只有提高党的领导体制的科学化和民主化水平,才能坚持党的总揽全局、协调各方的领导核心作用,从根本上提高党的领导方式和执政水平;才能通过维护党的集中统一而维护全国各族人民的大团结;才能通过完善党内民主的决策机制而提高运用民主方法形成共识、开展工作的本领,广泛听取不同意见,防止个人或少数人说了算,把党的领导建立在最广泛、最坚实的群众的基础之上。

首先,通过党的领导制度的改革,可以推进党内民主建设,从而为人民民主起示范作用。诸如,在保障民主权利方面的示范;竞争机制方面的示范;在权力约束和制衡方面的示范等。

其次,通过党的领导制度的改革,可以促成领导者或领导集体民主素质的养成和提高,从而带动人民民主。

再次,从党的领导体制与人民民主的关系而言,在民主政治建设的进程中,党的领导体制是最前置环节,党的领导体制直接影响到政府领导体制,随后将逐渐扩展到人民民主的其他环节,诸如,人大、政协、统一战线以及工青妇等社会组织。可见,起始于党的领导体制的执政党的党内民主,对于人民民主具有决定性影响;而在人民民主中,政府的领导体制又具有决定性作用。

正由于此,十七届四中全会决议把"坚持和完善党的领导体制"作为积极发展党内民主的首要条件。

第四章

领导和行政领导决策：战略和政策

决策是领导工作的核心，贯穿于领导工作的各方面，关系着事业的兴衰成败。同一般决策相比，领导决策有其内容的特殊性。战略和政策研究是领导者的主要职责。随着现代化建设的深入，决策现代化的趋势日益明显，现代领导者为适应现代化建设事业的需要，必须遵循现代化决策的原则，按照科学程序、运用科学的方法和先进的技术手段进行决策。

第一节　决策、行政决策和领导决策

一、决策的含义和基本类型

1. 决策的含义及历史发展

什么是决策？通览国内外论著，对“决策”概念的解释，真是仁者见仁，智者见智，莫衷一是。有的说，决策是下决心、作判断；有的说，决策是一种社会过程；有的说，决策就是选择；也有人认为，决策就是领导“拍板”，就是管理……

归纳起来，目前国内外比较趋于一致的看法，一是由科学管理学创始人之一、世界著名经济学家、美国科学家赫·阿·西蒙(H. A. Simen)提出的“管理就是决策”；二是由中国学者于光远提出的“决策就是作决定”。这恐怕也是“决策”一词的最初含义(“决策”一词从英语 Decision Making 翻译过来，原意就是“作出决定”)。

以上两种看法从不同角度揭示了决策的基本内容。

从决断层面看,决策是人们对未来实践的方向、目标、原则以及为选择达到目标而应采取的方法、途径、策略所作出的决定。

按照这样的理解,决策活动是人类的基本活动之一。不论是工作还是生活,在付诸行动之前,人们总要经过思索,决定该干什么和怎样干,这就是决策。决策是行动的选择,行动是决策的执行。具备决策能力可以说是人区别于其他动物的重要标志。人是有意识的高等动物,人的行为总是受着思想意识的支配,人在行动之前一般都有一个思考与选择的过程。人在行动之前的这种思考与选择,就可视为一种决策。对广泛存在于各领域的人们的决策活动加以理论概括,对决策分类、决策过程、决策体制、决策主体、决策原则以及决策方法的深入研究,就形成了决策科学。从这个意义上说,决策学就是研究人们如何"作决定"的学问。

从组织管理层面看,决策是管理工作的核心。

首先,任何部门、层次的管理工作都离不开决策。管理过程无非就是由决策与执行这两个环节所构成的"决策—执行—再决策—再执行"的循环往复的过程。

其次,决策是执行各项管理职能的基础。例如,没有对人员配备、机构调整、经费筹措的决策,就没有组织工作的落实;没有对目标方针的决策,就没有工作计划的制订和实施;没有对未来的谋断和具体实施手段的决策,就没有指挥功能的发挥,等等。

再次,决策的质量是决定管理成效的关键因素。正确的管理行为来源于正确的管理决策;错误的管理行为来源于错误的决策,而错误的管理行为当然无法获得管理高效益。

因而,现代化管理十分重视决策。美国学者马文(P. Mavin)曾向一些单位的高层管理者提出如下三个问题:"你认为你每天最重要的事情是什么?""你每天在哪些方面花的时间最多?""你在履行你的职责时感到最困难的是什么事?"结果 90%以上的回答都是决策。可见决策在管理中所占的重要地位。

另一位美国学者德鲁克(P. Drucker)曾赞扬日本管理人员对决策的重视及其认真细致的决策作风。他说,美国人与日本管理者打交道时有两点很怕日本人:一是日本人制定决策时那样慢条斯理,让美国人等得不耐烦;二是日本人在执行决策时那样雷厉风行,让美国人措手不及。他认为,日本人把更多的工夫下在决策上是高明的,因为只有决策周密、成熟,才能执行起来顺当,提高效率;反之,如果决策草率,执行起来势必不顺当;这样,看起来快了,实际上还是慢了,效率一定低。这个观点清楚地突出了决策在管理中举足轻重的作用。

决策有以下诸方面特点:

第一,时间上的超前性。决策一定指向某种目标,而这种目标总是指向未来。

第二,内容上的优化性。决策的结果总是在对诸种方案的选择基础上产生,这种选择必以优化为原则:寻找优化的目标和达到优化的途径。不追求优化的决策是没有的。

第三,观念上的决断性。任何决策都是决策者的一种断定,决策的过程就是下决心的过程。

第四,方案上的可行性。决策总是要付诸实施的,因而,决策必须是可行的、可落实的,也就是说,能与实践结合的;束之高阁、不予实施的决策再好也没有意义。

第五,实施上的过程性。决策是一个过程,是一个涉及方案确定前的调查研究、收集材料(准备活动)及方案确定后的实施活动的整个过程。正是从这个意义上,有学者把决策解释为一种社会过程。

决策行为是人类的固有行为之一,但作为一门学科的决策科学理论则是在20世纪初才出现的。在人类发展史上,决策的行为和理论经历了一个由不成熟到成熟,由蒙昧型、经验型到科学型的发展过程。

在原始社会,人类在为生存而斗争的劳动实践中,产生了早期朴素的决策思想和行为,这是一种处于蒙昧状态的决策。由于生产力水平低下,社会结构和社会问题简单,没有什么复杂的决策过程,或者一切问题,都由当事人自己解决,在大多数情况下,历来的习俗就把一切调整好了;或者由于人们把强大的自然力量和复杂的社会现象都视为神旨天意的表现,当遇到重大问题需要作出决策时,决策者往往依靠占卜问卦等迷信手段预测凶吉,进行定夺。在人类社会发展史上,这种蒙昧的决策形态持续了相当长的一个历史时期。

文字的产生,大大促进了决策活动的发展,并使人类的决策活动发生了从蒙昧型向经验型的突变。文字使人类决策活动的成果从只存留在人的思想意识中,发展到可能长久记录下来;把人类在长期实践活动中积累起来的智慧和经验,从口传心授变成文字形式的记载。这样,不但能使人类的智慧结晶广为流传,而且不因前人的消亡而失掉,于是,随着社会实践的发展,生产规模的扩大,人类实践经验的日益丰富,经验在人们认识世界和改造世界的活动中显示了越来越大的积极作用,经验决策的新形态应运而生。

所谓经验决策,就是依靠决策者个人的经历和体验进行的决策。它具有直观的感知性、认识的表面性、分析的非定量性等特点。它同自给自足的自然经济形态相适应,因为在这种规模狭小的小生产方式下,社会关系简单,发展过程缓慢,依靠个人对社会生活的体验,即可作出决定。我国历史上曾涌现出众多具有深谋远虑的决策人物,他们的决策活动为我们研究决策的理论、方法提供了宝贵的财富。诸如:汉文帝刘恒在位时,作出了“与民休息”的决策,汉景帝刘启继位,继续采取与民休养生息的政策,使社会经济呈现“海内殷富,府库充实”的繁荣景象,被称为“文景之治”;诸葛亮的“隆中对”,分析天下形势,提出占据荆、益两州,联孙抗曹,徐图中原的决策,刘备采纳这一决策后,得以建立蜀汉,与魏、吴鼎足三分;朱元璋采纳"广积粮、高筑墙、缓称王"的建议,创立了明王朝;还有孙膑为田忌赛马献策而胜齐威王的战术决策;李冰父子设计都江堰水利工程体系,妥善解决了分洪、排沙、引水等一系列兴利除害问题的决策等。他们的这些决策,都是根据决策者个人的阅历、知识与智慧(包括对他人、群体智慧与经验的吸取)进行的,决策成功与否主要取决于决策者的个人智慧和经验。在经验型决策历史时期,统治者为弥补自身经验的不足,往往网罗一些谋士、食客作为自己决策的"外脑"——古代智囊团,但这实际上也只是自身经验的扩大,仍然没有摆脱经验决策的束缚。

20世纪30年代以来,人们的决策活动面临新的形势:一方面,现代大生产发展迅速,社会生活更加复杂多变,领导者单凭个人经验、才能进行决策已显不够。现代化生产规模庞大,结构复杂,功能综合,因素众多,变化多端,影响巨大。这种大生产不仅在人、财、物的投资方面是空前的,而且整个社会的各方面也千丝万缕地联系在一起,牵一发而动全身。这就要求决策者统观全局,审时度势,从全局到局部,从当前到未来,从经济价值到社会效益,进行周密的方案论证工作,及时作出可行有效的决断。这些都不是个人的经验与智慧所能胜任的。另一方面,现代科学技术的巨大进步,为决策科学化提供了条件。系统论、信息论、控制论和运筹学等新兴学科的发展,电子计算机的出现和广泛运用,现代管理理论的发展和成熟,都为决策科学的发展奠定了深厚的基础。人们开始借助于数学语言分析各种决策条件的定量关系,利用数学公式表述决策活动的各种方案,应用电子计算机和各种计算技术为方案选优进行科学计算、推理和验证,采用系统分析对各种方案进行评价和选择,运用预测方法对决策后果的不确定性进行判断等,所有这些,都把决策活动推向一个新水平。

在以上两方面因素的共同推动下,人类的决策活动实现了从经验型向科学型的飞跃。

同经验型决策相比,科学型决策实现了三方面的转变:一是由个人决策转向依靠包括信息、智囊、决策三要素系统的集体决策:经验决策依靠个人经历和体验进行,而科学型决策要求建立完整的决策体制,依靠集体的智慧,实行决策民主化。二是由个人凭经验决策转向依据科学理论和方法的决策:经验决策是依靠领导者个人的胆识和智慧进行最后的决断,而科学型决策则要求领导者运用科学的决策理论和科学的决策思维方法进行优化决断,实行决策的科学化。三是由简单的"谋"与"断"转向科学的程序化决策:经验型决策过程简单,只有"谋"与"断"两个步骤,而科学型决策有一个完整的程序化步骤,包括:发现问题、确定目标,集思广益、拟订方案,分析评估、方案选优,方案实施、反馈调节等四大步骤。值得指出的是,科学型决策与经验型决策只是决策形式上的不同。科学型决策不等于科学的决策,经验型决策不等于不科学的决策。在现代社会活动中,科学决策日益重要,但在一定条件下,经验决策仍然是需要的。

这里需要指出的是:科学型决策并不等同于科学决策。科学型决策相对于经验型决策而言,指通过借助科学条件而形成的决策特性。这里所谓科学条件,包括科学的决策体制、科学的决策程序、科学的决策方法与技术等。这是借助外在条件而体现出来的决策特征。而科学决策除了需要借助科学的条件外,还需具备真理性,即严格反映客观事物的真实面貌和发展规律而体现出来的决策性质,这是由内在内容而体现出来的决策性质。科学决策是外在科学条件和内在科学内容的辩证统一。

2. 决策的基本类型

由于决策所要解决的问题是多种多样的,决策所采取的方法、步骤、程序也不尽相同,因此,决策的类型有很多。从不同的角度,有不同的分类法:

(1) 根据目标的数量,可分为单目标决策和多目标决策。如果决策所要实现的目标只有一个,那就是单目标决策;如果要同时实现两个以上的目标,那就是多目标决策。在一个大系统中总存在着多种目标,因而,大量的决策往往是多目标的。多目标的决策可分成许多单目标来进行,应在实施时充分注意到多目标之间的交叉效应。

(2) 根据目标的性质,可分为常规性决策和非常规性决策(也称程序化决策和非程序化决策)。对于重复出现的决策问题,可以根据经验形成一定的决策程序,照章办事,依法处理,这就是程序化决策。反之,对于初次出现或偶然发生的非重复性决策,由于难以预料,解决时无确定把握,需依据当时情景,灵活处理,这就是非常规性(非程序化)决策。在管理工作中,绝大多数决策是程序化决策,而非程序化决策所占的比重很小,但非程序化决策又往往十分重要而难以制定,必须重视。

(3) 根据目标所涉及范围,可分为战略性决策和战术性决策。战略性决策又称宏观性决策,具有全面性、长期性、稳定性等特点,它所涉及的都是与组织发展方向和远景有关的重大安排,如国家经济发展计划、地区科技发展方向、企业产品开发方向等。战术性决策又称微观性决策,它主要以实现战略性决策所规定的目标为决策标准。它服务于战略性决策,具有单向性、具体性、局部性、阶段性等特点。战术性决策比战略性决策更具体,考虑时间更短,往往是实现战略性决策目标的具体手段。

(4) 根据目标要求,可分为最优决策和满意决策。最优决策是追求理想条件下最优目标的决策。但最优决策往往难以实现,因而,许多决策者往往只能在现实条件下有把握地求得一个满意的结果,这就是满意决策。满意是相对的,满意决策的优劣取决于对现实条件的充分分析,在许多满意的目标中,应力求选其最优者,去争取最好的结果。

(5) 根据决策所依据的条件,可分为确定型决策、非确定型决策与风险型决策。确定型决策是指对所要决策问题的条件、状况、发展趋势等有充分、确定的了解而作出的决策。在这种决策中,一个方案必有一种确定的结果,因此它是一种标准可靠的决策。风险型决策是带有风险因素,可靠程度较差的决策。这种决策面对的问题具有不确定性和随机性,具有一定的成败概率。非确定型决策是决策者对决策因素的未来状态及决策后的可能结果,虽有某种程度的了解,但还存在着很大的不确定性,而无法确定各种状态发生的概率(风险型决策是非确定型决策中的一种,由于它涉及成败的不确定性,因而具有风险,而一般的非确定型决策仅涉及发生状况的不确定性)。非确定型决策特别要求领导者要慎重从事,不能鲁莽,要摸索前进,多方案并进,逐步摸索成功秘诀,增大概率值;并注重信息反馈,及时总结经验,化险为夷,稳中求进、求胜。

(6) 根据决策方法的不同,可分为定性决策和定量决策。定性决策是指不能用确切的数量关系表示,只能凭经验和逻辑推理方法来作出的决策。定量决策,就是指那些可以用确切的数量关系表示,能够用数学方法进行的决策。在管理决策中,这两类决策都是大量的,特别在当今我国,虽然定量决策是决策发展的一个趋势,但是,各级领导者所大量接触与运用的仍是定性决策。

(7) 根据决策程序的不同,可分为静态决策和动态决策。静态决策处理的问题是确定的某个时间点的状态或某个时期的总的结果,所确定的行动方案往往只有一个,因而又称单项决策。动态决策则不同,它要求依据事态先后的动态变化,作出一系列相互关联的决策,又称序贯决策。

(8) 根据决策对象状况,可分为单变量决策与多变量决策。如决策要确定的变量只有一个,那就是单变量决策;如有不止一个变量,而是多个变量,则是多变量决策。

此外,还有个人决策与集体决策——按决策主体分;突破性决策和追踪性决策——按决策作用分;经验决策、理性决策和直觉决策——按决策认识活动形式分;政治决策、经济决策、军事决策、人事决策等——按决策对象内容分,如此等等。每一种下面,又可分为若干小类,如经济决策下就可分为工业决策、基建决策、农业决策、市场决策等。

二、决策的构成要素和基本模式

决策一般由决策者、决策目标、决策备选方案、决策环境和决策后果等五个要素构成。

决策者即决策的主体,可以是个人,也可以是若干人组成的集体。

决策目标即决策所要达到的目的。决策目标明确与否,直接关系到决策效果的好坏。美国著名管理学家德鲁克认为:有效的领导者的决策始于确立一种适用性的准则——目标。目标是决策的导航。一项积极的、内容科学的目标是决策的原动力。在现实的决策中,目标往往不是单一的,而是由不同层次、不同性质的目标组成的一个体系。为落实决策目标,需要有一个"纵向到底,横向到边"的目标分解过程。所谓"纵向到底",就是从总目标开始,一级一级从上向下,层层展开,延伸到底,形成一个目的链。所谓"横向到边",是指在目标的横向分解中每一个相关的职能部门都要相应地设立自己的目标,不能出现"盲区"和"失控点"。要正确处理总目标和分目标的辩证关系:没有分目标的总目标是空洞的;不能服从于总目标的分目标则是盲目的,极易发生"目标置换"即把分目标误认为终极目标的现象。决策目标应具有挑战性,但又应有可行性,要高而现实,同时,领导者要善于把决策目标化为被领导者的实际行动,做到"上下同欲"。

决策备选方案即在正确的决策目标下供选择的具体方案、途径。达到同样决策目标的不同方案,会有优劣之分,有的方案耗时少、耗费低而效率高,但有的却代价高、效率低。一项实际的决策,必须全面对比各种实施方案,区分优劣,比较效率,考察效率。西方管理学界有一句名言:"如果看来似乎只有一条路可走,那么这条路很可能是走不通的。"这就是说,单方案选择的决策必须避免。在决策理论中,无选择余地的单方案选择称"霍布森选择"①。

决策环境即是决策面临的时空状态。一项决策的成功与否,不仅取决于决策的主观条件,如决策者的素质、决策目标的性质,而且取决于决策的客观条件,即决策的环境。决策行为必然是决策的主客观因素共同作用的结果。美国领导力研究中心保罗·赫塞博士于20世纪60年代创立的"情景领导模式"理论的最大特点,就是倡导在瞬息万变的环境中,领导者应根据环境的要求而选择合适的领导风格,并特别强调判断环境的实际经验以及在实际生活中的可操作性应用。

决策后果即指一项决策实施后所产生的效果和影响。这是评判决策优劣的最终依据。

西方决策理论的发展,大致经历了传统的理性决策模式、西蒙的有限理性决策模式、林德布洛姆的渐进决策模式和埃特奥尼的综合扫描决策模式四个阶段。

传统的理性决策模式建立在完全理性的基础上:决策者始终是理性的,决策全过程始终是理性的,所有决策活动必须是理性的,没有任何非理性的因素。为此,必须满足如下五项要求:① 能够得到所需要的全部详细决策信息;② 能够了解所有人的价值取向;③ 能够寻求所有决策方案;④ 能够准确预测各种备选方案可能产生的后果;⑤ 能够正确选择最有效的决策方案。显然,实际的决策不可能全部满足上述条件。

① "霍布森选择"得名于一个历史故事。1931年,英国剑桥商人霍布森在贩马时,名义上允许顾客挑选,实际上却因设立了一个附加条件,即只许选离门口最近的那匹马,而不让顾客挑选,成为无选择余地的"选择"。

西蒙批判了传统的理性决策模式,认为这只是一种理想化的、不能实现的决策模式。西蒙指出,理性决策模式实际上是一种绝对的决策准则,它的前提是“理性人”,所要求的是进行最佳选择;而在现实生活中,“理性人”是不存在的,只存在“有限理性人”,因此,只能实行奉行“满意原则”的有限理性决策模式。寻求满意决策的条件具有一套说明符合最低限度要求的标准,从而用以选出符合或超过这套标准的方案。

美国著名经济学家、政治学家和政策科学家查尔斯·林德布洛姆提出了一种比西蒙有限理性决策模式更为实用的渐进决策模式,其原则是“积小变为大变”、“稳中求变”的“渐进主义”,反对政策上的巨大变革,强调社会的稳定。这种决策模式比较适用于稳定和变动不大的环境,以及总体较好的现行政策,但其缺陷在于保守性。

社会学家埃特奥尼在分析批判传统理性决策模式和渐进决策模式的基础上,提出了综合扫描决策模式,力图既克服传统理性决策模式在实际应用中所存在的困难,又尽力弥补渐进决策模式过于把注意力集中于短期目标而忽视社会变革的弱点,从而实现两种模式的互补。综合扫描决策模式注重确立基本的决策目标,也注重对重复实际问题的深入科学分析,能够适应不断变化发展的环境,从而使决策的制定具有更大的弹性。

在实际决策过程中,决策的评估标准是多方面的,主要包括:① 决策的投入,包括资金的来源与支出、执行人员数量的多少以及工作时间的长短等;② 决策的效益,即达到决策目标的程度;③ 决策的效率,即决策效益与决策投入之间的量的关系、比例;④ 决策的回应程度,即决策实施后,满足与之相关的特定阶级、阶层或社会集团的利益和需求的程度。其中,决策的效益注重完成决策目标后满足人们需要的有效程度、解决问题的深度和广度;决策的效率注重以较快、较节省的方法执行决策。一个高效率的决策不一定就获得高效益;反之,一个高效益的决策也不一定获得高效率。而一项有较合理的投入和较高的效率和效益的决策,如果它的回应程度不高,也不能认为是一项十分成功的决策。

要尽力避免决策失误,也要避免决策低效。所谓决策低效,也即不良决策,主要表现为决策不及时、低效率、低信度、低效度、多内耗、多分歧,以及决策形式化、不负责等。避免决策失误和低效的根本出路在于提高决策者的素质,实现决策的科学化、民主化。

三、行政决策及其基本特征

行政决策专指国家行政机关在其管辖权限内所制定的决策,是国家行政机关及其领导者在行政管理过程中,为履行自己的职能,依法处理行政事务而进行的决策活动。行政决策是一种特殊性质的管理决策。行政决策学是决策科学的一个分支学科。

行政决策作为决策的一种特定形式,无疑具有一般决策的普遍性;同时,国家行政管理权力运行的特殊性,又决定了行政决策区别于其他决策的特殊性。

行政决策的特殊性可从以下诸方面同一般决策的比较中体现出来:

1. 从构成要素的比较看行政决策的特性

行政决策作为一种决策,具有一般决策的共同构成要素:决策者(主体)、决策对象(客体)、信息、决策理论与决策方法、决策结果等。但由于行政决策的任务和内容的不同,又使行政决策的各构成要素体现出不同于一般决策的特点。

就决策主体而言,行政决策主体只能是行使行政权的行政组织及其行政人员。我国的宪法和有关法律对中央和地方各级国家行政机关的行政权有明确规定。各级国家行政机关在各自的职权范围内进行决策。除国家行政机关之外,某些非国家行政机关和社会组织,依照宪法、法律规定或授权,也可拥有一定的行政权,成为行政决策主体。其他没有行使行政权的组织及成员所作的决策不属于行政决策。

就决策对象(客体)而言,行政决策的对象是整个国家和社会的公共事务。行政机关是以国家的名义,从社会公共利益出发进行决策的。行政决策涉及国家和社会生活的各个领域,涉及面广,牵涉机构多,动用的人力、物力、财力大,具有内容的最广泛性和最普遍的约束力。这是政权职能的广泛性所决定的。

就信息而言,行政决策所依据的不是一般的信息,而是行政信息。行政信息是指能够反映行政管理对象和行政管理活动实际的各种信息、情报、资料、指令、决议、决定、方针、政策等等的总称。行政管理活动中的文件、报表、簿册、密码、符号、档案等,是行政信息的载体。行政信息的重点是:来自中央、国务院和上级政府的方针政策性信息;上级领导的指示性信息;理论研究部门的理论性信息;下级的典型经验性信息;群众生活、生产、思想等动态性信息;"左邻右舍"和社会各方面的参考性信息等。行政信息的社会性、时效性比一般信息更强,真实性的要求也更高。它可随着时间的推移而贬值;也可因为能及时掌握和利用而增值;而一个行政信息的传递和接受,往往可以指导许多地区、许多部门,乃至全国范围和全体人民的行动方向。真实的行政信息是正确进行行政决策的基础和前提。"优良的决策是90%的信息加10%的正确判断"。行政机关获取的信息量越大,精确度越高,时效性越强,行政决策的科学性就越有保证。如果缺乏足够的、精确的、及时的行政信息,决策机构就必然陷入"瞎子摸鱼"、"闭着眼睛捉麻雀"的境地,其结果必然导致决策的重大失误。

就决策结果而言,行政决策的结果具有两个不同于一般决策结果的显著特点:其一,决策实施的强制性。任何国家的行政机关,都体现着国家的意志和利益。行政决策是行政机关代表国家行使管理社会的一种职能,它以国家权力为后盾。行政决策一经作出,凡在行政管辖范围内的一切机关、团体、企事业单位、个人,包括行政机关内部成员,都必须无条件地执行。其二,决策目标的非赢利性。行政决策同其他决策,尤其是经济方面的决策相比,最大的不同点,就在于行政决策在任何时候都不是以赢利为目的的。行政决策的落脚点是社会公共事务,是实施对国家和社会的有效管理,行政决策的结果应以公益性为主要目的。

2. 从决策分类的比较看行政决策的特性

行政决策既然是决策的一种,一般决策的分类原则当然也适用于它。只是按行政决策的主体层次,又可将行政决策分为国家决策、地方决策和基层决策。国家决策是由中央行政机关根据全国统一性行政管理的方针、政策和法规,处理全国性的对国家具有战略意义的问题和其他只适宜中央统一处理的行政管理问题的决策。地方决策是指由省(直辖市)、市、县级行政机关处理各自管辖区范围内的地方性行政管理问题的决策。基层决策是指由乡、镇一级国家行政机关,根据法律的规定,处理职权范围内的行政管理问题的决策。各个层次、级别的决策影响范围不同:国家决策决定着一个国家的兴衰,关系到整个民族的命运和前途;地方决策、基层决策则主要影响本地区、本单位的发展。三个层次决策的关系也有特殊性:中央行政机关的决策具有最高的法律地位,地方决策和基层决策必须与中央决策衔接与配合,绝不能与之相违背。行政决策的上述分类标准及各层次关系也是一般决策分类所不完全具备的。

3. 从决策程序的比较看行政决策的特性

行政决策具有同一般决策相同的决策程序:发现问题—确定目标—拟定方案—选择最优—实施评估—追踪决策。行政决策的特殊性在于:行政决策目标的制定、方案的拟定和选择,以及最后的实施评估,自始至终要以法律为依据。各级行政组织及其领导者必须依据法定的决策权限及程序制定并实施相应的行政决策;

行政决策的制定和实施,必须考虑本机关本部门的法律地位和资格。决策内容与过程合法的行政决策,一经确定则具有法律效力和权威性。

4. 从决策体制的比较看行政决策的特性

行政决策体制作为国家行政体制的重要组成部分,同国家政治制度的关系较一般决策体制相比,它同国家政治制度的关系要密切得多。行政体制本身就是国家政治体制的重要组成部分,是指用制度加以固定的行政机构的设置、权力划分及相互关系的总称。行政决策体制,则是指用制度加以固定的承担行政决策任务的机构和人员的职权、结构和相互关系的总称。行政决策体制作为行政决策各方面关系的制度化体系,与社会的政治、经济制度直接相关。在小生产方式和封建专制制度下,行政决策体制是独断专行的家长制。在这种决策体制下,君主的决策就是圣旨,就是至高无上的决策。而现代行政决策体制则应当是由行政决策中枢系统、咨询系统、信息系统等构成的民主决策体制。

四、领导决策及其基本特征

领导活动的实质,是通过领导者对被领导者的影响、控制、协调,共同去认识和改造世界。领导活动的过程,就是制定决策和组织实施的过程。决策是领导活动的一个基本职能。在现代决策中,领导者主要起以下四种作用,即担任如下四种角色:

(1) 决策的组织者。在决策过程中,领导者是决策活动的全权负责人。他要从总体战略和本单位的实际出发,及时发现问题,确定决策目标,提出决策任务,创造适宜环境,选定适当人员,组建相应机构,开展决策活动,千方百计地完成决策工作。当一个决策实施后,又要着手新决策的组织。

(2) 决策的审定者。现代决策的多系统、多层次、多目标、多因素及其动态变化的特点,使决策工作成为一项多学科配合、各类专家共同参与的系统工程。各决策组织的任务仅仅是制造出多种决策方案。而对这些方案的审定,则是领导者的职责。只有在领导者审定后,才具有实施的可能和法律效力。决策方案的最终拍板权在领导者手中。

(3) 决策实施的指挥者、推行者。决策的目的在于实施,在于指导实际活动。要把方案变为行动,就要组织人力、财力、物力,充分利用天时地利,有计划地全面实施决策方案。这一切都需由领导者进行指挥和推行。

(4) 追踪决策的主持者。一旦发现决策有较大偏差而需要进行追踪决策,领导者就是进行追踪决策的义不容辞的主持者。他要负责提出追踪决策任务,组织追踪研究,着手安排进行追踪决策活动,并组织实施。

领导者决策的好坏是影响领导效果的直接因素。领导效果的好坏表现为:选定目标是否正确、达到目标的效率是否理想(包括人力、财力、物力的使用是否节省、花费的时间是否经济等)以及目标实现后是否产生好的影响等。而这一切,都依赖于决策的科学性。总之,领导者在决策中起着重要作用,决策又是领导活动的首要、决定因素。

领导者的决策,就是作出计划、决议、指示、命令。领导决策,大部分是指对某些比较重大的、属于全局性的问题所作出的决定。领导决策的主要内容包括战略与战略研究、政策与政策研究等。在现代社会中,战略和战略研究越来越显示其重要性。现代社会活动和组织工作的广泛性和复杂性,更要求领导者审时度势,统观全局,预测未来,及时实行战略指导。因而,战略性是领导决策的基本特征之一。政策是实现战略目标的重要一环,领导决策离不开制定政策。政策的制定在领导决策中起着指导作用、控制作用和调节作用。政策制定的好坏关系到领导决策的最终实施效果。政策性是领导决策的又一基本特征。

现代领导决策依赖于现代领导决策体制。决策体制是决策赖以进行的组织结构形式。现代社会活动和组织工作的广泛性和复杂性,促进着现代领导体制的严密分工。一般说来,构成现代领导体制的各组成部分包括:信息系统、智囊系统、决策系统、执行系统(指挥系统)、监督系统和反馈系统。只有这些系统紧密配合,协调一致,充分发挥各自作用,才能从组织上保证领导者作出正确的决策。

信息系统即专门收集、统计、存储、检索、显示有关综合情报资料的信息机构,它为智囊系统和决策系统提供综合性的可靠决策信息,为决策奠定坚实的基础。智囊系统即"外脑系统",为领导者提供可供选择的决策方案。由领导者组成的决策系统是现代决策体制的核心。执行、监督和反馈系统是实施决策的办事机构和对决策执行情况作追踪和监测的专业部门,其作用在于沟通各种信息反馈渠道,及时将决策执行情况反馈给决策系统,并根据需要对已作出的决策作出修正或重新决策,以保证决策的完善、准确。

现代化的领导决策具有六方面特征:① 相关化,即任何决策的作出,必须考虑到多方面相关特点;② 高速化,即要及时抓住机遇,增强机遇意识;③ 准确化;④ 两极化,大量规范性决策活动向下转移,由中下层决策部门和计算机完成,高层决策部门和决策者则集中精力担负更具战略性的非程序化重大决策;⑤ 网络化,一是对网络的需求性,二是广泛的纵向横向关系对现代决策的至关重要性;⑥ 三元化,即现代决策必须依靠智囊系统、信息系统与决策系统所构成的具有高才能、高智力、高人才素质的合理的决策体制。

五、领导决策与现代智囊

现代决策的复杂性和决策者认识能力的局限性,决定了"外脑系统"在决策过程中的重要作用。所谓"外脑系统",是一种专门为决策服务的咨询机构,即所谓“智囊团”、“思想库”、“头脑公司”。智囊,即足智多谋的人。智囊早已有之,而现代智囊团的产生,则是现代社会、科技、经济一体发展的结果,也是适应现代社会激烈竞争及知识与信息日益激增的产物。在现代社会里,任何一个领导者都很难凭自己的聪明才智单独作出决策,因此,必须依靠和借助于智囊团的作用。

现代智囊团是一个多学科专家组成的、为决策者或决策机构出谋划策的智能团体,其成员素质高,阵容齐全。它注重于发挥集体智慧,区别于古代智囊那种个体活动方式。现代智囊的研究机构在研究某一课题时,要把有关各门学科的专家组合在一起,相互切磋,共同探索。

现代智囊团是一个独立的,或相对独立的研究机构,而不像古代智囊那样依附于贵族、官僚。其研究活动只尊重科学和实践,尊重客观实际,对事业负责,不仰人鼻息,不受人左右,也不受任何条条框框的约束。内部管理上,则采取高度分权和尊重研究人员个人创造性的机制。研究的独立自主性,是现代智囊取得成功的必要条件。

现代智囊团凭借现代科学理论和先进技术手段开展跨学科、跨部门的研究工作,区别于古代智囊只靠个人经验进行决策的方式。由于当代科学、经济、社会研究对象规模之大、数量之多、结构之复杂、变化之迅速,都是前所未有,因而现代智囊团的研究人员必须重视运用现代思维方法,利用电子计算机等先进技术手段,从事多种战略、政策、政治和社会问题的研究。国外一些智囊机构,都装备有反映最新科学技术水平的大型实验设备,设立信息计算中心、情报研究中心等,以借助现代科学理论进行决策研究。

国外现代智囊团的主要类型有:为政府部门服务的官方智囊团,为企业服务的企业的外脑、企业的研究所以及为全社会服务的全局性的咨询机构。在我国,则有政府部门的政策研究室、经济研究中心,学校、科研部门设立的学术性决策研究机构以及科委、科学院系统等部门设立的情报研究所、信息资料中心、咨询服务部、专业咨询公司等。

现代智囊团的主要功能有:

(1) 调查研究,积累资料,预测评估,充当认识机构。决策部门考虑某项决策时,必须收集、加工有关该项问题的大量可靠的情报、信息、数据,还要掌握有关的背景材料、预测发展趋势的各种资料,以作为决策的科学依据。智囊机构所要发挥的功能之一正在于此。它除了利用各种已公开发表的资料以外,还要尽可能通过各种渠道、关系,从有关团体、个人收集第一手材料和各种珍贵的历史资料,向决策者提供背景情况,分析形势。国外一些民意调研机构,根据统治集团的意图,对重大国际国内问题组织公开讨论,收集民意,发表研究报告,对政府制定内外政策很有影响。我国政府中不少部门也设有调研室一类的机构,其主要任务就是根据各个时期党和政府的重大方针政策,调查社会各阶层的反映和实践结果,收集整理调研资料,供领导部门参考。除了收集信息外,智囊团还要对未来发展方向和趋势进行预测。

(2) 出谋划策,为领导决策提供备择方案,充当参谋机构。现代领导的决策活动,不仅在于对具体事务的集体商议,拍板定案,更重要的还在于进行超前的决策,即由智囊团参与下的出谋划策。决策者把某项决策咨询委托给智囊团,智囊团组织智囊人员作系统研究,从不同角度分析决策的科学性、合理性及其后果,分析各种可能影响决策的因素及其相互关系,寻求平衡这些因素的方法,提出若干备择方案,并说明方案的依据。我国的国家和地区性咨询机构,较好地发挥了这方面的功能。

(3) 培训、储备和交流人才,充当储备机构。智囊团的作用,不仅是聚集人才、出咨询成果,而且包括培训人才、出人才产品,发挥人才的最大效益。世界各国的一些著名的智囊团都很重视这方面的工作。如美国的兰德公司专门设立了一个研究生院,为政府和有关部门培养政策分析人员。我国有些全国性的科技咨询机构根据我国建设需要,曾先后举办过各种人才培训班和科技讲座,为人才培训出力。同时,现代智囊团还承担着为政府部门等领导机关输送人才的职能。智囊团成员往往是各级领导的后备力量。

总之,智囊团的作用就在于填补领导者的职能和能力之间的差距,帮助领导者更好地进行科学决策。因此,现代领导者必须充分认识智囊团的作用,重视和加强智囊团的建设,善于利用和发挥它在决策中的积极作用。

在科学决策中,领导者和智囊团(包括有智囊作用的人)是两支相辅相成的力量。领导者如何对待和利用智囊团,是科学决策的关键一环。作为领导者,应从以下几方面来认识自己与智囊人员的关系:

第一,两者各有其所,相辅相成。领导者必须认识到,智囊团是现代社会的客观要求和决策科学化的必然产物。在科学决策中,领导者是决断力量,智囊团是谋策力量。谋策是决断的基础,决断是决策的关键。在现代条件下,领导者要作出正确的决策,必须有智囊团的辅佐。特别在当今社会,决策的复杂性和风险性越来越大,在这种情况下,如果没有智囊人员的辅佐和帮助,要实现科学决策是不可能的。

第二,两者各自独立,不可相互代替。智囊人员不等于秘书,而是相对于领导者的决策研究人员。所以,领导者要让智囊人员相对独立地工作,切不可干预甚至左右他们的工作,或以任何形式把领导者的主观意志强加给他们;还要允许和鼓励智囊专家提出相反意见。另一方面,领导人员也不能不加分析地完全采纳智囊人员的方案和意见。在决策过程中,领导者始终占主导地位,智囊团只能帮助领导者决策,而不能代替领导者决策。领导者要尊重智囊人员的劳动成果,虚心倾听他们的意见,并且对他们的意见给予认真的回答。智囊人员对领导者作出的决策,则应该从实际出发进行科学的再认识与论证,特别是对某些重大的和发现有误的决策,更有必要这样做,从而拿出新的备选方案。

目前,随着社会现代化程度的提高,现代智囊团的功能进一步社会化、国际化及综合化。西方发达国家不少思想库是面向全世界的。例如,法国的咨询机构和大型思想库有一半业务是在国外搞咨询。巴黎社会经济发展研究公司 2/3 的业务活动是对外的。咨询业务则日益走向全社会,广泛涉及政府、企业乃至个人;业务领域则涉及产业开发、政策战略、地区规划、安全事务、对外关系等,综合性不能增强。

第二节 领导决策的原则、途径与方法

一、领导决策的基本原则

在领导决策过程中,必须遵循如下基本原则:

(1) 集体决策原则。现代领导决策的复杂性和艰巨性已非少数人所能胜任,这就要求领导者在重大决策上,都要从善如流,充分发扬民主,认真听取各方专家人士的意见,集体讨论,共同作出决定。集体决策有利于全面分析问题,贯彻决策科学化、民主化原则。

(2) 分层决策原则。在重大决策时,需把庞大的决策目标分解为若干项具体子目标,然后针对子目标分别采取相应的对策。这就提出分层决策原则,即:某一系统内部不同部门层次的领导者对于决策应分别承担一定的责任。依据这一原则,上级领导不应该过多地参与由下级负责的决策,下级机构的领导者也不应把自己的决策职责无原则地推给上级。分层决策有利于增强各级领导的责任心,防止决策中的相互推诿,同时可以迫使下属各部门独

立作出决策,培养他们的独立工作能力和创新精神。

(3) 客观性决策原则。无论制定决策方案,还是作决策的可行性分析,领导者都要面向客观现实,一切从实际情况出发。决策的整个过程始终要以客观现实为基础。在现实工作中,常常有这种情况:某些领导者每逢重大决策,总要考虑决策方案如何才能为他人所接受,担心决策方案是否会引起他人的反对;有时为了便于他人接受,宁可采取折中或妥协的办法,这就违背了客观性决策原则。

(4) 多标准决策原则。凡重大决策方案,通常都要满足多方面的标准和要求。如我国人口问题的合理决策就必须满足资源、能源、经济、生态平衡等方面的标准和要求。因此,领导者在作出决策时,需要从与方案有关的各种社会客观标准出发,综合评价方案的优劣。这就是多标准决策原则。

在进行多标准决策时,领导者应注意:① 如从某一角度看,决策方案有效,并与其他标准不相抵触,可认为该方案有效。② 如决策方案不能保证达到规定标准的任何一个,可以完全否认该项方案。③ 从多标准评判决策方案,很难找出符合一切标准的方案。因此,国外有人提出决策方案的"有限合理性标准"(或称"满意标准")问题。一般认为,决策方案只要满足某些主要标准,可以称之为满意方案,不必过分求全。

(5) 排斥性决策原则。领导者的正确决策应以互相冲突的意见为基础,从体现不同观点的决策方案中进行选择,这称作决策的排斥性原则。一般说来,没有不同的见解,就不可能有好的决策。多种意见的争论往往可以无情地暴露各种决策方案的弱点,以促使领导者在决策过程中深思熟虑,明察秋毫。此外,不同意见的争鸣,也可使争鸣双方从对方的否定意见中,深化自己的认识,并集中各方的优点,形成合理的方案。总之,坚持和提倡决策的排斥性原则,有利于提高领导决策的有效性和可靠性。

(6) 相对性决策原则。即领导者的决策必须依据客观外界情况的变化而随之发生变化。具体表现为：① 决策对于目标的相对性。目标的制定是领导决策的前提，目标不同，实现目标的决策也不同；目标变了，决策也要作出相应的修改。② 决策对于时间的相对性。一指已制定好的决策，有一定的有效期，一旦时过境迁，不能墨守成规；二指一项决策，总要在未来执行，为未来目标服务；未来情况发生变化，决策也将随之相应改变。

(7) 开放性决策原则。领导决策的全部过程不宜讳莫如深，采取封闭形式，而应采取积极的开放形式，敞开大门，虚心请教，广泛收集有关决策的建议和意见，提倡讨论甚至辩论，造成自下而上的民主基础；同时应通过自上而下的集中，将各方专家人士的精辟见解汲取到决策方案中。实行开放决策，应处理好开放与保密制度之间的关系，注意掌握开放的时机、范围和参加人员。

(8) 完整性决策原则。即领导者在制定决策方案时，要仔细考虑各种可行性方案，力争完整无缺，不放过任何一种可能方案。只有全面把握各种备择方案，领导者方能作出正确的决定。完整性原则可以保证领导决策有多方思考和比较的余地，进可攻，退可守，游刃有余，稳而不乱。

二、领导决策的基本程序

决策是一个过程。按照这一客观过程的内在规律，我们可以概括出一些决策都有的、共同遵循的基本步骤，循着这些步骤进行决策，就是决策程序。科学决策的一般程序大致包括下列几个步骤：

1. 发现问题，确定目标

确定决策目标是科学决策的前提。有了明确的目标，才能探索并拟定出达到目标的各种可供选择的方案；有了应达到的目标和准则这个尺度，才能据此权衡利弊，选择最好的方案，作出决策。

而确定目标是从发现问题开始的。所谓问题,就是现实的情形与理想之间的差距。问题常常并非一目了然,发现问题并不容易。为了能及时地发现问题从而保证有效地决策,决策者应当培养自己从资料的海洋中采集重要信息的技能和对于围绕着的各种有关因素的警觉,并学会寻找问题的方法。问题一旦被察觉到之后,领导者必须进一步界定问题、确认问题,即认清所要解决问题的性质、特点、范围,找到问题的症结所在及其产生的原因;全面地研究所要解决问题的需要和可能,确定解决问题所要达到的结果即目标;并在对初步设想的目标作反复论证的基础上审慎地把决策目标最后确定下来。

一个好的决策目标应该具备下列要求:首先,目标要明确而具体,含义必须是单一的,并尽可能量化。含义不明的目标是无法作为决策的准绳的。其次,目标要区分主次,有的目标是必须达成的,有的是期望达成的;有的关系到全局,有的仅关系到局部性问题。再次,要规定目标的约束条件,一类是客观存在的限制条件,如人力、物力、财力条件;另一类是给目标附加一定的主观要求,如实现目标的期限、不能违反国家的政策法令等。不顾约束条件,即使达成目标,后果也可能适得其反。

2. 集思广益,拟定方案

目标确定以后,就要从各方面寻求实现目标的有效途径,这就是拟定方案的过程。在拟定方案阶段,领导者一定要发扬民主作风,同研究人员、各方面专家、实践经验丰富的人平等、民主地讨论问题,广开思路,广开言路,充分发挥各方面人员(特别是咨询参谋人员)的作用,拟定多种可供选择的方案。

就所拟定方案的类别而言,有:① 积极方案,即从正面保证决策各项目标和指标实现的方案,其中包含有促使目标实现的各项积极措施。② 应变方案,即适应情况发生变化时的方案。不论环境朝着有利的方向还是朝着不利的方向变化,都应当制定相应的应变措施。这类方案的作用常常是同积极方案一起共同保证目标的实现。③ 临时方案,即当问题发生而尚未查明原因时所制定的各项临时性措施。目的是暂时抑制问题,以换取一定的时间,让决策者能够进一步界定问题,寻找产生问题的原因。

拟定方案可根据创新原则、约束原则、时间原则、多样原则、互相排斥原则,按照先发散后收敛的思维方法,在从不同方向上列举和设想大量方案的基础上,对各种方案精心设计、严格论证、反复推敲,为确认最佳奠定基础。

3. 分析评估,方案选优

所谓方案评估,即采用一定的方式、方法,对已经拟定的可行方案进行效益、危害、敏感度以及风险度等方面的分析评估,以进一步认识各方案的利弊及其可行性。无论对哪种方案进行分析评估,其涉及的范围主要有两个方面: 一是产生的后果;二是方案实施的过程。后果分析又包括效益分析和危害分析;实施过程分析则包括实施条件分析和敏感度分析。方案评估是方案选优的前提,其任务主要由智囊团担任。

方案选优,就是进行决断,或称"拍板"。即从各种可供选择的方案中权衡利弊,或选取其一,或综合成一。这是领导者的决策行动,是制定科学决策,形成政策策略,作出决定的最后步骤,是决策工作中最关键的环节,也是一件极其复杂的工作。为此,必须注意以下几点: 第一,处理好专家与领导者的关系,即以上所述的智囊团与领导者的关系。第二,要有明确、科学的价值准则。价值准则是落实目标、评价和选择方案的基本依据。它包括两方面的内容: ① 把目标分解为若干层次的确定的价值指标,诸如: 政治价值、经济价值、科学价值和社会价值;每类价值指标又可分解为若干项,每项又可分解为若干条,从而构成一个价值系统。依据分层目标系统进行决策方案选择时,既要考虑方案与各层次目标的符合程度,又要考虑它与总目标的符合程度;既要用理想指标加以衡量,又要用最低指标加以衡量。只有通过全面的衡量、比较,才能确定各方案与目标系统的接近程度,避免片面依据某一单一目标作出选择。② 指明实现这些指标的约束条件,正确处理最优和满意的关系。我们当然要追求方案的优化,但不能把优化绝对化;我们只能从现实的可能性出发,在现实约束条件下,依据满意原则,从已有几个方案中选择基本上能满足目标要求,其效益令决策者感到满意的方案。

4. 实施方案,反馈调节

决策的实施是通往预定目标的必由之路,是实现目标的一个关键阶段。为此,要抓好以下几个环节:① 试验证实;② 制定实施计划;③ 反馈调节,包括:建立灵活有效的反馈机制,沟通多种反馈信息渠道,确立和应用反馈调节的稳态极限标准,即能够保持决策实施相对稳定的最大限度。对反馈信息应进行类型分析,确定哪些是关系全局的,哪些仅是影响局部的;哪些是偶然因素,哪些是必然现象;尤其要注意异常现象,并作相应调节。如果异常现象超出了稳态极限标准所允许的范围,该问题如不及时解决将导致决策崩溃,就需对原问题作出重新决策,这就是追踪决策,也称改正型决策。追踪决策不同于一般的决策修正,两者的根本区别就在于是否涉及决策目标和方向的重大修改。追踪决策具有非零起点的特征,因而必须能双重优化,才能起到应有效果。

三、领导决策的主要方法

领导决策的方法分为"硬"方法和"软"方法两类。所谓"硬"方法,指领导决策时所借用的是数学方法及其他自然科学方法。这些方法一般建立在严格的逻辑论证和实验检验的基础上。所谓"软"方法,通常指领导决策过程中所应用的是各种社会科学方法(如心理学、社会学方法等)。下面简单介绍几种常见的领导决策方法:

1. 预测技术

所谓预测,是通过已有的数据资料和信息,对未来或未知事物的发展进行估计和推测。预测过程是在调查研究和实践基础上的科学分析及逻辑推理过程。预测的范围及其广泛,可包括政治预测、经济预测、市场需求预测、科学技术预测等。它们对确定决策目标有着重要作用。预测既包括定性分析,又包括定量分析,要有事物发生的概率估计。因此,现代预测已成为一门专业技术。据不完全统计,目前的现代预测技术有120多种,常用的有特尔菲法、回归分析法、时间序列法等。

(1) 特尔菲法。一种专家评估法。最先由美国兰德公司于1964年提出并用于技术预测领域。"特尔菲"是古希腊神话传说中一个可以预卜未来的圣地,特尔菲法因此而得名。它是直观预测法的一种。它要求先由预测机构选定专家,通过书面的方式向这些专家提出所要预测的问题,得到答复后,将其集中整理,再请专家给予评论和说明。如此反复多次,使专家意见渐趋一致。由于它采用"分散—集中—分散"的程序,以匿名形式征询意见,因而得出的结论可靠性强。

(2) 时间序列法。依据历史资料和数据,按时间顺序排列成一组数字序列,通过对时间序列的统计分析,预测对象的未来发展趋势的一种方法。所谓时间序列,是指观察或记录到的一组按时间顺序的数字。假定事物按过去变化趋势发展,就可通过对过去的时间序列数据,并借助概率统计方法对各种外来因素进行分析,从而对事物的未来发展作出较好的预测。

(3) 回归分析法。根据事物发展变化的因果关系,运用处理变量数学原理,通过研究引起未来状态变化的各种客观环境因素的作用,找到客观环境与未来状态之间的统计关系,从而对事物的未来发展进行预测的方法。

(4) 判断预测。依据直观材料,依靠个人经验和分析能力,通过逻辑判断,对未来作出预测的方法。具体方法有专家意见调查和社会调查法,包括典型调查、抽样调查、全面调查、座谈会、民意调查等。

2. 最优决策技术

为选取最优效果的决策,可采取一些专门评估和分析效果的具体技术,常见的有决策树方法和最大最小损益值法。

(1) 决策树方法。一种普遍运用于计量长期目标的决策效果的方法。决策树方法就其实质,可用我国古代两句谚语"三思而后行"、"走一步看几步"来加以概括。这就是说,人们在作出决策之前要审慎地考虑和权衡各种可能存在的情况,要看到未来发展的几个步骤。

决策树方法因其形态(见图 4-1)而得名。

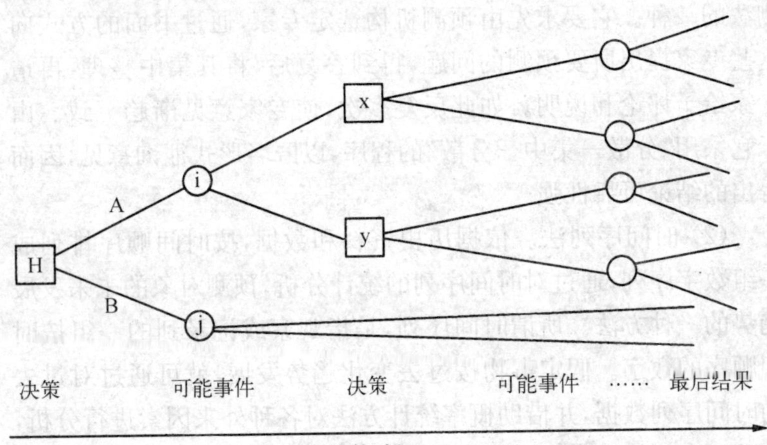

图 4-1 决策树方法图

图 4-1 中,决策 H 有 A 和 B 两个方案,这两个方案各自遇到未来可能事件 i 和 j。A 方案可能事件 i 的处理又可以有两种决策 x 和 y,这两种决策又各自有其可供选择的方案,它们将进一步遇到各自的未来事件。从图形上看,这种决策方法在每一个步骤上

都伸出几根枝杈来,犹如树干伸出树枝,树枝伸出枝梢一样,因此人们称之为决策树方法。

(2) 最小最大损益法。该方法在计算出每个行为方案在各个自然状态下可能的最大损失(或最小效益)的基础上,选择损失最小(或效益最大)的行动方案的决策方法。对领导者来说,考虑效益值和考虑损失值实际上是一回事,因为对同一决策而言,最大的损失必然是最小的效益。因而用最小最大损失值和用最大最小效益值所确定的方案必然是同一方案,只是各自计算方法不同罢了。

3. 智力激励法

依靠集体智慧,群策群力,博采众长而作出决策的方法。由美国著名工程学家奥斯本首先提出,以后又经各国创造学家发展。这是一种行之有效的、在短时间内能调动极大创造力的方法,又称集体思考法。该方法广泛应用于领导决策活动中。

4. 系统分析法

所谓系统分析,就是运用系统观点,通过现代数学、电子计算机及系统模拟,对复杂系统的外部条件和内部条件、当前利益和长远利益、局部利益和整体利益作出分析研究(通常是定性与定量分析相结合)的方法。系统分析的主要工作,包括系统的模型化、最优化分析和系统综合评价。系统的模型化,就是把研究对象看成一个系统,利用现代数学方法和电子计算机技术,对系统进行模拟,建立各种便于分析的模型,如数学模型、电子模型、图案模型、实物模型等,然后利用这些模型预测每个方案可能产生的后果,并对方案进行效益分析和比较。最优化分析,就是根据模型求解出系统目标的最优解答,主要用于解决有关最优计划、最优设计、最优控制、最优管理等。系统的综合评价,就是利用模型和各种资料,用技术经济的观点,对各种可行方案,权衡其利弊,从系统的整体观念出发,综合分析问题,选择适当而且可能实现的方案。

5. 可行性研究

可行性研究是采用科学方法,对拟定的各项方案的经济效果和社会效益求得定量和定性的可行解,同时运用优化方法寻求最优解的一种科学方法。

可行性研究具有如下特点:① 从研究的目的看,它是在项目未确定前研究该项目该不该上;② 从程序上看,它是先研究后决策;③ 从时间上看,它的前期分析多,而实行计划时间短;④ 从内容上看,它超出或超前于原有的计划;⑤ 从方法上看,它注重动态分析,防止类同;⑥ 从研究效果看,它可以事先发现问题,提早研究解决,防患于未然。

可行性研究必须同合理性联系起来。所谓合理性,一是指方案要先进合理,同时又必须是经过努力可以达到的。过高会挫伤积极性,过低则无法发挥潜力。二是说方案应体现"扬长避短"原则,具有合理的方向,使本组织朝着这个方向能发挥优势。

可行性研究方法很多,系统工程方法是其中最有效的一种方法。按照这种方法,首先从以下诸方面寻找答案:为什么要这样(目的)?为什么要找这个(对象)?为什么要找这里(场所)?为什么要这时做(时间)?为什么要由此人做(人)?怎样去做(方法)?然后根据系统工程的一般流程和步骤,研究情况,输入信息,明确目标,确定范围,制定评价标准;最后建立数学模型,上机计算,分析比较,综合评价,提出可行方案。

第三节　战略决策:现代领导者的首要职责

一、战略的含义和特征

"战略"一词起源于军事科学,是相对于"战役"、"战术"而言的概念。"战略"的本意是指牵动战争全局的,根据战争的性质,敌我双方的经济、政治、军事、历史、地理、科教、外交和国际环境诸因素而制定的决策方案和总计划。战略决策的正确与否,直接关系着战争全局的胜负。“战术”则是指军队进行战斗的原则和方法。德国军事战略家克劳塞维茨在《战争论》一书中指出:“战术是战斗中使用军队的学问,战略是为了战争的目的运用战斗的学问。”①西方军事家利德尔·哈特则把战略理解为“统帅艺术”,也就是对武装力量的领导。毛泽东同志也指出:“战略问题是研究战争全局的规律的东西。”②这里所说的战略都是军事战略,是军事统帅对战争全局的策划和指导。以后,“战略”一词逐渐被运用于科技、教育、政治、外交和社会等领域,其含义也随着应用领域的扩展而越来越具有普遍性。从广义上理解,战略是重大的、带有全局性的或决定全局的谋划。

任何战略,无论是军事战略、政治战略、经济战略,还是文化战略和教育战略,都具有如下四个基本特征:

(1) 全局性。从大处着眼,统帅全局,是战略的质的规定性,也是战略决策的本质要求。毛泽东同志指出:“研究带全局性的战争指导规律,是战略学的任务。研究带局部性的战争指导规律,是战役学和战术学的任务。”③领导在制定战略时,必须区分全局和局部,着力研究、把握全局,而不能“一叶障目,不见泰山”或“只见树木,不见森林”,被局部利益牵着鼻子跑。为树立全局观念,必须正确认识全局与局部的辩证关系。首先,全局是根本性的东西,局部隶属全局,全局制约局部;只有懂得了全局性的东西,才能更好地运用局部性的东西。其次,全局又由局部构成,全局的规律只能存在于各个局部之间的相互作用中,每一个局部又都会对全局产生一定的影响,甚至会产生决定性影响。因此,着眼全局,必须研

① 克劳塞维茨:《战争论》第1卷,商务印书馆1982年版,第175页。
② 《毛泽东选集》第1卷,人民出版社1991年版,第175页。
③ 《毛泽东选集》第1卷,人民出版社1991年版,第175页。

究构成全局的各局部的系统结构,兼顾各个局部之间的相互关系及全局与局部之间的关系;在此基础上,才能制定出充分体现全局性的领导战略。

(2) 长远性。战略的着眼点不是事物的短期发展,不是当前,而是中长期的发展,是对未来的谋划和设计。这就要求领导者要有长远眼光,要面向未来,关注长远目标和长远利益,不能只顾眼前而不顾长远;那种为追求眼前利益而损害长远利益的急功近利行为,如现实生活中的"乱砍滥伐"、"竭泽而渔"等现象,都是与战略要求相违背的。当然,长期利益与当前利益又是不可截然分开的,因此,有战略眼光的领导者又需要正确处理好眼前与长远的关系,尽可能把长远目标与近期目标相结合,求得两者的有机统一。

(3) 层次性。全局与局部的区分是相对的。构成一个全局的任何一个局部,相对于构成这一局部的局部,又成了全局。因而,在领导系统中,处于某层次的领导工作(最高或最低层次除外)往往既是全局的又是局部的:相对于上一层次的领导工作而言,它是局部;而相对于下一个层次的领导工作而言,它又是全局。因此,在进行战略决策时,一要准确把握自身的层次性,依据自身所处的层次作出相应的领导战略,例如,中央有中央的领导战略,地方有地方的领导战略,各部门有各部门的领导战略,不能混淆层次;二要正确处理上下层次间的关系,其基本原则是:① 低层次的战略要受制于高层次的战略;② 高层次战略的制定,要给低层次战略的制定留有一定余地,以利于发挥低层次领导的主动性。

(4) 稳定性。战略的全局性和长远性决定了战略的稳定性。不论何种战略,在其预定目标还未达到的进行过程中,不能随意改动;"朝令夕改"的主观随意性是战略实施所忌讳的。当然,战略的稳定性不是固定不变性。在实际工作中,调整和修正战略目标的情形也是有的,这是因为,第一,任何战略都是大致的、粗线条的、有弹性的,不可能将一切细节囊括无遗;第二,客观实际情况的可变性是绝对的;第三,战略的局部性乃至全局性错误也不是不可能。不过,对战略目标的调整必须慎重。

二、战略指导在领导工作中的地位与作用

制定和实施战略在领导功能的发挥中起着根本性的指导作用,战略指导的正误决定着领导的成败。制定和实施战略是现代领导者的首要职责。

战略指导在领导工作中的重要地位与作用首先决定于领导与战略的内在统一性。

领导活动即战略活动。不论何种时代、何种社会、何种领域的领导,其本质不仅在于协调领导者与被领导者的关系,还在于它的全局性、超前性的目标性。站在历史发展的视角考察,领导既是一定经济、社会关系的总体反映,又是对人类活动未来的预测、规划、设计和控制。无论是整个社会,还是某一组织,总存在着发展具体方向和结果的多种可能性。其中既包括对人类社会或组织有利的方向和结果,也包括对人类社会或组织有害的方向和结果。领导的实质,正在于面向未来,统筹全局,制定出正确的发展战略,以避免有害的方向和结果,争取有利的方向和结果。这种发展战略既是领导者协调、统帅、指导被领导者行为的领导战略,也是控制事物未来发展方向和结果的根本方略。任何领导,都是一种战略领导,即通过制定带有全局性、长远性、根本性的战略目标而实施领导。领导的决策,首先是战略决策,即以战略眼光确立战略方向,并以此指导战术性决策,规划各方面工作。领导者,特别是主要领导者,应集中主要精力研究、制定战略方向和目标。没有战略眼光的领导者必然不是一个好的领导者。

战略指导在领导工作中的重要地位与作用还取决于现代社会发展的迫切需要。

社会现代化程度的日趋提高使战略的意义日益突出。其一,

现代社会从小生产发展到社会化大生产。社会化大生产的经济是一个被称作"大经济"的复杂系统,包括市场需求、发展规划、科学研究、技术开发、产品开发、产品研制、工厂生产、包装运输、批发零售、市场服务(技术服务)等诸多环节。从宏观上看,需要有一种统筹兼顾各环节,妥善处理各环节之间关系的战略思想;从微观上看,则需要具备一种把一个具体经济组织或环节与整个社会经济活动相联系的战略思考。缺乏战略头脑的经济事务主义者势必不能从整体上把握社会的"大经济活动"。其二,现代社会变革速度日益迅速,新问题、新情况层出不穷。任何一个国家、一个地区、一个企业的发展,都必须面对周围环境的变化,应对未来的各种挑战。这就迫使各级领导者要具备高瞻远瞩的战略头脑,审时度势,统观全局,正确处理当今与长远的关系,揭示事物发展的规律,预见事物发展趋势,及时对社会发展作出战略指导。

在我国社会主义现代化建设中,强化战略意识的任务极为迫切。我国曾经历了长达两千多年以小生产方式为主的封建社会,传统的小生产观念限制了人们的眼界,养成了"重局部,轻全局"、"重当前,轻长远"的思维习惯。建国以来,传统的计划经济模式又压抑了人们战略思考的主动性。一些领导者至今还对战略研究抱着轻视态度。他们往往认为这种研究成果"大而空洞"、"不切实际",不如做具体工作"务实"。因而轻战略决策,重战术决策。这种思想是要不得的。建国以后的历史已充分证明,战略错误,事业挫败;战略正确,事业成功。例如,20 世纪 50 年代的"大跃进"、60 年代的"文化大革命"等战略性错误给我国社会主义建设事业带来的损失是极其巨大的。而党的十一届三中全会以后改革开放的正确战略则给我国社会主义建设带来了巨大生机。当前,在世界经济全球化的趋势下,为参与国际间的市场经济竞争,战略指导的意义更为深远,战略眼光更是现代领导者的首要素质要求。

三、战略的制定与实施

1. 战略目标的确定

战略目标是领导决策的重要组成部分。确定战略目标是制定领导战略的首要环节。对于领导者来说,能否确定正确的战略目标,对于领导战略的成败具有决定性意义。所谓战略目标,是关于战略活动的方向和所要达到的水平的具体规定。人们在战略活动中,总要首先确立一定的战略目标,并把它作为战略活动的起点和终点。战略目标是领导决策的核心,是领导战略活动的依据,是激发和吸引人们为之奋斗的动力,也是评价具体行动得失的尺度、战略成败的关键。

战略目标是战略意图的具体化。人们通过战略思维,形成战略目的。战略目的的起点是一种处于朦胧状态的战略意图,是战略目标的初始阶段。随着战略思维活动的发展,人们的战略意图逐渐明晰起来,战略目标正是一种较为具体、较为明确的战略意图。作为战略意图具体化的战略目标是一个体系:从横向分析,战略目标是一群相互联系的目标组成的目标群。一个战略所涉及的问题越复杂,时空跨度越大,其战略目标所包含内容的方面就越多,目标群的结构就越复杂。从纵向分析,战略目标是一个多层次的目标体系,最高层次是总目标,最低层次是具体行动目标,两者之间往往存在着若干中间层次的目标。从过程分析,战略目标可分为近期目标、中期目标和远期目标。战略目标作为领导战略的组成部分,一开始是以观念的形态存在的,但它绝不是纯主观的东西。战略目标的内容是客观的;战略目标的提出和确定,要以客观现实为前提和根据。

一般地说,确定战略目标的具体步骤有调查研究、拟定目标、评价论证和目标决断四步。调查研究是确定战略的第一步。服务于战略目标决策的调查研究不同于其他类型调查研究的地方在于,它的侧重点是在对系统的全局及对组织的未来具有决定意义的环境信息的研究和预测上。经过周密的调查研究,人们便可以着手拟定战略目标。拟定战略目标一般包括拟定目标方向和目标水平两个环节。拟定目标的过程,先是在一定战略思想的指导下,依据对需要、手段和环境的综合考虑,确定方向;然后围绕初步设定的目标方向,通过对现有能力与手段等诸种条件的全面估量,对战略活动所要达到的水平作出规定,这便形成了目标方案。战略目标拟定后,就进入目标论证阶段。目标论证的内容有战略目标的可行性、完善化程度,以及分析目标的价值取向等。最后是目标决断阶段。在决断选定目标时,需权衡目标方向的正确程度、可望实现的程度和期望效益的大小。所选定的目标,三项指标的值都应尽可能大。

2. 战略规划的研制

战略规划是战略目标的具体化,是人们为实现战略目标而制定的方案体系。任何战略的实现,都必定要经历一个自觉或不自觉的战略规划过程。战略规划既是战略得以实现的必要条件,又是人们驾驭未来的手段。古语说:"凡事预则立,不预则废。"凡事先无周密考虑和无周详计划者,必将招致失败。特别是战略问题,由于其关系整体、长远利益,更需三思而后行,谋定而后动。我们只有对未来的战略目标作出正确而周密的规划,才能成功地驾驭变化不定的未来。

从不同的角度,可以对战略规划作出不同的分类。根据规划的内容,可以分为总体战略规划和单项战略规划:前者是一个组织就其整体、长远发展所作的规划;后者是一个组织就其某一方面或某一问题所作的规划,即具有从属关系的高低不同层次的战略规划。另外,根据时间跨度划分,有短期、中期、长期的战略规划;根据规划结果的表现形式划分,有书面战略规划和思考性战略规划。

战略规划的研究,一般需经历如下几个阶段:

(1) 明确战略目标。战略总目标是一种高度概括的东西,要使它广泛地被人们接受并得到正确理解,就必须对其基本内容、制定依据、约束条件、实现的可能性与意义作出详尽说明,并建立起评价指标体系,以使总目标落到实处并衡量其实现程度。

(2) 实行目标分解,建立目标体系。即把总目标分解为若干子目标,对子目标作进一步分解,直至具体目标。然后,把这些分解后的目标综合起来,形成一定的目标体系。

(3) 确定战略方针。所谓战略方针,就是人们为实现战略目标而规定的基本行动准则,它规定着实现战略目标的基本途径。指导某一战略的方针往往不止一个。从层次结构上看,有总的战略方针和一系列具体的战略方针;从时间过程看,有指导战略活动全过程的根本战略方针和各发展阶段上的战略方针。它们组成一个系统,共同指导着战略的实施。我们在确定战略方针时一定要注意系统的完整性。

(4) 确立战略重点。所谓战略重点,是指那些对实现战略目标有决定意义的工作、措施和环节。战略重点是对全局有决定意义的东西,它可以是全局发展中的薄弱环节,可以是阻碍全局发展的"瓶颈",可以是竞争中的优劣领域,可以是牵动全局的枢纽,也可以是纵向发展中的关键环节。在很多时候,战略重点往往不止一个。这就需要在确定重点时全面分析情况,把该确立起来的重点都找出来。同时,还要正确处理好重点与非重点的辩证关系。

(5) 划分战略阶段,确立战略步骤。战略目标的实现需要一个过程。在这个过程中,各个时期的情况、任务必然有所不同。因此,领导者在制定战略时,必须根据事物发展的客观进程,正确地划分战略发展阶段,并据此预先规定行动步骤,以便有计划地去实现战略目标。

(6) 拟定近期行动计划和应变计划。为了实施战略规划,除了要对战略过程的各个阶段作出一般规划外,还应着重对战略的第一阶段作出更为详尽的规划,制定出较为详尽的近期行动计划。同时,完整的战略规划,还应包括应变计划,以使规划本身具有适应性和应变能力。应变计划要考虑到可能发生的意外情况,并要指出在这种情况下应采取的行动。

(7) 对规划的可行性论证、审批、付诸实施并在实施中检验修正。

研制战略规划是一项系统工程,必须以战略思维和战略预见为基础,重视构成规划全过程的各要素的相关性分析,力争实现各要素的最佳组合,以实现整体的优化。

3. 战略对策的选择

完整的领导战略应是战略目标、战略规划和战略对策的统一。制定出战略目标和战略规划之后,就应该进一步研究实现战略目标的相应对策。领导战略中的对策,是指一个国家、一个地区、一个企业等,为了实现特定的领导战略目标而采取的重大措施。战略对策是领导战略的重要组成部分。任何领导战略,如果缺少相应对策的支持和保证,都势必流于形式。而且,领导战略的成功,不仅取决于战略目标和战略规划的可行性,还取决于战略对策的科学性。因而,战略对策也是领导战略活动中的重要环节。

依据不同的标准,从不同的角度,可对战略对策作如下不同的分类。

(1) 依据形成方式、方法划分,有经验型和科学型之分。经验型战略对策主要依靠人们的经验、智慧以及敏锐的洞察力和准确的判断力形成的。科学型战略对策主要依靠现代科学方法和手段(如现代科学预测、系统科学、运筹学方法以及计算机技术等),在总结历史经验的基础上形成的。与经验型战略对策相比,其科学性大大提高,因而在现代领导战略活动中居主导地位。

(2) 依据直接目标划分,有进取型和防守型之分。前者是为取得某一战略目标而采取的对策,后者则是为了巩固或控制某一战略目标而采取的对策。

(3) 依据所统辖的时空范围划分,有总体型和部门型、领域型、阶段型之分。总体型战略对策具有时空总体性,部门、领域、阶段型战略对策是构成总体战略对策的组成部分。两者的区分是相对的,在确定的时空范围内才有意义。

(4) 依据演进过程划分,有初始性战略和调整性战略之分。前者指在战略实施前形成的对策;后者指在战略实施过程中依据环境等因素的变化,通过对初始战略对策的调整而形成的对策,是由初始战略对策演化而来的。

(5) 依据研究对象划分,有全球战略对策、国家战略对策、地区战略对策和组织(如企业)战略对策等。

(6) 依据内容和领域划分,有政治战略对策、军事战略对策、经济战略对策、科技战略对策、教育战略对策、人才战略对策等。

无论何种战略对策,都体现了现实和未来的统一、目的和手段的统一,因而是实施领导战略的重要环节。

4. 战略实施

整个领导战略活动可以区分为战略制定和战略实施两个阶段。战略目标的确定、战略规划的研制和战略对策的选择都属战略制定阶段。在战略实施前,无论是战略目标,还是战略规划和对策,都是观念形态的东西,把这些观念形态的东西变成物质形态的东西的过程,就是战略实施的基本阶段。

在战略实施阶段,领导者的根本任务是按照所制定的战略目标、战略规划和战略对策的要求,充分调动和组织各种力量去实现战略目标,具体包括如下诸环节:

(1) 战略运筹。即按照战略目标、战略规划和战略对策的要求,对各种战略要素进行调动、分派、重组。并编制具体实施计划,以形成一个结构合理、功能优化的战略实施系统。

(2) 战略组织。即通过宣传、组织群众,调动、指挥各种力量,协调各种关系,处理各种矛盾,以各种方式和途径组织战略实施的现实力量,把战略目标、规划、对策变成广大群众的自觉行动。

(3) 战略指导、检查和监督。即密切关注战略实施进程中的各种因素变化和内外矛盾状况,目的在于使战略实施过程中的各种因素和力量,始终与战略目标和战略规划的要求相一致。

(4) 战略调整。即在战略指导、检查和监督的基础上,随时根据战略环境的变化及战略实施中所出现的问题,调整既定的领导战略。它既包括战略目标的调整、战略规划的调整,也包括战略对策的调整。

在战略实施阶段,要处理好既定领导战略与应有领导战略、观念形态领导战略和实践形态领导战略的矛盾;协调好战略实施中各种因素的关系,以实现战略实施过程中的主客观统一、阶段性与连续性统一、整体与局部的统一,保证战略实施的顺利进行。

第四节　政策决策:实施领导战略的根本途径

一、政策的含义和特征

战略目标和具体策略确定后,政策就是重要一环。所谓政策,一般是指政党、政府或集团为实现既定路线、目标和任务而用以调动或约束社会力量的策略原则与行动准则。领导决策离不开制定和实施政策。

"政策"一词由英语"policy"经由日语转译而来。从汉语的角度分析,政策中的"政"指政治,与"正"相通,作端正、摆平、调整、理顺之解。政策势必涉及对各种社会集团的利益关系的协调及各种社会关系的调整。政策中的"策",一指策略、方略,二指策划、策动、鞭策,涉及谋略、方法、推进目的实现的推动力及具体途径。

1. 政策的内涵及基本特征

(1) 从政策主体考察,任何政策都是由一定的组织制定和实施的,制定政策和实施政策都是一种组织行为。运用科学理论所制定的解决问题的方案需经组织程序的确认才能构成政策。未经组织确认的,就不具备合法的政策资格,通过非组织手段推行的"土政策"是不合法的。

(2) 从政策的内容考察,政策是实现组织目标的谋略、动力、方针、措施和具体方法等。领导者运用政策解决所面临的问题,协调各方利益,调整各种社会关系,以推动战略目标的实现。

(3) 从政策的功能考察,任何政策都具有目标指向性和问题针对性,体现了特定的价值取向。政策是为达成组织目标、解决组织所面临的问题而提出来的,势必具有明确的目标指向性和针对性。在不同的历史时期和不同的历史条件下,组织所面临的问题不同,所制定的相应政策也会不同。政策的这一特征决定了它与具体的时空条件及利益关系的密切相关性。因而,任何政策都有一个价值取向问题,诸如向哪种社会势力倾斜、为哪种社会组织目标服务、谁更能受益、服务于哪种社会发展方向等。由具体的组织目标所决定的政策目标中必然包含有特定的价值取向。

(4) 从政策实施过程考察,政策是规范组织行为的准则。政策不仅是组织对于特定问题的认识的体现,而且是为解决问题而对组织机构和组织成员提出的行为要求。政策一经确定,就对组织行为具有约束力和一定程度的强制性。这种约束力是由组织的力量(观念、纪律等)来保证的。当然,政策的约束力不同于法律的约束力。虽然从某种意义上说,法律也可称作一种政策,而且是带根本性的政策(如我国法律规定的公民享有的种种权利保障就可称作一种根本政策)。然而,政策未必全是法律,相当一部分政策(如"让一部分人先富起来"的政策)不是法律。

2. 政策和法律的区别

(1) 制定程序不同。法律体现着国家主权,只有国家才有权制定和修改法律。但任何组织(包括国家本身)都可制定相应的政策。

(2) 针对范围不同。法律是为社会生活确定的带有根本性的行为规范,它适用于全社会。而政策作为实现组织目标、解决组织问题的一种行为策略和指令,仅适用于相应的组织活动。

(3) 实施力量不同。法律的约束力依靠国家政权力量实施。而政策的约束力靠的是组织本身的力量及号召力、凝聚力。

政策的类型很多,按政策的调节作用,有指导方向的政策和指导行为的政策之分;按政策发挥作用的领域,有经济政策、科技政策、金融政策、外交政策、文化政策等之分;按政策实施范围,有全局性政策和局部性政策、根本政策和具体政策之分;按政策的有效期,有长期政策、中期政策和短期政策之分。

3. 政策的主要作用

(1) 导向作用。政策体现了政策制定者的意志,它对人们的社会活动起着导向作用:任何一项政策,都是对具体目标、方法、措施、手段和行为的指引和导向。任何一项政策的出台或废止,都会导致人力、物力、财力资源在空间布局和流向上的变动。一个组织在社会活动中的地位越重要,该组织制定的政策导向作用影响面就越大。例如,一个国家或执政党所制定的政策体系,就能对社会发展的方方面面,从经济基础到上层建筑,从经济活动到思想、政治活动,发挥全面的制约、导向作用。

(2) 调节作用。政策具有协调各种关系(包括人与社会、人与事物、人与人、事物与事物之间的关系),调节人们思想行为和组织活动,形成相互配合、相互补充的优化配置,以调动、激发推动组织目标得以实现的动力的作用。政策的调节包括对组织成员价值观念、行为动机和行为过程的调节。这种调节作用在组织活动的合力的形成中起着重要作用。

(3) 控制作用。政策作为规范组织行为的准则,也是为实施一定的战略目标而制定的硬性手段和限制措施,它对人们的行为和组织的发展起着制约作用,即控制作用。政策的实施,必然伴有对偏离战略目标的各种因素的调整,这无疑就是对组织活动及人们行为的有效监控。

(4) 管理作用。政策的导向、调节和控制作用实际上就是一种管理作用。它通过对组织目标及各实施环节的管理,充分调动和发挥政策主客体的积极性,形成实现战略总目标的整体力量,规范社会秩序,维护社会稳定,以达到预期目标。

二、政策的制定和实施

在我国,每一项正确的政策,都应是马克思主义的基本原理与中国实际相结合的产物。因而,把马克思主义的基本原理与中国的具体实际相结合,是我们制定政策过程中必须遵循的基本原则和基本要求。具体地说,科学性、民主性和可行性是我们制定政策的主要原则。

(1) 科学性。科学性原则要求我们在制定政策过程中依据科学知识,遵循科学方法,尊重客观实际。为贯彻科学性原则,领导者在作政策决策时,必须抓好两个环节:政策研究和调查研究。政策体现着人们的科学认识成果,是一定科学知识的运用,以一定的科学理论为基础。为制定好政策,有必要进行政策研究,即政策分析。它要求人们用哲学、经济学、社会学、心理学等学科知识与经验,对政策的制定、实施及评价作分析研究,以权衡利弊得失,提高政策质量和效益。制定政策的过程又是一个认识和决策的过程。科学的政策决策必须遵循唯物论原则,在深入调查研究,详细占有第一手资料的基础上,进行由此及彼、由表及里、去粗取精、去伪存真的理性思维。并注重运用科学的方法和手段,对政策的客体及所处的社会环境作出符合实际的、恰如其分的科学分析,以保证政策制定的坚实客观基础。

(2) 民主性。民主性原则要求我们在政策制定过程中密切联系群众,广泛听取各方意见,尽可能满足大多数人利益。在政策制定过程中,则应展开充分的讨论、协商,进行必要的争议、辩论。为贯彻民主性原则,在政策的制定过程中,必须做到专家论证与群众需求相结合、领导决定与集体讨论相结合。政策的制定当然要经过专家论证,但又要注意政策内容与群众需求、群众利益相结合,考虑政策的群众基础。一项好的政策,不仅应是正确的,而且应是适时的,能被群众理解、接受的。因而领导者在制定政策时必须充分考虑群众的利益、愿望、需求,以及觉悟程度、心理承受能力等因素。如一项政策虽然正确,但不被群众理解,或与群众的当前觉悟水平相抵触,则至少在目前还不是一项好的政策,不到具备必要的群众基础时,便不宜实施。另外,政策的制定必须经过决策层的集体讨论。在政策制定过程中,群众的意见要由领导来集中。专家提出的方案要由领导来选择,但领导班子内部在集中意见、选择方案时也难免会发生分歧,这时,千万不能以简单的"少数服从多数"压制不同意见,必须经过民主讨论的集体决策程序,才能保证政策制定民主性原则的贯彻。

(3) 可行性。可行性原则要求我们所制定的政策必须是切实可行的。决定政策是否切实可行的因素是多方面的,除了上述的科学性、民主性原则外,还必须注意:① 任何组织的任何政策都不应与法律规范相抵触。政策决策要负法律责任,政策规定要与法律规范相一致,政策的执行后果应成为相应法律的补充。② 对政策的制定要有系统整体观和发展观。系统整体观要求在制定任何一项政策时,不仅要考虑局部可行性,而且要考虑全局可行性,协调好这一项政策与相关的其他政策的关系,避免发生政策间的冲突。发展观要求在制定一项政策时,不仅要着眼于当前,而且要考虑未来;任何一项政策都要兼顾近期利益和长远利益。总之,一项政策的可行与否不能孤立地看,要考虑到它在整个政策系统中的地位,协调好上下、左右、前后间错综复杂的关系。

制定政策仅是政策落实的前提,要使政策落到实处,离不开政策的有效实施。如果说,政策制定主要涉及领导者的认识态度和能力,政策的实施则主要涉及领导艺术。政策的实施包括动员群众、组织落实和总结提高诸环节。动员群众即向群众宣传、解释政策意图、政策精神和政策目标,旨在把政策化为广大群众的自觉行动,这是政策实施的前提。组织落实即积极而合理地调动人力、财力、物力,形成必要的政策实施组织机构和渠道。总结提高即在政策实施过程中,领导者要随时了解掌握工作进展情况,善于抓典型,总结经验,关注政策实施中所面对的各种问题,并及时排除政策实施中的障碍和困难,纠正认识偏差,调整可能存在的错误环节,保证预期战略目标的顺利实现。

原则性与灵活性相结合是实施政策的一个基本原则。政策是一种组织行为准则、一种指令。领导在实施政策时,要有严肃性、稳定性,不能朝令夕改,这是坚持原则的坚定性。然而,原则性不排除灵活性、创造性。因为面对复杂多样的现实情况,已确定的政策总是抽象的、原则的,生搬硬套势必难以奏效。在具体政策的实施过程中要针对本单位实际,把政策规定的总原则细化、具体化;要吃透政策精神,善于对原政策始料未及的新问题作“政策类推”,灵活把握“政策尺度”;要勇于根据变化了的实际,及时提出改变不切时宜的政策主张,或弥补原有政策的缺陷,或制定新的政策。

领导身先士卒是实施政策的又一重要原则。首先,领导在实施政策时,决心要大,意志要坚定,步骤要明确,要以极大的积极性推动工作,朝既定目标前进。切忌疲疲沓沓、敷衍了事的官僚主义作风和等待观望的消极态度。其次,当政策涉及领导者自身利益时,要带头模范执行政策,起到表率作用,切忌对人对己两个样。古语说:"一正君则国定。"当今时代依然如此。领导者模范执行政策规定,是顺利实施政策的重要保证。

第五章

领导用人之道和人事行政

领导者制定的战略决策目标以及各项路线、方针、政策的实现,必须通过一定的人去贯彻执行。选才用人是领导者的基本职责之一。知人善任,树立符合时代要求的人才观,确立正确的选人用才基本原则,破除陈腐观念,实施有效的选拔人才的途径与方法等,都是必要的领导用人之道。人事行政作为一种特殊的人事管理活动,则是行政领导活动中不可或缺的一个重要环节。

第一节　领导者必须知人善任

一、知人善任是领导者的重要职责

知人善任和科学决策一样,也是领导的一个基本职能。领导活动的核心是领导人和使用人。毛泽东同志经常说:“领导者的责任,归结起来,主要地是出主意、用干部两件事。”①在此,毛泽东所说的“用干部”,就是指领导者的知人善任。能否知人善任,对事业的兴衰成败关系极大。

知人善任,就是在领导活动中对领导干部正确的考察识别和选拔使用。知人,就是了解人,指对人的考察、识别、选择;善任,就是用好人,指对人的使用得当。知人和善任是互相区别又紧密联

① 《毛泽东选集》第2卷,人民出版社1991年版,第527页。

系的两个方面。知人是善任的前提,不知人就无法善任;善任是知人的目的,不善任就无须知人。通过知人以达到善任,又在善任中进一步知人。这两者的统一,就形成了干部路线。

具体地说,“知人”包括这样几层意思:其一,对人要有全面历史的考察,一是要考察人的德、识、才、学,以及性格、爱好、健康状况等;二是历史地看待人的过去和现在。其二,对人要有个辩证的认识,既看优点,也看缺点;既看成绩,也看不足;既看主流,也看支流;既不肯定一切,也不否定一切,有主有次,综合评价。其三,对人的考察和识别,要有发展的观点,不仅要正确地了解干部的历史和现状,还要能预见其发展变化,特别要能发现干部的潜力及其发展前途。知人的根本点在于透过表面现象,看到人的本质,识别真伪。

“善任”包括的具体内容很多,如选拔、调研、培养、爱护、管理、使用等。概括起来主要有以下几点:其一,根据工作性质和不同需要以及人才的不同志向、专业特长用人,让人才的志向和专长与工作对口,做到人尽其才。其二,根据工作任务的繁简难易和人才能力的高低,使其能力与所任职务的高低和重要性相称,使人可以易于适应工作和胜任工作。其三,在善于发挥人才个体作用的同时,还要善于发挥人才整体作用。任用干部时,不仅要照顾人才个人才能的发挥,还要注意人才在领导群体中相互之间的素质与能力的协调与配合。

能否知人善任,对于人才及人才开发意义重大。

所谓人才,就是指具有优秀才能的人。具体说来,人才是具有德、识、才、学四个要素,拥有较多知识、能力和具有专门才干的人。

在古代,“人才”二字就是有才能的含义,即“人之才”的意思。列宁曾把“精明强干的人”、“聪明人”作为人才的同义词使用。斯大林曾说过:“人才、干部是世界上所有宝贵的资本中最有决定意义的资本。”毛泽东同志评价邓小平同志时讲过“人才难得”。邓小平同志则说:“靠空讲不能实现现代化,必须有知识,有人才。”①

人才具有以下几方面特征:

第一,社会性。任何人都作为一个社会成员而存在。人才是社会需求与社会评价的产物。人才的发展也离不开社会。随着现代化水平的不断提高,人才的社会化趋势越来越突出。

第二,广泛性。“七十二行,行行出状元”,说的就是人才的广泛性。一方面,随着生产社会化程度的不断提高,社会分工的不断发展,专业分化越来越细,各种各样的专业人才必将越来越多;另一方面,随着科学技术的日新月异,新科学、新技术不断涌现,新的科技人才也会不断出现。

第三,层次性。人才不仅具有广泛性,而且具有层次性。一是高层次的人才,或指那些“出类拔萃”、“有特殊贡献”的人才,这是少数优秀人才;或指各科技领域、文化艺术领域及其他领域的高级专家。二是其他各行各业基层经营管理人员以及各种技术人员和技术工人,这是大量的,全国总数应以千万计,以至亿计。我们既需要重视高层次的“拔尖人才”,也不可忽视其他各层次的人才。

第四,专业性。在古代,由于生产力发展水平低,科学技术不发达,知识总量极为有限,人才一般为“通才”型,如达·芬奇,不仅是个大画家,而且也是大数学家、力学家和工程师;古希腊的亚里士多德,从哲学到各门具体学科,如天文、地理、数学、物理、生物,几乎是无所不知,是个“全才”。在现代社会,科学知识高度分化,学科分工越来越细,据联合国教科文组织统计,当代的基础科学已达500个以上的专业,科学技术也达470多种,学科门类已超过2 000个。知识量如此巨大,这是任何杰出人才都无法全部涉足的。所以,现代社会人才的专业化趋势越来越强。当然,也要看到现代各学科相互交叉、密不可分的整体化特点。在培养多学科人

① 《邓小平文选》第2卷,人民出版社1994年版,第40页。

才的同时,培养知识面较宽的人才,即知识整体性较强的人才也不可忽视。

第五,动态性。人才的内涵和层次不是固定的。人才也会随着时间、地点、条件的变化而变化。这种动态性主要表现为:其一,在一定条件下,人才和非人才,各种类型和各种层次的人才,是可以相互转化的。其二,人才概念本身在不同的历史时期有着不同的内涵和衡量标准。其三,就个体而言,人才的出现有一个从潜到显的过程,人才的成才有一个从崭露头角到炉火纯青的发展过程。

开发人才是领导用人之道的重要环节之一。所谓开发人才,就是为充分发挥人才的重要作用而进行的一系列活动,主要包括:人才的发现与选拔、人才的培养与锻炼、人才的使用与管理等方面。

人才的发现与选拔是人才开发的先决条件。为此,要明确选拔人才的标准。在我国,党和政府制定的选拔人才标准,主要包括政治标准、业务标准和健康标准,即德、才、体三方面。其具体含义虽然根据不同时期的不同工作重点有所变化,但其实质内涵是一致的。主要是:坚持四项基本原则;真才实学,有一定的专业知识和能力;身体健康,精力充沛。选拔人才的具体方法是:领导与群众相结合,从广大群众中发现、识别和选拔人才。随着人才开发研究的深入,一些地区和部门正在和将要引进或开发一些科学测验方法,如智力测验、熟练和适应性测验、职业测验、品格测验等。这对于进一步完善人才发现与选拔的工作将有重要意义。

人才培养与锻炼是人才开发的关键环节。被选拔的人才,一般都需要经过一定的培养和锻炼,才能成为适合各种行业要求的专门人才。培养人才的形式有多种多样,除了在各级各类学校中进行系统教育外,主要可采用业余、脱产或半脱产的训练班、研讨会、专题讲座等方式。锻炼人才的形式主要是在实际工作中锻炼,如带职下基层工作和在实际工作中压重担等方式。培养与锻炼的目的,主要是为了培养和提高人才的智能和才能,使其更好地适应工作的需要。

人才的使用与管理是人才开发的目的与必要条件。要合理使用人才,做到量才使用,人尽其才,把人才安排在最合适的工作岗位上,充分发挥其聪明才智。要科学管理人才,就是根据管理科学的原理与技巧,对人才实行科学管理,为充分发挥人才的作用创造一个充满活力的环境。

开发人才的前提是能以正确态度对待人才。

优秀领导者对待人才的正确态度应包括以下七个方面:

(1) 真心爱才。人才是社会的宝贵财富。一切优秀的领导者都必须是爱惜人才的,应出于公心,从事业出发,真心实意地爱惜人才。一个人的才能再好、本领再大,也不可能事事皆通,特别是在现代社会,人才更是宝贵的资源。现代领导者应视人才为事业兴旺的关键。日本一家大企业,其经营哲学是"人才盘点"。社会主义事业是亿万人民的千秋大业,更需要有群星灿烂、各显光辉的人才群体。爱才是一个领导者热爱党和人民事业的表现。

(2) 全面识才。领导者要全面识别人才。一是要相信人才的客观存在,有句格言说:"只有无能的管理,没有无用的人才。"这就是说,人才是有的,就在我们现实中。怨无人才者,往往为各种偏见所困扰。"丢掉错误的观点,干部就站在面前了。"二是要通过多方面的考察和识别来了解人才的特点、优点及不足,全面分析,正确对待。在现实生活中,各有所长者比比皆是,但没有短处的完人却是不存在的。只要本质好,长处突出,即使有点缺陷和毛病,也应当"成大功者不小苛"、"有大略者不问短"、"有厚德者不非小疵"。邓小平同志在《在全国科技工作会议上的讲话》中指出:"人才是有的。不要因为他们不是全才,不是党员,没有学历,没有资历,就把人家埋没了。善于发现人才,团结人才,使用人才,是领导者成熟的主要标志之一。”[①]这一告诫,值得重视。

(3) 深入求才。领导者要有求才的热忱。为什么人才要“求”呢?从群体看,优秀人才是人民群众中的精英,他们往往并不是抛头露面的显要人物,“人才难得”,因此,领导者应为寻找人才而深入实际,广为挖掘。从个体看,有才的人往往具有某些独特的个性。如无求才的热情,真正的人才往往被埋没。古代的封建政治家刘备、萧何尚能礼贤下士“三顾茅庐”、“月下追韩信”,共产党人更应有求才若渴的心胸大度。

(4) 视能用才。人才用得好,领导者的工作会事半功倍。用人不当,就会浪费人才。现代领导者必须具备用人的能力,知人善任,视能用人,万不可强人所难。人各有所长,只是才能有方向之别、大小之分。有科学研究才能的人,不一定是管理人才;工作勤恳的劳动模范,也许难以承担重任。“垃圾是放错位置的人才”,此话有一定哲理。因此,我们要根据实际情况,区别不同类型的人才。

(5) 海量容才。人才也不会是“完人”,难免有这样那样的缺点和错误。对此,领导者应正确对待。应用人之长,避人之短,有容人的海量。要容得下比自己优秀的人才;要容得下人才小节的不足;还要容得下曾反对过自己或同自己意见不一致的人才。

(6) 大胆护才。即爱护人才,用养并重。《汉书·李寻传》上有这样几句话:“马不伏枥,不可以趋道,士不素养,不可以重国。”人才使用是一个输出的过程。任何一个系统,都不能光有输出而无输入,人才的培养即人才才能的输入。每个领导者都必须在使用人才的同时,重视人才的培养。除有计划地让他们进行系统的学习进修外,更重要的是采取各种形式,在实际工作中进行培养与锻炼,不断加强其适应飞跃发展的新形势的能力。否则,只注意用人,而忽略

① 《邓小平文选》第3卷,人民出版社1993年版,第109页。

培养,无异于竭泽而渔。爱护人才,用养并重,不仅就“才”的方面说,也是对“德”而言的。就“德”而言,其一,要为他们施展才华,做好工作创造条件;其二,当他们犯错误时要慎重对待,既要帮助他们认识错误,纠正错误,又要敢于为他们承担责任,挽回损失;其三,要鼓励他们经受住委屈和吹捧,帮助他们正确对待自己,处理好个人、群众和组织的关系;其四,尽量减少他们的社会负担等。

(7) 积极举才。优秀的领导者,不仅要善于发现人才、使用人才、培养人才,还要具有推荐人才的美德。这就要求在自己领导的组织中,随时注意发现人才,把高于自己的人才推荐到上级或其他领导岗位上去。特别是在由于年龄、身体等种种原因,致使不能适应自己承担的工作时,要有勇气让胜过自己的中、青年干部及时上来接班,并热情地鼓励、支持他们工作,即通常说的“扶上马,送一程”。邓小平同志早在 1980 年就指出:“老同志的最主要的任务,第一位的任务,是提拔年纪比较轻的干部。别的事情搞差一点,这件事搞好了,我们见马克思还可以交得了账,否则是交不了账的。”①还说:“目前的主要任务,是善于发现、提拔以至大胆破格提拔中青年优秀干部。这是国家现代化建设事业客观存在的迫切需要,并不是一些老同志心血来潮提出的问题。”②可见举才之重要。

二、树立新的人才观

人才具有历史性。不同的历史时期,对人才的具体要求是不同的。对于处于改革开放新时期的我国而言,新人才观的要点主要是:

1. 按照“四化”标准、“三个代表”的要求选拔干部

“四化”就是指干部革命化、年轻化、知识化、专业化。我们党历来坚持德才兼备的干部标准。“四化”就是德才兼备这一标准在

① 《邓小平文选》第 2 卷,人民出版社 1994 年版,第 265 页。
② 《邓小平文选》第 2 卷,人民出版社 1994 年版,第 323 页。

新时期的具体要求。坚持按照“四化”标准来认识、选拔和使用领导人才,是各级领导者知人用人的基本观点。其中,革命化仍然是头等重要的。在社会主义建设新时期,坚持四项基本原则,坚持党的十一届三中全会以来的路线、方针、政策,高举邓小平理论的旗帜,以实际行动把建设有中国特色社会主义的事业全面推向新世纪,就是革命化的最好体现,是最大的“德”。除此以外,有强烈的革命事业心、政治责任感和锐意开拓、进取的精神,坚持实事求是、密切联系群众、谦虚谨慎、艰苦奋斗的作风,具有正直、廉洁、严以律己、宽以待人、合作共事的品德,也属革命化的内容。在革命化即“德”的标准中,政治觉悟是核心的、本质的方面,它制约、影响着道德品质。而在政治觉悟中,最主要的是坚持社会主义道路和党的领导。要在这个前提下去贯彻年轻化、知识化和专业化要求。

当今衡量是否做到“革命化”的一个根本标准,就是能否当好“三个代表”。在新世纪,当一个合格的领导者,必须当好“三个代表”:代表先进生产力的发展要求,代表最广大人民群众的根本利益,代表先进文化的前进方向。

专业化和知识化讲的是“才”,是指从事某方面工作所必备的专业知识和专业能力。社会主义现代化建设事业需要大批各行各业的专业干部。邓小平同志说:“搞经济建设、搞教育、搞科学、搞政治等,应该说,我们的专业人才太缺乏了。所以,我们需要建立一支坚持社会主义道路的、具有专业知识和能力的干部队伍,而且是一支宏大的队伍。”①“才”的具体内容主要表现在以下两个方面:

第一,既要有专长,又要有较宽的知识面。现代化建设问题,几乎都是综合性的、复杂的、涉及许多具体科学技术部门,需要多学科的知识和多学科的人才综合、协作来完成。如果一个人的知识面太窄,只懂得自己专业,不懂其他专业,就会在复杂问题面前

① 《邓小平文选》第2卷,人民出版社1994年版,第265页。

无能为力,与其他专业的人才缺乏共同语言,很难协作配合。而且,专业化、知识化不仅限于科学技术领域,还涉及组织管理领域、政治经济领域等。做思想政治工作的、组织人事工作的、行政管理工作的,都有自己的业务。对于现代领导者来说,既要懂得本系统的专业知识,又要是管理工作的内行。

第二,要有较强的智能。智能是人们运用知识分析问题与解决问题的能力。现代知识的更新越来越快,对新知识的学习需要持续不断,这样才能防止知识的老化。因此,学习新知识的能力、创新的能力,也是实现知识化、专业化所不可缺少的内容。

2. 重用知识分子

尊重知识,尊重人才,是我党、我国在新时期一再强调知人用人的指导思想。其中,主要是重用知识分子。我们的社会主义现代化建设,正处于世界新技术革命时期,知识经济的端倪日益显露,我国各个领域都迫切需要掌握现代科学技术和现代管理知识的人才,而这些人才主要是知识分子。因此,当今重用知识分子具有紧迫性,是我们的重大决策之一。重用知识分子,一是要将适合于从事领导工作的知识分子提拔到领导岗位上来;二是要将适合从事专业技术工作的知识分子放在最能发挥其专长的岗位上。总之,重用就是重视对知识分子的合理使用,以便更好地发挥他们在社会主义现代化建设中的应有作用。

3. 大胆启用开拓型人才

我们正处在改革的年代,改革需要具有开拓精神的人,即开拓型人才,也就是能打开工作新局面的领导人才。邓小平同志指出:“干革命、搞建设,都要有一批勇于思考、勇于探索、勇于创新的闯将。没有这样一大批闯将,我们就无法摆脱贫穷落后的状况,就无法赶上更谈不上超过国际先进水平。”①

---

① 《邓小平文选》第2卷,人民出版社1994年版,第143页。

开拓型人才最主要的特点,是具有强烈的创新精神和创新能力。他们有强烈的事业心和责任心,自尊自信,勇于进取,没有成见,敢作敢为,想像力、理解力、接受新事物、掌握新知识的能力都比较强,这些都是很宝贵的品格。有位著名科学家说过:"最重要的是会提出问题,否则将来就做不了第一流的工作。"我们的事业是崭新的事业,有了正确的路线、方针和政策,就要有开拓型人才去付诸实施,开拓工作新局面。今后我国现代化建设事业发展得快慢、好坏,在很大程度上将取决于能不能起用开拓型人才,如果有大批开拓型人才进入各级领导岗位,创造性地执行党和国家的路线、方针、政策,我们的现代化事业一定会加快进展步伐。

领导在选用人才上必须破除以下诸种陈腐观念:

第一,论资排辈观念。选拔干部论资排辈,是封建社会等级制度的产物。对这种陈腐观念,早在封建社会就为有识之士所唾弃。在我国历史上,就曾有人喊出"不拘一格降人才"的心愿,但在现实生活中,论资排辈的观念依然存在,诸如:片面强调资历,不相信年轻人;资格重于能力,以工作年限取人等。论资排辈的后果,只能是压抑有真才实学而资历不深、资格不老的中青年,阻滞新老交替的流程。"长江后浪推前浪",社会主义建设事业需要大量新人接班,新陈代谢是事物发展的普遍规律,只有大胆培养和破格使用确有才能的年轻人,才能保证我们的事业后继有人。

破除认资排辈的陈腐观念,关键在于正确对待资历和能力之间的关系。资历是历史的记录,它在一定程度上可以反映人的能力,但资历不等于能力,资历高也不是能力高的缘由;资历浅的干部,如虚心好学、本人素质高、知识面广,完全可能在能力上超过资历高的。在选用人才上,要以能力为主,资历为辅。再说,干部队伍也需要不断补充新鲜血液,如只注重资历,势必死水一潭,缺乏朝气。

第二,静止、片面观念。在看人标准上,如不注意历史地、全面地看人,很容易走入静止、片面看人的误区。诸如:孤立讲政治条件("文革"中甚至出现把政治条件歪曲为唯成分论),轻知识和才能,以致一度出现"外行"领导"内行"、"大老粗"领导专家的现象;或片面强调才能,不注重德行,或不讲政治条件,以致把以能否赚钱、能否带来经济效益作为选择、考察干部政绩的惟一标准,从而忽略了政治方向;或喜欢抓历史问题或旧账的小辫子,甚至揪住已弄清的历史问题不放,等等。这种非此即彼、喜欢以老框框、老眼光看人的观念从哲学方法论上看,是形而上学的表现;从思想渊源上分析,则同我国长期占统治地位的因循守旧、好走极端的小生产意识有关。

破除静止、片面观念的关键在于确立全面地、历史地观察问题、分析问题的辩证观点,并从思想上克服因循守旧、好走极端的小生产意识,确立宽大容才的胸怀。

第三,看轻政绩、"但求无过"现象。在对干部的评价上,片面追求四平八稳、人缘好、非议少,而不看其政绩、开拓精神,极易形成一些干部得过且过,但求无过的状况。在他们看来,多干多错,少干少错,以致做"一天和尚撞一天钟"、"占着茅坑不拉屎",只求无大错,过得去,不求成就大事业,为一方百姓谋利益,为改革开放出大力。这种只要无大错就可"稳坐钓鱼台",甚至仍可升迁的陈腐观念是与当今的时代要求背道而驰的。

破除看轻政绩、"但求无过"观念的关键在于确立重政绩、重开拓创新的新的人才观念。同时确立正确看待人才功过的辩证观,不能以"无过"代"功",不能以"小过"盖"大功",也不能对人才求全责备,过于苛求,要重大节、重主流。

第四,歧视知识分子的观念。即轻视知识分子,把知识、知识分子同社会进步要素及先进生产力割裂开来、对立起来,视知识分子为"异己力量";或认为知识分子只专不红、清高自傲;或认为知识分子缺乏经验,脱离实际;等等。目前,这些偏见虽已市场不大,尊重知识、尊重人才的观念日益深入人心,但歧视知识分子的观念不能说已清除殆尽,我们时时要警惕其死灰复燃。

破除歧视知识分子观念的关键在于继续大力倡导尊重知识、尊重人才的观念,把知识及知识分子看作社会进步的要素及先进生产力的代表之一。充分认识知识及知识分子在社会主义现代化建设中的巨大作用,充分认识我国当前重用知识分子的重要性和紧迫性,彻底破除长期以来对知识分子的种种偏见。

三、选人用才的基本原则

在识别和使用干部的工作中,除了要有正确的观点和方法外,还要遵守一些必要的原则。

1. 德才兼备,任人唯贤

任人唯贤还是任人唯亲,是两条对立的用人路线。任人唯贤是我党的用人路线和我们事业兴旺发达的根本保证,我们必须坚持任人唯贤,反对任人唯亲。

任人唯贤,就是在选人用人问题上出以公心,以党的事业、人民和全局为重,真正把政治坚定、品行端正、有领导才干的"贤者"举荐到领导岗位。任人唯亲,则以个人好恶、亲疏为标准,徇私舞弊,搞宗派主义、裙带关系,结党营私,培植个人势力。我们党历来反对任人唯亲的用人路线。坚持任人唯贤的原则,最重要的,在于严格按党性原则办事,不存私心,不以个人感情代替党的政策,始终从人民利益出发;其次,要有制度上、法律上的保障,建立健全严格的组织考察、审批和群众监督制度及有关法规,杜绝个人封官许愿。

任人唯贤的"贤",即德才兼备。因而,实行任人唯贤的干部路线,必须坚持德才兼备的原则。

德,是指人才具备的政治觉悟和道德品质。在新时期,衡量一个领导人才的"德"的主要标准是:能否坚持四项基本原则,坚持十一届三中全会以来党的路线、方针、政策;有无强烈的革命事业心、政治责任感和锐意开拓、进取的精神,为现代化建设贡献力量;有无实事求是、密切联系群众、谦虚谨慎、艰苦奋斗的作风;在道德品质上,是否正直、廉洁、严以律己、宽以待人、善于合作共事。

才,就是指从事某方面工作所必须具备的实际能力和本领。在新时期,主要看是否具备从事现代化建设的实际才能(专业化、知识化)。由于组织内部专业分工与上下层次的不同,对于干部的才能有不同的要求,因而对才能的要求应因人而异,因专业而异。为掌握好"才"的标准,应正确处理好资历与能力的关系、学历与能力的关系、领导经验与科学文化的关系。

德才兼备,是强调德与才的完整统一,不能割裂,不能偏废。古人云:"才者,德之资也;德者,才之帅也。"既不能"重德轻才",也不能"重才轻德"。要正确看待德与才的辩证统一。

首先,在德与才的关系问题,德是首要标准,是统帅。毛泽东同志指出:"政治与业务是对立统一的,政治是主要的,第一位的。"[①]周恩来同志说:"挑选干部的标准,政治标准与工作能力,二者是缺一不可的,而政治上可以信任是先决问题。"[②]邓小平同志在谈到全面实现干部的革命化、年轻化、知识化、专业化时,明确指出前提是革命化。陈云同志也说:德才相比,我们更注意德。许多历史教训说明,有德的人有了才,就能如虎添翼,为国为民干出更多的好事;而有才无德者,其才足以济其奸,重用了很危险,不可不慎。宋代司马光说:"自古昔以来,国之乱臣,家之败子,才有余而德不足,以至于颠覆者多矣。"西方管理学家杜拉克则说:"人的品德与正直其本身并不一定能成什么大事,但是一个人在品德与正直方面如果有缺点,则大足以败事。所以人在这方面的缺点,不

① 《毛泽东选集》第5卷,人民出版社1977年版,第471页。
② 《周恩来选集》(上卷),人民出版社1980年版,第130页。

能仅只视为绩效的限制而已。有这种缺点的人,应该没有资格做管理者。”

其次,重德绝非轻才,才是德的“资”(在此,可把“资”理解为“资本”),有了才,才能有效地施展德。有德无才者,难以当大任,不能为国为民多做好事,有时甚至事与愿违,干出傻事来,其德也成为空的了。历史上曾有这样一件事:一次,陶铸下乡检查工作,撤了一个连桉树都不懂的县委书记。有人替这个书记说情,陶铸讲了一个故事:邓子恢有个炊事员,经常把饭烧煳了,邓老多次提意见,饭还是三天两头烧煳。邓老发脾气,炊事员脾气更大,叫喊说:“你还要求怎么样?我政治可靠,总不会放毒在饭里给你吃吧!”陶铸长叹一声,看看说情者:“唉,这个炊事员的全部认识是,政治可靠就能给首长做饭,至于饭煮得煳不煳就无所谓了。我们许多干部其实也是这种思想,以为政治坚定就可以当领导,就可以担当起社会主义建设的领导事业,这难道不可怕、可悲吗?”

再次,“德才兼备”是总的标准、总的要求,但也不能绝对化、理想化。要根据工作的特点加以具体化,区别对待。如业务人才与政工人才、领导人才与一般人才的要求就有所不同,不能一概而论。同时,德与才的内容,是随着形势和任务的发展变化而有所变化的。如在革命战争的年代,“才”主要体现为领导革命战争的艺术;在社会主义建设年代,“才”则主要体现为参与现代化建设的本领。“德”的内容也有所不同,能否随着党的中心工作的转移而及时转换观念,是在不同历史时期始终不渝地坚持“德”的重要标准。在处理与才的关系问题上,也要注重在不同历史时期防止不同倾向:在急风暴雨式的群众阶级斗争时期,要注意防止过分重德而轻才的倾向;在社会主义现代化建设时期,则要注意防止过分重才而轻德的现象。

2. 扬长避短,各尽所能

干部各有所长,各有所短。扬长避短,则无不可用之人;求全责备,则无可用之人。对任何人才,用其所长,避其所短,则是人才;用其所短,弃其所长,则成庸人。

《中庸》的作者子思,在春秋战国时期为卫国的国君服务。有一次,他向卫国卫慎公推荐一个叫苟变的人,说他是个能攻善战的将才,可以统兵五百乘(三万七千五百人),应该加以重用。但卫慎公摇头说:"我知道他可以为将,是个不可多得的人才,可您不知道,他以前当官时曾经下令老百姓每人捐两个鸡蛋给他。我不能让品行恶劣的人当大将。"

子思听后,对卫慎公说:"圣人用人就像木匠用木材一样。木匠挖掉木材不良的部分,取用好的部分。即使再好的木材,多少总有腐朽的地方,一根要数人才能合抱的木材,即使稍有小孔,好的木匠也是不会轻易放弃的,因为只要把坏的部分挖掉就行了。现在是战乱之世,急需人才,您却因为两个鸡蛋的芝麻小事而放弃一个能率领千军万马的大将,实在叫人遗憾。这样的事,千万可不能让邻国知道,否则的话,这是卫国之耻。"卫慎公听后,恍然大悟地说:"我明白了,愿意接受您的指教。"

卫慎公的错误在于不懂"长"与"短"的辩证法。

在德才兼备的前提下,干部的才能和气质总是有长有短的。从才能说,没有全能的干部;从气质说,不同气质的干部,放在什么岗位上合适,也要仔细衡量。扬长避短,干部就能各得其所,各尽所能;抑长用短,则不但会浪费人才,也势必损害事业。

用人之长,避人之短,是选人用人时的一个重要原则。既然人是长与短的统一体,所以在用人时,只能是择其长而用之,恕其短者而避之。任何人的长处,大都有其固有的条件和适用范围。长,只能是在特定领域里的"长"。如果不顾条件和范围,随意安排,长处就可能变成短处。清代诗人顾嗣协在一首《杂兴》诗中说:"骏马能历险,力田不如牛。坚车就载重,渡河不如舟。舍长以就短,智者难为谋。生材贵适用,慎勿多苛求。"这首诗浅显易懂,清楚地说明了人才使用贵在用其长、避其短。汉朝刘向也说过:“百羊而群,使五尺童子荷杖而随之,欲东而东,欲西而西,君且使尧牵羊,舜荷杖而随之,则乱之使也。”尧舜是我国古代的圣者,治理国家方面称贤能,但放羊却不及五尺童子。这说明,一个能运筹帷幄的军事家未必能当好一个科学家;一位能吃苦耐劳的“劳模”,未必就是一名上等的科学管理人才。物各有利弊,人各有长短。不懂用人的“长短之道”,势必埋没人才。

用人之长,避人之短,各尽所能,就要善于短中见长。唐朝大臣韩滉一天接待了一位别人推荐来的年轻人。此人脾气古怪,不善言谈,不懂世故,耿直不阿。韩滉从他不通人情世故的短处,看到他铁面无私的长处,于是命他“监库门”。自他上任后,库亏之事极少发生,确是个称职的守库官员。

清代有个叫杨时斋的将领,他认为,聋子,可以安排在左右当侍者,可以避免泄露军事秘密;哑巴,可以派他去传递密信,万一被敌人抓住也问不清情报;瘸子,宜命令他去守护炮座,可使他坚守阵地;瞎子,比正常人听得既远又准,可命令他在战前伏地听敌军的动静。如此,“军中无无用之人”。

当今,善于用人之短的也大有人在。如一个厂长,让一些爱挑剔的人去当产品质量检验员;让谨小慎微的人,去当安全生产监督员;让一些喜欢“斤斤计较”的人去搞财务管理;让爱传播“小道消息”的人去当信息员,让性情急躁、争强好胜的人去当青年突击队长……结果,该厂变消极因素为积极因素,大家各尽其力,工厂效益倍增。

可见,世上无无用之物,人间无无用之人,善于用人之短,实际上就是用人时短中见长。

总之,作为一个领导者,要善于发扬下属的长处,用人所长,扬长避短,以便做到人尽其才,才尽其用。至于那些才华突出但由于某种原因受人歧视、打击,成为有争议的人物,领导者更要力排众议,态度鲜明,给予有力的支持。

当然,我们说避其短,不是不见其短,不问其短,对任何一个人的短处,作为领导者都要了解和掌握,做到心中有数,正确对待。方法是:用其所长时,要容其所短,要允许人家带着短处工作,对有些无碍正事的细枝末节,大可不必过问。在发挥其长处的同时,还要帮助他补其所短,使其尽快提高,以适应工作需要。

3. 量才用人,职能相称

工作职位有层次、行业之分,干部才能也有层次、类型之别。现代管理科学中有一条能级原理,就是说不同的管理人员,他们的管理才能是可以分出级次的,有的能管理较大范围的工作,有的只能管理较小范围的工作,用人要同他们的能级相适应。我们在干部使用上,也要量才用人,做到职能相称,这是知人善任的一条原则。职能相称了,干部就如鱼游水中,工作起来得心应手。反之,小才大用,力不胜任,贻误工作,大才小用,才力有余,浪费人才。

4. 用人不疑,疑人不用

用人不疑,疑人不用,是对立的统一。用人不疑,就是既用之,就要予以充分信任,放手让他在职权范围内自主地办事。如果用而不信,使干部事事掣肘,势必压抑干部的积极性、主动性和创造性,使他们的聪明才智无法发挥出来。这不仅不利于人才的健康成长,并且会给事业造成损失。然而,用人不疑又必须有疑人不用作为补充。对于还没有考察了解清楚的干部,或者已经判定为政治上不可信或能力上不胜任的干部,就不可草率地使用。疑人不用,不等于完全排斥,而是说只能放在适当的工作岗位上,在实践中继续考察、锻炼。

用人不疑,疑人不用,应该作为领导者使用人才的一条原则。《贞观政要》中记载了齐桓公与管仲的一段对话。齐桓公有志于称霸天下,向管仲请教如何防止有害于霸业的行为,管仲回答道:“不能知人,害霸也;知而不能任,害霸也;任而不能信,害霸也;既信而又使小人参与之,害霸也。"在大政治家管仲看来,对人才的使用与信任是同等重要的。一个人才,如果一方面在承担责任,另一方面又受到领导的怀疑,其心境如何、干劲怎样是可想而知的。领导者要使下级能够在其位,谋其政,敢于负责,就得要有用人不疑、敢于放手的胆识和魄力。

对人才"信而不疑",关键之处是在有人进谗言之际。古今中外,都有这种现象:因为谗言流沛,传进了领导者的耳朵,或者有人写来一纸匿名信,而动摇了对人才的信任感。在现实生活中,一些开拓型人才,往往受到这种不公正待遇,而得不到重用。战国末期荀子在《致仕》篇中讲到选用人才的方法时提出:"朋党比周之誉,君子不听,残贼加累之谮,君子不用;隐忌雍蔽之人,君子不近;货财禽犊之请,君子不许。凡流言、流事、流谋、流誉、流愬,不官而衡至者,君子慎之。"意思说:结党营私之徒的相互吹捧,君子是不能听取的;陷害好人的坏话,君子不能相信;忌妒、阻塞人才的人,君子不能亲近;钱财贿赂之请,君子不能答应。凡流言蜚语、无根之谈,没有经过公开途径而传来的,君子一定慎重对待。聂荣臻同志也说过,要人家做事,又不信任人家,这不是马克思主义的态度。

5. 合理搭配,整体效能

选贤任能,不仅指对个别干部的考察使用,还包括怎样组成效能最好的人才团问题。人才团是根据工作的需要,把各种人才合理搭配而构成的人才群体。在合理搭配的人才团中,各种专业、年龄、才能、气质的干部,相互切磋、相互启发、相互补充、彼此激励,使组织系统达到最佳功能。只有将不同的音符合理组合,才能谱出优雅、和谐的乐曲;只有将不同的色调合理组合,才能画出生动、吸引人的图画。如果搭配不合理,或会使整体的作用单一,或会发生内耗,都将损害整体效能,导致整个组织的任务难以完成。中央领导同志曾指出:搭配一个班子,要车马炮俱全,有熟悉一方面的,有敢闯的,有掌握全面、善于决策的,要考虑整个班子的合理结构,形成一个"联合体"。实践证明,在组织内部,如果领导者能够根据不同素质特点的各种人员合理地搭配起来,可以使整个组织产生凝聚力,这种凝聚力通过领导者的积极引导,可以极大地提高工作效率。现代管理学家、日裔美籍教授威廉·大内提出的"Z理论"中的精髓是建立一种充满信任、微妙性和亲密感的人际关系。关于微妙性,大内认为,人与人之间的关系总是复杂和不断变化的。一个好领班,很熟悉本组的工人,了解每个人的个性,能决定谁与谁在一起干活最好最恰当,因而可以组成效率最高的搭档。这种微妙性是无形的,不是可以轻易捉摸的。大内所说的"微妙性"也就是巧妙地使各种人员搭配起来相互协调,以提高组织的整体功能。这一原则,同样适用于领导班子内部的人际关系。

6. 宽以待人,团结为重

人们在共同工作和相互交往中,对事物往往会有不同看法,彼此间难免发生矛盾和冲突。作为一个领导者,就要有宽阔的胸怀、忍让的精神,善于团结不同观点的干部一道工作,甚至团结那些反对过自己并被实践证明是犯了错误的人。宽以待人,就要让人讲话。陈云同志指出:"做领导工作,能做到使下级敢说话、敢做事这六个字,工作效果一定会好的。"①如何才能做到让人说话呢?陈云同志提出了三点:第一,领导者的态度要好;第二,少戴大帽子;第三,当你批评人家错误的时候,要指出人家错误的根源,以及纠正错误的方法。

在团结干部方面,正确对待犯过错误的干部,是一个重要的问题。人不可能不犯错误,犯了错误,要给人家改正错误的机会。对犯错误的人,要规劝,帮助他总结经验教训,重在现实表现。领导者要全面地、历史地看待干部,不要一犯错误,就嫌弃他,不敢使用。

① 《陈云文选》第1卷,人民出版社1984年版,第119页。

宽以待人,团结为重,也就是要搞五湖四海的原则。五湖四海,是说不搞小圈子,只要是事业需要的干部,不论来自什么地方,不分党内党外,也不问亲疏远近,都应根据他的才能放在合适的岗位上。这样,才能把一切有用之才组织在一起,为共同的事业而奋斗。

搞五湖四海,还包括:领导者要敢于用比自己强的人。英国有个政治家叫帕金森,他写了一本名叫《官场病》的书。其中谈到了官场上有一种通病:"自上而下奉行的是'能级递减',一流的找二流的当部属,二流的找三流的做下级,愚蠢的下手多多益善,精明的对手拒之门外。"后来,这种病就被叫做"帕金森病"。为什么要找比自己差的人做下级呢?因为这样的下级往往有一大"优点",那就是听话。你说一他决不会说二。这种病在我国也有,其表现就是"武大郎开店——比我高的都不要"。历史上袁绍杀田丰即为一例。袁绍因容不下比自己高明的谋臣田丰,而把他杀了,正是嫉贤妒能的典型。嫉贤妒能,是抑制与扼杀人才的一种腐朽、落后的封建意识,对我们的事业危害极大。荀子说:"士有妒友,则贤交不清;君有妒臣,则贤人不至。"就是说,一个人要是妒忌朋友,好人就不和他交往,君王如果嫉妒手下臣子,那么贤者就不愿意来辅佐他了。汉高祖刘邦之所以能打败不可一世的楚霸王项羽,一统天下,一个重要原因是重用了一些在某些方面比自己能力更强的人,表现了作为一名统帅最值得称道的品格和能力。

被誉为美国钢铁工业之父的美国钢铁大王卡内基说过:"你可以把我所有的工厂、设备、市场、资金全部夺去,但只要保留我的组织和人员,几年后,我将仍是钢铁大王。"卡内基死后,人们在他的墓碑上刻上了这样一首短诗:"这里安葬着一个人,他最擅长的能力是,把那些强过自己的人,组织到他服务的管理机构之中。"

历史实践证明,一个领导者要完成党和人民赋予的历史重任,在自己的岗位上干出一番事业来,没有一种乐于用比自己强的人的精神,是不行的。如果从狭隘的思想出发,企图用压制比自己强的人来维护自己的"威信",保证自己的"位子",到头来将是适得其反。这是历史的辩证法。

7. 合理流动,人尽其用

为了使干部队伍生机勃勃,富有活力,在大体上保持干部队伍相对稳定的前提下,要有计划有步骤地实行人才合理流动。所谓合理流动,就是根据事业发展的需要,让干部到广阔的天地里大显身手,有所创造,多作贡献,而不是把他们禁锢在狭小的环境里,人浮于事,埋没人才,窒息人才。这种流动,不单是指工作调动,包括兼职、兼课、暂借使用等,可有多种形式。

人才合理流动,有利于活跃思想,交流经验,提高工作效率,多出成果。生物学上有个杂交优势原理,远缘杂交能够继承并发展亲代优势,而近缘繁殖则会遗传"病态基因",吸收亲代劣势。实行干部易地交流,让人才在较大范围内合理流动,犹如远缘杂交,可以摄取彼此之所长,出现人才的优势增长效益。

人才合理流动,给干部带来一种新鲜感,开拓新的思路,增添一股干劲,成就一番事业,有时在一种思路支配下,某项研究或工作长期没有进展,而在另一种思路下豁然开朗,取得突破。如果长期固守在一个单位,容易形成轻车熟路,因循守旧,产生惰性和某种习惯势力,甚至还可能造成错综复杂的关系网,助长不正之风。

人才合理流动,在当前尤为重要。我们的干部制度还存在着不少缺陷,不利于人才的发现、选拔和培养,浪费人才还比较严重。原因之一,就是统得太多,管理过死,提倡人才合理流动,有利于充分发挥人才的作用。当然,我们所说的人才合理流动,是指服从统筹安排下的合理流动,要做到统而不死,动而不乱。不顾大局,见异思迁的态度是不足取的。

为合理选人用人,贯穿以上七项用人原则,至少做到以下

“十忌”:

一忌心胸狭窄,任人唯亲,缺乏大度的胸怀,搞小圈子,说什么“打仗亲兄弟,上阵父子兵”;

二忌德才偏废,重才轻德,把握不准德与才的辩证关系;

三忌瞎人摸象,误用假才,轻信那些“金玉其外,败絮其中”,善于投机钻营、谄媚奉承之徒;

四忌求全责备,瑕疵掩瑜,以至造成列宁曾经批评的“罗兰夫人的错觉”——看出去“遍地都是侏儒”;

五忌强人所难,乱点鸳鸯,舍长避短,叫“李逵去绣花,黛玉去打仗”;

六忌因人择事,迁就任用,挖空心思巧立名目,盖庙设店人浮于事;

七忌信用相悖,疑心重重,用人而不信任人;

八忌拉郎相配,忽视整体,无视个体与整体效能的关系,以致内耗丛生,削弱整体功能;

九忌赏罚不明,重罚轻赏,甚至凭个人喜怒好恶,随意赏罚;

十忌只用不养,用养脱节,以至竭泽而渔,杀鸡取卵。

党的十五届六中全会提出了“坚持用好的作风选人,选作风好的人”。全会认为,在用人问题上必须做到“五个坚持,五个不准”:坚持任人唯贤,不准任人唯亲;坚持五湖四海,不准搞团团伙伙;坚持公道正派,不准拉关系、徇私情;坚持集体讨论决定,不准个人或少数人说了算;坚持按程序办事,不准临时动议。全会还提出,有六种人不能提拔:一是脱离群众、脱离实际、搞形式主义和官僚主义的人;二是作风飘浮、不干实事、弄虚作假的人;三是因循守旧、照抄照搬、不思进取的人;四是作风霸道、不顾大局、闹不团结的人;五是任人唯亲、拉帮结伙、跑官要官的人;六是贪图享乐,铺张浪费、以权谋私的人。这些都是新时期选人用人的重要原则。

第二节　选拔人才的途径与方法

一、坚持走群众路线

选拔干部必须走群众路线。只有在群众的实践中,才能更好地识别干部;也只有广大人民群众,才是干部优劣的最有资格的识别者。

实践证明,选拔干部走群众路线有很多优越性:一是有利于开阔眼界,广识人才;二是有利于坚持党的任人唯贤的干部路线,纠正任人唯亲、拉帮结派等不正之风;三是有利于充分调动广大群众的积极性,加强对干部的群众监督,增强主人翁责任感;四是有利于增强干部的"公仆"观念,及对党负责与对人民负责相一致的观念。

坚持群众路线,不是一时一事,而必须制度化,使领导者和领导机关切实养成尊重群众民主权利的习惯,而且使群众在实践中受到经常的、系统的民主生活的训练。因此,不仅在干部的推荐、选择和领导班子的配备方面,而且在干部进退、升降、监督、使用、奖惩等各方面,全面地贯彻群众路线。比如,规定调整领导班子时,凡是没有走群众路线提出的方案,上级一律不予审批;各级后备干部的产生,都要实行民主推荐,凡大多数人不赞成的,不能作为对象;上级领导机关掌握的提拔对象与民意测验不符合的,要重新考核,对各级领导干部和后备干部,应定期进行群众评议,纳入干部考核档案,需要调整的应及时调整,等等。

选拔干部走群众路线,可以广识人才,但不能代替领导者的最后决断。领导者要作出正确决断,需要认真学习马克思主义基本理论,学习党的有关干部队伍建设的路线、方针、政策,了解人才成长规律,并且要掌握有关专业知识。只有这样,才能在群众路线的基础上更好地识别与选拔干部。

二、建立干部考察制度

对干部的选拔必须同考核结合起来。考核干部是选拔干部的基础。怎样才能考核干部呢?

(1) 通过对干部日常的工作、学习进行检查。既要从上面即通过组织的考察、工作汇报、总结来了解干部的政治表现、思想作风、知识水平、业务能力,还要通过群众的反映来了解干部。

(2) 干部测评。这是一种以标准化等量表为工具,采用领导和群众相结合、组织和本人相结合、定性分析和定量分析相结合对干部进行科学鉴定和评价的方法。这种方法,把干部的德、才、勤、绩分解为若干要素,又把要素分为若干等级,多角度摄取干部状况的规律,然后进行定量分析。根据一些地方试行表明,不失为一种考察干部的好办法。

(3) 领导者亲自考察。领导者要深入了解干部、熟悉干部,还必须同干部有直接的接触。要真切地了解干部的言和行,了解他们的品德、水平以至性格、身体状态等,只能通过直接接触这条途径。领导与干部的直接接触,还可以增进相互之间的了解,有利于相互配合,协同工作。

党的十五届六中全会指出,要对干部的推荐提名、考察考核、讨论决定等各个环节实行全过程监督。完善干部考核制度和方法,逐步实行干部考察预告制度和差额考察制度;逐步建立健全干部选拔任用工作责任追究制度,对用人失察失误造成严重后果的要追究责任。这是我党在干部考察制度方面的新发展。

三、发挥职能部门的作用

组织、人事部门是负责管理、任用和培养干部的职能部门。他们既是领导者选人用人的得力助手,又是领导者联系群众的桥梁。

因此,应当重视组织、人事部门的建设,把忠诚于党的事业、公道正派,又具有专业知识和能力的干部委以重任,做好选人用人的工作。发挥职能部门作用,要明确部门职责,授以必要的职权,权责相当。组织、人事部门则要改进工作方法,联系群众,依靠群众,经常了解和掌握干部的情况,及时发现人才,为领导提供符合实际的、比较完备的材料和意见,作为对干部的任用、考核、奖惩等客观依据,还要做好干部的培训工作。

四、划分用人权限

用人权限过分集中或过分分散,都不利于贯彻群众路线。在管理和使用方面应有适当的分工,要贯彻"管少、管好、管活"的原则,采取分级管理、层次负责的办法,上一级只管下一级干部为好。如果越级管理,不给下属干部以用人权,则不利于调动下属干部的积极性,也不利于把干部管好。有些地方和单位管理干部过宽,权力太集中,应当分散和下放一些权力。缩小干部管理范围,有利于组织部门转变作风,加强调查研究和督促检查工作,提高干部管理效能。

五、确立用人制度

1. 考核制与奖惩制

考核制是指对一定职位的人才的德才素质、工作能力、工作表现和工作成绩进行考察、审核和评价的一项制度。

奖惩制是指对有突出成绩的人才给予物质奖励或荣誉,对犯有错误的人给予必要的惩处的一种制度。奖励的方式有三种:荣誉奖励、物质奖励和晋升奖励。惩罚的方式也有三种:党纪处分、政纪处分和司法处理。奖惩必须分明、恰当和及时,无论是奖是惩,都要以一定的标准为依据。奖惩的目的是为了发扬正气,打击邪气,增强各个岗位人才的责任心和荣誉感,提高工作效率,保证各项工作的顺利完成。有些干部虽然不犯有错误,但不称职、无业绩,也应通过考核予以免职或降职,打破"铁饭碗"制。

要形成"能者上,庸者下"的机制。对那些敢于开拓创新的人,要从制度上积极鼓励,要允许他们在创新中犯"合理错误"。对创新中的"合理错误",非但不能罚,还要奖,要营造一种宽容对待创新中的失败者的工作环境。而对那些"但求无过"的碌碌无为者,则要从制度上予以遏制。近年来,我国一些地方实行"引咎辞职"制,问责效能低下的庸官。凡对国家法律、法规或者上级国家机关的决策和部署执行不力、效能低下,不能完成岗位任期工作目标任务,干部考核中民主测评结果不良者都得"引咎辞职"。这是干部考核制的新进展。

2. 交流制与回避制

交流制是指对人才实行有计划有步骤的定期交流的一项制度。人才交流包括领导人才的交流和科技人才的交流。领导干部长期在一个地区、一个部门工作,容易产生惰性,削弱进取精神,容易形成"板块",陷入"关系网"或"宗派圈子",不利于工作。因此,各级领导部门应有计划地开展干部交流,以开阔他们的眼界,冲破各种关系网,扫除产生独断专行的官僚主义环境,促使领导作风的民主化和为政清廉提供制度上的保障。

回避,是借用程序法的一个法律概念。这里讲的干部回避制是指对领导者的近亲或直系亲属避免在同一单位做有从属关系或有监督关系的工作的一种制度。实行这种制度的总的原则是:有夫妻、夫妻双方三代直系血亲及儿女姻亲关系的工作人员,不得在有直接领导关系或直接监督关系的单位担任领导工作。在执行公务时,凡涉及以上血亲关系的人员应回避。除民族自治区以外,经选举担任县长(或其他相同职级的领导干部)、县人民法院院长、县人民检察院检察长等职务的本地人,任届期满后不得连任,需要继续任原职的,列入交流系列,易地任职。具体说来,可分四种回避制度:① 亲族回避制度;② 地区回避制度;③ 公务回避制度;④ 职务回避制度。这是当前干部管理制度的一项重要改革。

3. 任期制和离(退)休制

任期制度,是指规定某些职位的工作人员任职起止时间的制度。任期届满后其职务、职权、职责自然取消。任期制既适用于领导干部,也适用于专业技术干部,它与"终身制"相对。任期制避免了终身制的种种弊端,促使任职人员在有限的任职期间,最大限度地发挥其工作的积极性和主动性,努力为人民作出更大贡献,培养干部能上能下,能官能民的思想,使干部队伍处在不断变动中,保持其内部活力。

离(退)休制度,是指担任一定职务的干部或工作人员,到了一定年龄并服务一定年限后,离职或退职休养的一种制度。离休是退休中的一种特殊待遇,只有建国前参加革命、符合规定条件的干部才能享受。人的生命是有限的,实行离退休制度,是为了保证社会主义建设事业后继有人的需要。只有这样,才能保证我国社会主义事业兴旺发达。

党的"十七大"提出了"不断深化干部人事制度改革,着力造就高素质干部队伍和人才队伍"的号召。根据十七大精神,一要坚持党管干部原则,坚持民主、公开、竞争、择优,形成干部选拔任用科学机制,要加强干部选拔任用工作全过程监督;二要坚持正确用人导向,按照德才兼备、注重实绩、群众公认原则选拔干部,提高选人用人公信度;三要继续大规模培训干部,大幅度提高干部素质,尤其要加大培养选拔优秀年轻干部力度,提高年轻干部马克思主义理论素养和政治素质;四要创新人才工作体制机制,激发各类人才创造活力和创业热情,开创人才辈出、人尽其才新局面。

总之,应建立适应社会主义市场经济体制的干部制度,以永葆干部队伍的青春活力,给建设中国特色社会主义事业以组织上的保证。

第三节　人事行政和行政领导

一、现代人事行政的内涵、职能、特征及发展趋势

人事行政专指国家及各级行政组织通过一系列法规、制度和措施,对国家行政机关的工作人员与行政事务之间的关系以及行政工作人员之间的关系所进行的一系列管理活动的总称。亦称国家公务员管理。

人事行政是一种特殊的人事管理活动。

人事、人事管理、人事行政,是三个既有联系又有区别的概念。人事行政源于人事管理,人事管理源于人事。为深入理解"人事行政"的概念,有必要对人事和人事管理作必要的界定。

所谓人事,即指在社会劳动过程中的人与事,以及共事人之间的相互关系。构成人事的基本要素是事、人、人与事的关系,以及与事相关的人与人、人与组织之间的关系。人事的基本要素有机结合,相互协调,构成了人事活动的全部内容。

人事管理,则是广义上的对人事活动的管理。在我国,人事管理的内容大致包括:① 干部管理,既包括对党政机关干部的管理,也包括对各群众团体和企事业单位的干部管理;② 人员管理,包括对各种社会组织中的人员管理,既包括对干部,也包括对专业人员、工人等的人事管理;③ 人力资源管理,指对社会人员的管理,既指在规定的工作年龄范围内的人员的管理,又指未到工作年龄或已到退休年龄的人员的管理。

1. 人事行政的内涵

人事行政是人事管理的一个特定方面或一种特殊类型,其范围比人事管理要窄,它的管理范围只局限于国家行政机关之内,不包括党的机关的人员管理。具体说来,"人事行政"的内涵包括以

下几个方面：

(1) 政府行政系统内部对其所任用的行政人员的管理活动。

(2) 以充分利用行政系统中的人力资源，力求以行政系统中的人与事的协调与匹配为目标的人事管理活动。

(3) 以政府人事机构的相应的人事行政制度及对政府人事问题所作的规划、决策、组织、指挥、协调、控制等形式表现出来的人事管理活动。

2. 人事行政的职能

人事行政有自身的特殊职能。但它既然也是一种人事管理，因而其职能除了在适用范围和具体内容方面的差别外，在形式上与一般的人事管理是相同的。诸如录用、考核、培训、奖惩、晋升、工资、福利、退休等，既是人事行政职能的表现形式，也是人事管理职能的表现形式。

按人事管理具体环节的次序分析，人事行政的具体职能包括：

(1) 人员录用。即为国家行政组织吸纳和补充所需要的各类行政人员，包括确定各类人员的合理编制和比例结构，确定人员任职条件、选配方法和程序，对备选人员的选择、取舍和分配等工作。人员录用工作的好坏，直接影响到行政人员的素质和水平，并最终影响到国家行政目标的实现。

(2) 人员开发。即提高国家行政组织现职人员素质、开发其工作潜能的工作，包括在职培训、脱产培训、进修、学历教育等形式。人员开发工作是保证行政人员能适应不断变化的行政环境和工作任务等所提出的更新更高的要求的必要环节。

(3) 人员维护。即为行政人员创造良好的组织环境和工作条件，如使人满意的工资制度、社会福利、退休制度，或利于人尽其才、才尽其用的工作氛围等，以保持其工作的安心和稳定。

(4) 人员使用。即通过必要的考核制度、奖惩制度、岗位责任制度、晋职提拔制度等，检查、引导、监督和激励行政人员积极、主动地工作,以提高行政工作的质量和行政效率。

(5) 人员更新。从广义上理解,一指行政组织对其人员“进”“出”组织系统的两个环节的管理,是有关行政人员新老交替的职能;二指行政人员素质的更新。从狭义上理解,人员更新仅指与人员录用的相对应的对行政人员“出”行政组织这一环节的管理,包括对行政人员辞职、辞退、退职、退休等事项的管理。

3. 人事行政的特征

现代人事行政的基本目的是以适当的人力和财力来保证国家行政组织的高效运行,较好地实现既定的行政目标和社会目标。现代人事行政在实现自身目的和履行自身职能的过程中,逐步形成以下特征:

(1) 公正性。人事行政诸环节均以法定标准为依据,不以私人感情、个人好恶为转移。

(2) 公开性。向民众公开人事行政的全过程,打破人事行政的隐秘性,杜绝各种营私舞弊活动。

(3) 相对独立性。人事行政的诸项事宜均应以相对独立的法规制度为依据,而不应受任何外力的影响和指使,也不得因性别、种族、宗教信仰等事由而进行人事行政方面的歧视。

(4) 适应性。人事行政制度应随环境和形势的变化而不断调整,以满足社会不断发展的需求。

4. 人事行政的发展趋势

从世界范围看,现代人事行政的发展,体现出如下趋势:

(1) 日益注重规章制度和法律法规作用,从而使现代人事行政体现出制度化、法制化趋势。具体内容有:日益把政府的人事管理纳入科学的轨道。要求人事行政的各种工作和职能都有严格的、规范化的规定,严格依靠法律法规来控制行政组织的正常运转等。

(2) 日益注重人与事的实际结合程度,从而使现代人事行政体现出定量化、科学化趋势。现代人事行政要求严格执行行政人员的录用、选择、考核、训练等各种制度,要求有一整套科学地测定和评估行政人员素质和工作绩效的计量体系及其标准化和定量化的测量程序和测量方法,以切实实现人与事的恰当匹配和有效结合。

(3) 日益注重有效的人事政策机制,从而使现代人事行政体现出高效率化趋势。现代行政管理,越来越取决于行政人员的积极性、主动性、创造性和遵纪守法、克己奉公的精神,这就要求行政组织利用各种人事政策和人事措施为行政人员自我努力、自我激励创造一种良好的、和谐的工作条件和社会心理环境;要求建立一套有效的政策机制和激励机制,运用各种政策手段和激励手段来保持和不断提高行政人员的工作热情。

20 世纪 80 年代以来,我党和政府根据新时期的总任务以及经济体制、政治体制改革的要求,顺应现代人事行政的发展趋势,对我国的人事行政制度进行了一系列改革,主要有:① 改革干部管理体制,下放干部管理权限,以利于调动干部积极性,提高工作效率;② 确立实现干部教育经常化、制度化、正规化方针,加强干部教育和培训,提高干部队伍的整体素质;③ 实行机关工作岗位责任制,改革国家工作人员的工资制度,进一步建立健全考核与奖惩制度;④ 坚持退休制,实行领导干部任期制;⑤ 逐步推广国家公务员制度,以利于从制度上保证把优秀人才选拔到政府机关中来,利于人事行政工作的法制建设和公开监督,利于造就大批德才兼备的政务活动家和行政管理专家。所有这些,都为我国人事行政走向现代化奠定了良好的基础。

二、人事决策:现代人事行政的重要环节

这里所说的人事决策,是指人事行政中的决策活动,也就是对人事行政的制度、法规、方法和手段的谋划,对行政人员的选拔、任

用、培训、考核、奖惩、调研、工资福利、退职退休等方面的具体决断。

人事决策在人事行政中占有重要地位。人事行政诸环节的实施都需经过人事决策,正确的人事决策是高效人事行政的基础和前提。

为保证正确有效的人事决策,必须遵循以下基本原则:

(1) 选贤任能、德才兼备原则。即在进行人事决策时,要坚持贤能结合、德才兼备;防止重贤轻能,或重能轻贤的错误倾向;切忌任人唯亲、裙带关系等不正之风。

(2) 扬长避短、人事两宜原则。即在进行人事决策时,应用人之所长、避人之所短;使用人才时,要使知识、能力、专长等方面的条件与其所从事的工作相称,坚持因事设人,切忌因人设事。

(3) 考试考核、晋升惟功原则。即在行政机关录用工作人员时,要通过公开考试,平等竞争,择优录用;对已在岗工作人员的升降、奖惩的决断,必须以对其的德、能、勤、绩的考核为依据,提升、奖励惟以实际能力和工作中的实际成绩为标准。

(4) 智能互补、结构合理原则。即在进行人事决策时要根据各种组织的工作需要和职务要求,把具有不同年龄、性格、能力、品德、知识、专业、爱好的人进行科学搭配,形成一个智能互补、结构合理的群体,既要重视个体的素质,更要保护组织整体功能的充分发挥,以获取最佳整体效益。

(5) 不断更新、合理流动原则。即应把及时吸纳和补充新生力量、不断调整和更新行政人员队伍的群体结构、保持人才的合理流动作为人事决策的重要内容。

(6) 依法管理、用人治事一致原则。即人事决策要依人事行政的一系列法律、法规进行,以纳入规范化、法制化的运作轨道。用人与治事一致指把一定的人事权力交给用人单位,使用人单位有相互的人事自主权。这是协调好人与事关系的重要环节。

为做到“因事择人、视能授权”,“人适其事、事得其人”,“识人”、“辨才”是重要的前提。可以说,识不了人,辨不了才,就不能有正确的人事决策;而“识人”、“辨才”的前提是认清人的个体差异,从这个意义上说,认清个体差异是人事决策的首要前提。

人的个体差异是不可否认的事实。从生理特征而言,人的身体条件各个相异;从心理特征而言,智力、性格、能力各有差异;就一个人而言,在不同年龄阶段,性格、能力也不相同。根据人事心理学分析,与工作密切相关的个体差异主要有:智力差异、能力差异、人格差异和生理差异。这些差异,直接影响到组织状况及效率;因而,在进行人事决策时,不能不考虑到个体差异对人才使用的重要影响。只有在充分了解个体差异的基础上,才能谋求“人”与“事”的最佳配合,从而有效协调人与事的关系,达到“人适其职,职得其人”的合理境界。

在人事决策中,应主要考虑的个体差异有:性别差异、年龄差异、地理差异(出生地差异)、职业差异、文化差异等。在考虑这些差异时,既要唯才是举,坚持统一人才标准,克服性别歧视、种族歧视、职业障碍等错误倾向,又要承认差异,针对不同的需要选择不同的人才,以更好地发挥人才的潜能,达到适当的“事”与适当的“人”的有机融合,更好地提高行政工作的效率。

三、行政道德:行政领导的重要人才观念

德才兼备,是我们对人才的基本要求、领导用人之道的基本原则,也是人事行政的基础原则。俗话说,“有才无德,行而不远”,德是人才之本。因而,选人用才,必须把德放在首位。对于行政来说,尤其要注重“行政道德”建设,把重行政道德作为重要的人才观念。

行政道德是指从事行政管理的国家行政机关及其公务人员在

管理工作中所应遵循的道德规范和行为准则。它是一种特殊的职业道德。

加强行政道德建设,提高各级行政人员的行政道德素质,对于社会主义现代化建设目标的顺利实现具有重要的保证作用,并对全社会的精神文明建设具有极其重要的价值导向作用。行政道德建设也是抑制腐败的有力武器。行政人员的手中都握有一定的权力,而权力往往具有超出自身法定范围而扩展使用的特点,如果对其不加限制,就会走向腐败。对行政权力的监督制约,固然要靠法律、规章制度和广泛的社会监督,但这毕竟是外在的、被动的,根本的还要靠行政道德约束的自律机制。行政人员如果具备高尚的行政道德,就能有效地抵制各种腐败因素的腐蚀引诱,克己奉公,遵纪守法,保持自身的清正廉洁。

注重行政道德的人才观念,一指在选择、任用、考评行政人员时,必须把行政道德放在首位,克服重才轻德的错误倾向;二指在日常的行政管理过程中,要时时处处注重道德建设,强化对行政人员的行政道德教育,使行政道德的基本原则和内容能深入人心,真正按行政道德要求塑造行政人员的灵魂、规范行政人员的行为。这是提高行政效率的根本途径,也是行政领导从事人事行政工作的首要职责。

行政道德具有丰富的内容,它包括行政理想、行政态度、行政责任(或行政义务)、行政纪律、行政良心、行政荣誉和行政作风七个主要方面。在我国,所谓行政理想,应包括共产主义和社会主义两个层次,就目前来说,就是指要有建设社会主义现代化强国的志向;行政态度是指要有全心全意为人民服务的职业态度,行政工作中要密切联系群众,坚决维护人民群众的利益;行政责任或行政义务是指贯彻执行党和国家的路线、方针、政策,认真履行国家行政人员所应承担的各项职责和义务;行政纪律指行政人员要模范遵纪守法,保持清正廉洁,自觉拒腐防变,坚决反对消极腐败现象;行政良心和行政荣誉都是一种自觉评价行政人员责任感的价值尺度;行政作风则是行政人员在长期行政管理实践中养成的习惯性表现。

在我国,行政道德的基本原则和根本宗旨是全心全意为人民服务,具体说来,包括以下三点:

第一,人民的利益高于一切。行政道德最根本的价值取向是国家利益和公共利益至上。凡是对人民有利的事,受人民拥护的事,行政组织及其人员就应尽力办好;凡是损害人民利益的事,人民反对的事,则应坚决反对。在行政管理工作中,行政人员要努力做到个人利益服从人民利益,为了维护人民的利益,有时甚至需要牺牲个人利益。

第二,一切向人民负责。对人民的事业极端负责,这是每个行政人员的职业良心和职业义务。毛泽东同志说:"我们的责任,是向人民负责。每句话,每个行动,每项政策,都要适合人民的利益,如果有了错误,定要改正,这就叫向人民负责。"①行政人员一定要以对人民负责的态度和精神,认真处理各项事务,把向上级负责和向人民负责很好地统一起来。

第三,为群众办实事,求实效。政府管理工作应当从大处着眼,从小处着手,要从群众的柴米油盐、衣食住行这些民生小事着手来解决群众的实际困难,使群众切实得到实惠,否则为人民服务就只能成为空洞的口号。

行政道德的这些基本原则可具体化为忠于政府、忠于职守、清正廉洁、遵纪守法、实事求是、团结协作等行政道德规范。以行政道德的基本原则和道德规范指导行政人员的思想和行为,是注重行政道德人生观的主要内容。

提高行政人员道德素质的根本途径是培养和塑造行政人员的

① 《毛泽东选集》第4卷,人民出版社1991年版,第1128页。

行政道德人格,包括:行政道德认识、行政道德情感、行政道德意志、行政道德信念和行政道德习惯等。行政道德人格是行政人员在社会生活尤其是在行政生活中长期形成的习惯性的道德行为的升华,也是评价行政人员综合素质的最重要标准。

第六章

领导方法与作风

领导方法是实施领导的重要保证。毛泽东同志曾形象地指出:"我们不但要提出任务,而且要解决完成任务的方法问题。我们的任务是过河,但是没有桥或船就不能过。不解决桥或船的问题,过河就是一句空话。不解决方法问题,任务也只是瞎说一顿。"①领导方法是有效地完成任务的"桥"或"船"。没有这种"桥"或"船",领导行为就要落空。因此,解决领导方法问题,是摆在每一个领导者面前的突出问题。领导方法与领导作风不可分离,二者共同构成一种无形的领导力量。在领导活动中,有了正确的路线、方针、政策,如果领导方法得当、领导作风好,就能取得"事半功倍"的成效;如果领导方法不当或错误、领导作风不得人心,就会适得其反,使领导失效。

第一节 领导思想方法

一、领导思维艺术

所谓领导方法,就是领导者为达到一定的领导目标而进行的工作方式和手段,也是领导者对领导活动过程的规律性的认识与运用。

① 《毛泽东选集》第1卷,人民出版社1991年版,第139页。

领导活动的丰富多样性,决定了领导方法的层次性。从宏观到微观,领导方法可分为三个层面:一是世界观层面,称思想方法,它体现了领导者的思维方式,是实施领导活动的哲学依据。思想方法作为一定的世界观和方法论,对整个领导活动具有指导意义。二是领导活动的宏观层面,称基本领导方法,它是对领导活动一般规律的反映,体现了有效的领导活动的一般要求,因而适用于不同行业、不同类型、不同层次的领导活动。三是领导活动的微观层面,称具体的领导方法与艺术,它是对具体领导活动具体规律的反映,只适用于某种具体活动或某一领域、某一时期、某一阶段的某个具体问题。

领导思想方法是实施领导的前提,它关系到领导者如何实施领导活动。从根本意义上说,领导方法是领导者对客观规律的正确认识及对客观规律的正确运用,它体现了主观与客观的统一。领导者不能随意地选择与运用领导方法,只有选择与运用符合客观规律的领导方法,才是有效的方法。对客观规律反映和运用的正确程度越高,领导方法就越有效。领导方法的客观性和科学性决定了领导者必须有科学的、符合客观规律的思想方法。有了正确的思想方法,才能根据实际需要选择与运用与之相适应的领导方法。

在我国,领导方法必须以马克思主义哲学和现代科学理论为基础。马克思主义哲学是指导一切科学和一切工作的普遍方法,它与领导方法是一般与个别的关系。一方面,它对领导方法有重要的指导作用;另一方面,在与领导活动实践的结合中,马克思主义哲学本身也得以丰富和发展。另外,领导方法还要吸取社会科学、自然科学和思维科学的理论方法,如系统论、信息论、控制论方法等。现代科学的飞速发展,不断给领导方法注入新的方法和手段。

1. 辩证思维艺术

辩证思维集中反映了马克思主义哲学的思维方法论。辩证思维的基本方法包括分析与综合相结合的方法、从抽象上升到具体的方法、归纳与演绎相结合的方法和逻辑与历史相结合的方法。辩证思维方法的基本特点是实践性、客观性和辩证性。辩证思维方法在领导活动中的具体要求是:

(1) 坚持从实际出发思考问题,反对自以为是。这是辩证唯物主义最基本的观点,也是辩证思维方法的最基本点。人们的认识必须符合客观事物的规律性,对客观事物的分析与综合必须从实际出发。这一原则体现在领导活动中,就是要求领导者在考虑一切问题时,必须从建设有中国特色的社会主义这个最大的实际出发。同时,还必须从具体负责的本地区、本部门的实际情况出发,而不能从主观意图出发,自以为是。

(2) 坚持全面地分析事物矛盾。做领导工作经常会碰到矛盾,分析矛盾、解决矛盾是一项非常重要的任务。唯物辩证法认为,客观世界的一切事物都是矛盾统一体。辩证思维的方法正是客观事物辩证法在思维中的反映。辩证思维方法要求我们要以矛盾的观点分析客观事物,既看到事物的正面,又看到事物的反面;既看到事物发展的内在动因,又看到事物发展的外在原因;既看到事物矛盾的普遍性,又看到事物矛盾的特殊性;注意具体情况具体分析,这样才能有效地解决矛盾。

(3) 用发展的观点看待一切。发展的观点是唯物辩证法的基本观点之一。用发展的观点看待一切,就是要从事物的矛盾运动出发,动态地分析矛盾,并把动态与静态分析相结合,如实地反映事物发展的趋势。静态思维以"静"为主,要求思维的稳定性,因而是一种趋向于定型化的思维;而动态思维则以"动"为主,要求不断地依据变动的情况进行调整,改变自己的思维程序和方向。两种思维各有其特点,我们要把两者结合起来,做到以动为主,动中有静。我们看待一切事物,都要联系一定的历史条件,随着客观事物的发展而发展,不能固守一点,用永恒不变的模式来套用;尤其在现代,社会变革迅速,如不用发展的观点看待事物,势必会掉在时代的后面,甚至会成为发展的阻力。

(4) 对事物的分析要坚持纵向分析与横向分析的统一。纵向思维和横向思维都属比较思维。纵向思维偏重于时间和历史的角度进行认识;横向思维则截取历史的某一横断面展开认识。纵向思维又可叫做历时性思维,横向思维又可称为同时性思维。它们是沿着不同的方向,即从纵横两个方向进行的思维活动。纵向思维把事物放在过去、现在和将来的对比分析中,发现事物在不同阶段上的特点和前后联系,以此把握事物及其本质的思维过程。纵向思维是关于历史、时间和过程的考察法。它遵照历史和逻辑相一致的原则,从历史的角度考察事物,寻找一般规律。横向思维是横断性思维,它截取历史的某一横断面,研究同一事物在不同环境中的发展状况,在同左邻右舍的相互关系和相互比较中,找出该事物在不同环境中的异同的一种思维活动。两种思维各有其特点,纵向思维可从历史的比较中,看到自已取得的成绩,找到自己的发展方向;横向思维则可以弥补和克服纵向思维的局限性,打开我们的眼界,使我们有宽广的视野。把两者结合起来,克服各自的片面性,能使我们的思维活动进入更高的水平。

2. 系统思维艺术

系统思维即运用系统方法进行的思维。所谓系统方法,即运用系统观点,把对象事物作为多方面联系的动态整体来加以研究的思维方法。

在系统方法看来,客观世界的任何对象都是由相互联系的要素构成的整体;而任何系统又是更大系统的组成部分,是更大系统的一个要素。系统观点是对长期以来占统治地位的形而上学机械论思想方法的变革。机械论方法总是把复杂事物分解为各个简单的要素,并用简单相加的方式来描述有机体的功能和属性。这种方法是实体—属性方法。系统方法则与此不同,认为事物除了具有属性之外,还有更高级的"整体质"、"系统质",这是在事物诸要素的整体性、相关性、有序性和动态调整性中才存在的。系统方法使人们从实体—属性的方法进一步发展为实体—属性—关系的方法,调整了人们认识世界的角度,使人们从"相关性"、"系统性"、"结构—功能"、"整体性"、"动态性"、"有序性"等方面去更深刻地认识世界的关系,从而相应地提高了人类的思维水平,使之更加适应现代科学和实践的需要。

运用系统方法应遵循以下诸方面的原则:

(1) 整体性原则。这一原则要求我们无论干什么事情,都要立足整体,统筹全局,如实地从整体与部分、整体与环境的相互作用来把握整体。依据整体性原则,领导者在领导活动中不能把眼光局限在本单位、本部门的小范围内,而要思维开放,立足全局,放眼未来,站在更高的思维层次上来决定自己的各种目标和行为,使自己的任何行为都与整体的利益息息相关,互相联结。例如,我们当前进行的经济体制改革就是立足于整体性原则的社会系统工程。它要求我们从经济结构、领导体制、干部结构、生产结构和科研结构等多方面关系的考虑中,找到适合于我国生产力发展的社会主义经济结构模式。

(2) 相关性原则。这一原则要求我们从对事物的单向研究进入多向研究,从线性研究进入非线性研究,它体现了原因与结果、必然性与偶然性、结构与功能、系统与环境等多质、多变量、多层次、多向性的联系。任何事物都处在复杂的相互联系之中,其发展趋势也是多样的。事物联系的多样性要求领导者在领导活动中必须在事物的多方面关系中作综合考虑,在立体思维中作出科学决策。例如,劳动生产率的提高就不仅取决于高水平的机器、合理的劳动组织和工人熟练的程度,而且与工作环境和工作条件有着密切的联系,因而,领导者为提高劳动生产率所作的决策和所采取的措施也必须涉及多方面因素。当然,相关性原则并不是要我们把一些无关紧要的东西硬拉在一起,而是要我们注意和考虑事物相互关系的复杂性,扩大视野,开阔思路,从多方面、多方向综合解决所面临的问题。在考虑多种因素时,要分清主要因素和次要因素、常量因素和变量因素、可确定因素和不确定因素、直接因素和间接因素,在多方面的分析与综合中,找到较好的解决问题的方法和途径。

(3) 有序性原则。这一原则要求我们根据系统展开的规则和先后程序,自觉地对事物进行管理,以更好地达到预期目的。系统论表明,系统的联系和各要素的关系不是杂乱无章的,而是有一定的规则和先后顺序的。把握系统各要素的有机联系及系统展开的规律性,有利于把握其发展趋势。在领导活动中自觉贯彻有序性原则,是加强领导工作预测性,有条不紊地按客观事物本身规律性展开行动计划的重要环节。正确的行动来源于正确的决策,而正确的决策除了占有必要的资料和信息以外,还必须遵循必要的决策程序和步骤,即要符合有序性原则。

(4) 动态性原则和择优性原则。这也是系统方法中的重要原则,它要求我们从动态中,从事物发展的可能性中去把握事物,使事物向着比较理想的方向发展。

在社会主义现代化的领导活动中,特别是在大系统的协调与决策中,系统方法起着越来越大的作用。掌握系统方法既是思维方式变革的内在要求,也是现代领导活动的客观需要。

3. 创造性思维艺术

领导者的出色工作离不开创新能力。创新能力是一种独立地发现新事物、提出新见解、解决新问题、作出新成果的能力。它是领导者智力开发的最高表现形式,是领导者诸多能力的核心。有无创新精神、创新能力,是衡量、检验一个领导者优秀与否的重要标志。

所谓创造性思维,是指人类在探索未知领域的过程中,充分发挥认识的能动作用,突破固定的逻辑通道,以灵活、新颖的方式和多维的角度探求事物运动内部机理的思维活动。它是复杂多样的人类思维模式的一种。创造性思维的本质在于创新,而不是重复,不是墨守成规。创造性思维体现出的创造力是首创事物的能力,包括构思新思路、创作新艺术形象、设计新产品、发明新技术、勾勒新图样、制订新规划等。离开"新",就谈不上创造力,当然就无所谓创造性思维。

同其他思维相比,创造性思维以"新"、"异"制胜,更具主动性、独创性。创造性思维的基本特征有:

(1) 积极的求异性。这种求异性并非主观臆想、无端地标新立异,而是指在认识过程中着力于发掘客观事物间的差异性、现象与本质的不一致性、已有知识的局限性,对惯见的现象和已有的权威理论的分析、怀疑和批判。

(2) 敏锐的洞察力。一种"由此及彼"的思维能力,能不断地将观察到的事物和已知的知识或假说联系起来进行思考,联系其相似性、差异性,探寻其必然联系、本质规律,并随时注意可能发生的意外现象和新线索。只有独具慧眼,敏锐观察,洞识其潜在意义,才能抓住机遇,作出创造。

(3) 独特的知识结构。要进行创造性思维,必须有良好的知识结构,包括扎实的基础知识、精深的专业知识、广泛的邻近学科知识,还要掌握科技发展的新知识新成就,防止知识的老化。创新思维不是凭空创造,而是在总结前人知识的基础上的创新。只有善于选取前人智慧宝库中的精华,并在此基础上进行新分析新概括,才能总结出新认识成果,提出新见解。

(4) 新颖的表述。创造性思维的成果在表述上必然表现出新颖性,诸如:提出新概念、新范畴、新原理,形成表现新思维形式的新理论结构体系,运用新的生动、鲜明的语言和文字等。

创造性思维活动的基本法则主要有:① 综合法则。即在综合他人认识成果基础上的创新。② 对应法则。即对应联想,通过相似联想、对比联想、接近联想等途径进行创新。③ 移植法则。即把一个研究对象的概念、原理和方法运用于其他研究对象,把陌生的对象和熟悉的对象联系起来,进行比较,寻求它们之间的相似点或共同性,从中受到启发,激发创新。④ 逆反法则。即"逆向思考"、"求异思维",在逆反思维中求得创新。⑤ 群体法则。即群体激智创新法则。创新往往激发于集体讨论,在讨论中相互启发,使思想产生"共振",激起创新的火花,从而取得突破。我国的"诸葛亮会"、西方的"头脑风暴法"等都是群体激智的创新法。⑥ 迂回法则。即在迂回思维中探寻解决问题新思路的创新法。当碰到一个屡攻不克的难题时,停止在这个问题上的僵持,转换视角,从其他方面进行思考,从侧面迂回,往往能使悬而未决的难题迎刃而解。

在领导活动中自觉地运用这些原则,有利于创造性地工作,开拓工作新局面。

二、领导思维的辩证法

为科学地把握领导思维方法,有必要了解领导思维的多样性,处理好领导思维中的各种辩证关系。

1. 经验思维与理论思维

经验思维,即运用经验,诸如人们生活的亲身感受、实践的直接知识,乃至传统的习惯与观念等进行的思维活动。经验思维是一种比较初级的思维类型,然而它又是人们经常和大量使用的一种思维活动,并且还构成理论思维的基础,因而在认识世界和改造世界中具有重要作用。

这里所说的经验思维不等于感性认识,而是包含着理性认识成分的、作为感性认识与理性认识综合的经验。有的经验甚至就是在理性认识中形成的,是对理性认识活动的直接感受,如演算数学题的经验、写文章、搞创作的经验等。但经验思维只是一种未曾规范化的认识,没有统一规则和统一规律,在这一点上与理论思维形成鲜明对照。

经验思维具有如下特征:

(1) 个体差异性。因个人的经历、感受不同,会形成不同的思维习惯、方法和定势,从而显示出很大的个体差异性。

(2) 直接可行性。经验思维的内容都直接来自实践活动,这种成果又可以直接回到实践活动中去,指导人们下一步类似于造成经验的那种实践活动。经验思维本身通常就是一些指导行动的具体指令,人们利用这些指令便可以直接调动和控制自己的操作,从而完成现实的实践活动,如演员的表演经验、教师的教学经验、运动员的竞赛经验等。

(3) 认识的表面性。经验思维在认识的深度上,还只是对事物的表面联系和外部面貌的认识,还没有洞察到事物内部本质和运动变化发展的真实原因,往往是知其然而不知其所以然,懂得"是什么"而不懂得"为什么"。这是经验思维的又一特点。

(4) 自发的习惯性与连续性。人们的某种生活感受和实践体会的重复出现会促成人们形成某种经验,并使它们之间逐渐建立了较为牢固的联系。于是,人们在运用经验进行思维活动或受到外界的相关刺激时,就会使自己的那些具有连续性的经验一个接一个地自动产生出来,构成一种连续的思维活动。

经验思维在人们的实践活动中起着重要作用。首先,在一定的范围内和条件下,人们可以凭借经验思维指导在相同条件下的相同的实践活动,使某些习常性的实践活动提高效率。其次,经验思维是理论思维的基础。理论思维必须建立在经验思维的基础上才有生命力,离开了经验思维,理论思维就无法进行。但经验思维又具有极大的局限性,它只能在一定的实践水平上,在一定的条件下对一定的实践活动有指导意义;而且,即使在适当的范围内,它对实践活动的指导意义也是有限的。恩格斯说过,单凭观察所得的经验,是不能充分证明必然性的。黑格尔也指出,经验并不提供必然性的联系。在现代化的领导活动中,不能只凭经验进行领导,只靠拍脑袋瓜进行决策。而要使领导活动科学化,由经验型领导转变为知识型领导,把经验思维上升为理论思维。

理论思维以揭示和把握事物的内在本质和一般规律为根本任务,它是依据一定的理论知识、遵循特有的逻辑顺序而进行的思维活动,因而又称为“逻辑思维”。理论思维是建立在经验思维基础之上的一种较为高级的思维类型,具有如下特征:

(1) 同实践相联系的间接性。理论思维是在经验感受的基础上、经过抽象思维加工的产物,它是通过经验思维这一中介环节而与实践活动与客观对象发生联系的。

(2) 抽象性。构成理论思维的,是一系列抽象的范畴体系,而不是那些具体、直观的形象。

(3) 自觉性。理论思维通常都是人们有意识地、自觉地进行的一种思维活动。在理论思维活动中,思维主体需要自觉地把握和运用一系列概念、判断和推理,需要自觉地遵守一定的逻辑规则,理论思维对实践活动的指导也是自觉的。

(4) 系统性。理论思维通常要建立起具有普遍性的知识和理论,并使它们系统化、条理化,构成理论知识的体系。各门理论科学的体系就是通过理论思维建立起来的。也正是通过一定的理论知识体系,理论思维也才能揭示事物之间的本质联系及内在规律性。

由于理论思维把握了事物的内在规律性,因而能较之经验思维更深刻、更全面地把握事物的内在本质和发展趋势,更有效地指导人们的实践活动。

理论思维和经验思维是两种互相区别、各不相同的思维活动,但他们又是统一的。一方面,经验思维是理论思维的基础;另一方面,经验思维由于其固有的局限性,必须上升到理论思维的水平。可以说,若没有经验思维,理论思维就是空洞的;若没有理论思维,经验思维就是盲目的。正确的思维活动必须是始于经验思维,再上升到理论思维,实现二者的辩证统一。坚持两种思维的统一,就要一方面深入实践,摸索和积累经验;另一方面又要锻炼理论思维的能力,善于对所获得的经验进行升华,从中获得规律性的理性认识。要反对教条主义和经验主义两种错误,经验主义强调经验思维而忽视理论思维,教条主义强调理论思维而忽视经验思维,都是片面的。

2. 情感思维和理智思维

情感思维即人们对于客观事物是否符合主体的需要而产生的态度和心理感受,即人们对现实事物和现象所产生的不同感受,诸如愉快、忧虑、赞叹、恐惧等不同的心理感受。情感思维往往表现为:① 心境,一种持久的情感心理体验;② 激情,一种猛烈的、迅速的、短暂的情感;③ 热情,一种热烈的、稳定的、深厚的情感;④ 应激,在出乎意料的紧迫情况下所产生的高度紧张的情感。

情感思维具有如下特征:

(1) 倾向性。情感思维作为一种心理体验,缺乏深思熟虑,极易出现偏差。

(2) 波动性。如若情感失去控制,就会失去冷静的判断力,极易忽冷忽热,随波逐流。

(3) 个体性。同一事物对不同个体会产生不同的情感体验。

列宁曾说,没有人的感情,就从来没有也不可能有对于真理的追求。领导者的思维活动难免会带有情感。而不同的情感,对其情绪和智力活动的影响是不一样的。领导者要培养自己积极向上、乐观进取、诚挚热情、融洽和谐的情绪,尽力控制和消除忧愁、悲观、消极、淡漠、浮躁、暴戾等不健康的情感。

理智思维指人们在明辨是非、把握利害关系的基础上,对自己的情感和行为进行的心理控制过程,是在人的智力活动中所产生的一种高级的情感体验。人的意志、信仰、世界观、品德、知识等对理智思维有重大影响。

理智思维具有如下特征:

(1) 自觉性。理智思维体现了人们对行为目的及意义的深刻理解,因而能主动支配行为和情感,使之合乎目的。

(2) 果断性。理智思维指导人们明辨是非,当机立断、毫不犹豫地贯彻、执行或采取新的有效措施。

(3) 自制性。凭借理智可控制和支配情感和行为,包括对言行、情感、欲望、注意力和兴趣的控制等,以有效地克服自己的消极情感和行为,以免对他人和社会产生不良影响。

(4) 稳定性。理智思维可克服情感的波动,保持情绪的稳定,使领导者处事不慌、遇惊不乱,在胜利面前不狂喜,在挫折逆境中不沮丧。

领导者在开展领导活动中,正确的动机、目的和决策方案、计划的确定,是以清醒的理智为前提的。决定问题既不草率盲目,又不犹豫迟疑,需要以清醒的理智为基础。执行决策、计划中遇到困难,除了需要坚强的意志外,还取决于对困难的预料、分析、认识程度。因此,领导者要十分重视理智思维能力的提高。

3. 后馈思维和超前思维

后馈思维和超前思维是以两把不同的"尺子"进行的思维活动。后馈思维用历史、传统、习惯的尺度进行思维,超前思维则用未来的尺度进行思维。努力把两把"尺子"统一起来,做到既有历史感,又有未来感,是领导思维方法的一个重要问题。

后馈思维面向过去,面向历史,亦称惯性思维。它又可分为肯定型与否定型两种。肯定型后馈思维表现为对历史上的成功经验的憧憬、赞赏,并常常以此制约现在、要求现在。否定型后馈思维则表现为对历史上的挫折、教训的回忆、警觉,产生"一朝被蛇咬,

十年怕井绳”的消极后果。后馈思维的基本特点是:

(1) 向后性。后馈思维是面向历史的思维,其“兴奋中心”总是历史上的某个阶段、某种情况,总以“想当年”的思维形态表现出来,因而是一种向后的思维。

(2) 封闭性。习惯于后馈思维的人,往往习惯于用历史的旧尺子衡量现在,不去追随新事物,甚至把新事物说成“异端”、“偶然”、“不祥物”,不承认其存在的合理性。后馈思维走向极端,会把思维者圈在由传统和习惯形成的“封闭圈”内。

(3) 保险性。后馈思维作为一种面向历史的思维,已有先例,有章可循,不冒风险,是一种无所作为的保险性思维。

超前思维的方向正好与后馈思维相反,它面向未来,用将来可能出现的情况规范现在,亦称预测思维。超前思维的基本特点是:

(1) 开拓性。超前思维作为一种面向未来的思维,着眼于指导人们如何用目标、计划等规划自己的行动,适应事物发展的趋势,因而具有开拓性。

(2) 可能性。超前思维作为一种预测思维,对事物发展的几种可能性及其条件作出分析,指导人们充分发挥主观能动性,力争好的可能性,避免坏的可能性。这是一种建立在现实规律基础上的可能性思维。

(3) 粗线条性。超前思维着眼于未来,势必具有模糊性、不确定性;它不可能对事物发展的细节描述得清清楚楚,它只能为未来的发展提供一个大致趋势。

在实际思维中,历史、现实与未来是不可分割的。现实从历史演化而来,历史沉淀在现实之中,现实又要向未来发展而去,因而未来无疑是现实在以后的展开。历史、现实和未来的密切关系决定了后馈思维和超前思维本是辩证的统一,把任何一种思维绝对化都是片面的,都会使思维绝对化。把后馈思维绝对化,就会使思维僵化,使社会和实践处于一种停滞状态。把超前思维绝对化,就会脱离现实,脱离历史,变成一种幻想主义和理想主义。所以,只有把二者辩证地结合起来,既有历史,又有将来,以这样的思维为指导,才能既有远见卓识,又能立足于现实;既面向未来,又不割断历史,有效地指导我们的行动。

第二节　领导工作方法

一、领导基本工作方法

在我们党长期的领导工作实践中,以辩证唯物主义和历史唯物主义为指导,逐渐形成了一整套基本的领导工作方法。这些方法主要是:主观指导与客观实际相结合、领导与群众相结合、一般与个别相结合、抓重点带动一般。

1. 主观指导与客观实际相结合

这种方法包括两个紧密相连的方面:一是尊重客观实际,不能超越实际条件盲目蛮干。要随时根据变化了的实际,相应地调整工作方针和政策。二是在结合实际、听取群众意见的基础上,要有领导的主见、目标和规划,要引导群众,带领群众前进,而不能人云亦云,照抄照搬。把这两方面的要求综合起来,必须做到:

(1) 要心中有数,不靠想当然。领导者对客观世界的认识,不但要注意事物的质,还要注意事物的量。对这个方法,毛泽东同志在1949年写的《党委会的工作方法》一文中作了透彻的分析,他自己也作了广泛运用。他在土地改革运动中制定的按剥削所得的数量界限来区分富农与中农的正确政策;在解放战争时期对于敌我力量消长的计算;以及由此而来的对战略决战时机的正确选择,都是胸中有数这一方法的运用。任何事物都是质与量的统一,因而,把定性分析与定量分析结合起来以求得对客观世界的正确认识,是唯物辩证法的基本要求。为此,第一,必须掌握数据资料,靠数据说话,不能仅靠几个随手拈来的例子说话,凭想当然办事。第二,要有统计,运用统计规律的方法。第三,要进行可行性研究。第四,要注意比较研究。在准确的数字基础上,经过以上几个环节,才能做到胸中有数。

(2) 要讲究实效,不摆花架子。尊重客观实际,要求各级领导干部办实事、讲实效,不能摆花架子,说大话吹牛皮。所谓摆花架子,就是片面追求形式,搞形式主义,做表面文章,而不注意工作的实际效果。如在经济工作中只讲产值,不计成本,账面上似乎贡献很大而实际效益甚微。在日常工作中,只满足于开了什么会,规模有多大,而忽视对会议精神的贯彻落实;或陶醉于登了几次报纸、上了几回广播,而不去进一步发现问题、研究问题;或仅为应付检查下一些表面功夫,检查团走了依然故我。

摆花架子是错误的,因为它违背了事物发展的客观规律。任何事物都是内容和形式的统一。实事求是要求我们遵循内容和形式辩证统一的规律办事。摆花架子无视内容对形式的决定作用,搞脱离内容的形式主义,必然干扰内容的发展。尊重客观实际,就要尊重内容决定形式的客观辩证法,甘于做扎扎实实的工作,甘于默默无闻地奉献,坚决反对只求表面轰轰烈烈、不问实际效果的不正之风。

(3) 要独立负责,不当收发室。这里所谓当"收发室",就要照抄、照搬、不结合实际、不听取群众意见。这是"唯上"、"唯书"不良习气的一种表现。要独立负责,发挥领导的指导作风,就必须不当收发室。要做到这点,第一,领导者要有主见。不能生搬上级指示,要善于把上级精神与本单位实际结合,根据本单位的"个性",制定有"创意"的工作方针,对本单位工作作出切合实际、行之有效的指导。第二,要有明确的领导目标。如胸无目标,"脚踏西瓜皮,滑到哪里算哪里",也可能当收发室。第三,要有战略规划。目标的实现靠战略规划,第一步做什么,第二步做什么,要有明确的规划,并要作及时的检查和调整,才能有板有眼地把工作做好,切实地引导好、带领好群众。江泽民同志1991年9月27日在中央工作会议上的讲话中说:"我们的领导干部不能当'收发室',把文字逐字逐句照抄照转一通,应该看到,这种不良作风至今没有完全根除,而且在一些同志中还在蔓延滋长。"这是各级领导干部都需要十分重视解决的问题。

2. 领导和群众相结合

领导者的领导活动,是通过对被领导者施加影响,实现领导者和被领导者的团结一致,共同作用于客观对象以改造客观世界。因此,领导与群众相结合,是领导方法的中心问题。在我国,领导者和被领导者之间的平等关系和利益一致性更是领导和群众相结合的客观基础。在社会主义社会中,领导者是广大被领导者的代表,而被领导者是领导者服务和依靠的对象。

领导和群众相结合的前提条件是:领导者要树立"一切为了群众,一切依靠群众"的观点。上级领导者制定方针政策、进行决策、下达指示,都要以人民群众的利益为出发点。下级领导者贯彻上级政策、指示,对上"负责"要同全心全意为人民服务即对下"负责"统一起来,而不能把两者割裂开来。所有领导者都要尊重群众的首创精神,做任何工作都要依靠人民,相信人民,虚心向人民学习,认真吸取群众智慧,并接受群众的监督,才能顺利而卓有成效地完成预定任务。

领导和群众相结合的基本途径是"从群众中来,到群众中去"。这就是:"将群众的意见(分散的无系统的意见)集中起来(经过研究,化为集中的系统的意见),又到群众中去作宣传解释,化为群众的意见,使群众坚持下去,见之于行动,并在群众行动中考验这些意见是否正确。然后再从群众中集中起来,再到群众中坚持下去。如此无限循环,一次比一次地更正确、更生动、更丰富。"①

① 《毛泽东选集》第3卷,人民出版社1991年版,第899页。

说服教育、典型示范是领导和群众相结合的最重要的方法。根据这一方法,要善于把领导的主张、政策交给群众,说服群众,让群众自己下决心,而不是领导者代替群众下决心,命令群众干这干那。说服教育,就是讲道理,摆事实,从群众的觉悟水平出发进行启发引导。还要善于运用典型,以实际的榜样进行示范,让群众相信,并照着去做。

关心群众生活,照顾群众利益,是领导和群众相结合的重要原则。无产阶级的领导者是为人民谋利益的。但是如果领导者把群众的长远利益和眼前利益完全割裂开来,不帮助群众解决切身利益问题,就很难使群众相信你是真心实意为他们谋利益的,自然也就很难做到领导和群众的结合。

3. 一般与个别相结合

一般与个别相结合的方法是:领导者首先从许多个别指导中形成一般意见,又将这些一般意见拿到许多个别单位中去执行,然后总结新的经验,形成新的指示,去普遍地指导工作。这一方法是唯物辩证法的共性与个性对立统一原则在领导工作中的应用。

实现从个别到一般的主要方法是典型调查。通过对个别事物的典型调查,从中找出一般性的、具有普遍意义的东西,这就是从个别到一般的过程。实现从一般到个别的主要方法是典型试验,即将典型调查得到的一般性、普遍性的东西,在具体的个别事物中进行试行,在取得经验后加以推广。

在我党长期领导工作中形成的有关典型调查和典型试验的具体做法主要有:

(1) 解剖麻雀。这是一种形象化的说法,指的是通过对个别地方个别单位的调查,求得对普遍情况的了解的方法。毛泽东同志最早提出这种方法。1955 年他在党的第七届中央委员会扩大的第六次全体会议上,就领导农业合作化运动的问题指出,要从个别中看到普遍性,不需要把所有的麻雀统统捉来解剖,然后才证明

“麻雀虽小,肝胆俱全”。科学家从来都不是这么干的。当然,运用这种方法,必须有严谨的科学态度,要防止把没有普遍性的个别现象误以为具有普遍意义,从而导致犯片面性的错误。

(2) 走马看花和下马看花。这也是形象化说法,指的是领导者广泛接触社会实际和深入一点了解社会实际这样两种互为补充的方法。当在某一点上发现问题,取得经验,但还不能肯定其是否具有普遍意义的情况下,或者在提出一项任务,规定一项政策,需要对其正确与否收集反馈信息的情况下,领导者(或派出若干巡视组)“走马看花”,多跑几个地方,广泛接受信息,是必要的。但是,“走马看花”,往往只能得到表面的、一般的情况,所以又要“下马看花”作补充。所谓“下马看花”,就是在一个点上停留下来,深入进去,以求得对问题的本质、深刻的认识。然后,把这两者结合起来,使领导者既了解到面上的概貌,又掌握点上的详情,这样,领导者就能得到对客观事物的更全面更深入的认识。

无论是“走马看花”还是“下马看花”,核心在于迈开双腿走出办公室,深入实际,深入基层,倾听意见,交流感情,接触群众,教育群众,促进基层工作,而不是到处出风头,“下车伊始,哇啦哇啦,指手画脚。”要经常地、定期地下去走走、转转;要注意了解真实情况;要平易近人,拉近与最底层人员的距离。

(3) 蹲点、种试验田。即深入一点,取得经验,推动全盘。它是在已经确立了领导目标、制订了实施方案以后,为了取得全面实施的经验,也为了检验方案的可行性,才去试行的。这种方法与“解剖麻雀”相通。在施行这种方法时,所选的点必须是有代表性的;而且要在这个点的实际条件下进行试验,不能因为是“点”而大量“输血”。否则,就会失去普遍意义,起不了推动全盘的作用,甚至还会因人为地制造典型而脱离群众。

一般与个别相结合的方法要求我们在经常性的领导活动中“要区别对待,不要大呼隆”,也就是说,要深入细致,不要大轰大嗡。深入细致是要具体情况具体分析,区别情况,区别对待,分类指导,因地制宜。大轰大嗡就是不作具体分析,不看时间、地点、条件,千篇一律。布置工作好比刮一阵风,大风过处,飞沙走石,大风过后,一切恢复原样,这种工作作风极为有害。要克服"大呼隆",必须学会对症下药,科学地制定决策,坚持走一步看一步。"走"指实践,"看"指总结经验。首先是走,然后是看。实践一段,就总结提高一下,从实践效果的优劣决定下一步怎么走。这也就是一般与个别相结合的过程。

4. 抓重点带动一般

这是中心工作和一般工作相结合的方法。领导者要处理的问题多种多样,这就要分清主次,分清轻重缓急,从中找出并抓住重点问题和中心工作,同时又要照顾到其他各方面的工作。中心工作和一般工作相结合的原则就是:抓住中心,统筹兼顾,带动一般,推动各项工作全面发展。

中心工作是指对全局工作起决定作用的工作,它规定其他工作的发展方向和进程,制约着全局的态势。中心工作不是主观随意确定的,它是由主要矛盾决定的。中心工作具有相对稳定性和惟一性两个基本特征。

一般工作则是指对全局不起决定作用的工作,但它是全局工作不可缺少的组成部分,对全局也有着重要作用。一般工作是事物发展过程中的次要矛盾在工作上的反映,它与中心工作相比,具有多样性特征。

中心工作和一般工作是辩证的统一。中心工作规定着一般工作的方向和进程,制约着一般工作的存在和发展。而一般工作服从和服务于中心工作,并受中心工作的制约。中心工作和一般工作的区别是相对的,可以在一定条件下相互转化。

抓住重点、中心,带动一般的原则具体化为:第一,"抓中心环节"。正确确定中心工作,全力抓住中心工作,并要一抓到底,坚持下去。不但要抓,还要抓紧,抓而不紧等于不抓。第二,统筹兼顾,各得其所。从全局观念出发,使各方面工作有重点、有秩序地向前发展。一般工作要服从中心工作,又不能单打一,要以中心工作带动一般工作,而不是去"代替"一般工作。

抓重点带动一般,要主次配合,协调一致,有先有后,有轻有重,有缓有急。这就是"弹钢琴"的艺术。"弹钢琴"是一种艺术。"弹钢琴"要十个指头都动作,不能有的动,有的不动。而这十个指头如何动作,则是一个艺术性很强的问题。如十个指头一起按下去,那就不成调子。它们在键盘上的跳动必须有先有后,有轻有重,有急有缓,要有节奏,要相互配合,才能产生出美妙动听、沁人心脾的音乐。这个道理,同抓重点带动一般的领导工作原则是一样的。

在领导和管理工作中学会弹钢琴的艺术,除了在工作安排上要注意抓住中心推动全盘外,还要重视管理过程中各种管理因素的彼此平衡、相互结合。如在企业管理中,一方面要注意管理中的"硬性"因素,致力于建设一套清楚的、确定的、完美的组织结构和管理制度,使企业成为一个有秩序、有效率的机构;另一方面又要十分重视管理中的"软性"因素,注意到人际关系中存在的不清楚、不确定、不尽完美的因素,努力沟通上下关系,协调部门之间的冲突。努力把组织结构方面要求的清楚、确定、完美,同人际关系方面存在的不清楚、不确定、不完美结合在一起。把组织结构上要求的无情效率与人际关系中存在的宽容精神统一起来,在规范化、制度化、科学化的组织结构中,灌注入具有能动性、灵活性、创造性的人员、作风和技巧因素,使得比较机械的管理过程更加富有弹性和活力。

二、调查研究方法

在一定意义上说,领导工作可以概括为发现问题、解决问题。

要发现问题,必须先知道事物的现状和它的历史,知道事物同周围环境的联系,这就需要作调查研究。陈云同志说:“领导机关制定政策,要用百分之九十以上的时间作调查研究工作,最后讨论作决定用不到百分之十的时间就够了。”①“所有正确的政策,都是根据对实际情况的科学分析而来的。有的同志却反过来,天天忙于决定这个,决定那个,很少调查研究实际情况。这种工作方法必须改变。”②可见,调查研究是领导工作的首要任务。

1. 调查方法

调查方法很多,从不同的角度去分析,可作不同的分类。如按获取材料的途径可分为直接调查(如蹲点、直接观察等)与间接调查(如调查会、调查表等);按调查手段可分为口头调查和书面调查;按调查内容可分为全面情况调查和重点问题调查;按选择调查对象可分为典型调查、抽样调查、重点调查与全面调查,等等。在调查研究中,调查对象的选择居重要地位。现按此分类作些介绍:

(1) 典型调查。指选取若干有代表性的单位作为调查对象而进行的非全面性调查。其作用在于:通过对典型单位的调查研究,找出一些有规律性的东西,以指导和推动全面工作。“解剖麻雀”就是一种典型调查方法。典型调查的特点在于:范围小、单位少,能对被调查的事物作深入细致的了解;又能节省人力、物力和时间,以较小的代价获取较大的收益。这是一种简便灵活、经济实用的科学的调查研究方法。典型调查的具体方法有:择中选点(以中等水平者作为典型)、划类选点(在分类基础上用择中选点法在不同类型中选点)、择优(劣)选点(选择处于优等或劣等发展水平者作为典型)。

(2) 抽样调查。按随机的原则,从调查对象总体中,抽取作为

① 《陈云文选》第 3 卷,人民出版社 1986 年版,第 189 页。

② 《陈云文选》第 3 卷,人民出版社 1986 年版,第 34 页。

总体代表的部分单位作为调查点进行调查,并以部分单位的调查结果推算总体。抽样调查在其适用范围内,以概率论和数量统计作为科学根据,因而在以样本调查结果推算总体上,具有较高的准确性。它在一定程度上可以起到全面调查的作用。在不可能或没必要作全面调查时,可采用抽样调查法。在需要及时、迅速掌握情况而来不及作全面调查时,也可采用抽样调查法,还可配合典型作全面调查。样本抽选的方法主要有:① 纯随机抽样;② 等距抽样,即先把总体各单位按某一标志顺序排列,然后按相等的距离或间隔选取样本;③ 分类抽样(分层抽样),即在各类型组中作纯随机抽样;④ 整群抽样,即从整体中抽取群体作调查。

(3) 重点调查。即在调查总体中选择一部分在其中起主要作用或决定作用的单位作为调查点进行调查的方法。在此,重点单位的选择是否准确恰当,是决定重点调查成败的关键。一般采用系统分析、综合比较的方法确定。重点是可变的,在某一问题上是重点,在另一问题上不一定是重点;在某一调查总体中是重点,在另一调查总体中不一定是重点;在这一时期是重点,在另一时期不一定是重点。

(4) 全面调查。亦称普查,即对总体中所有单位进行调查的方法,如人口普查。在进行普查时要注意:第一,不能遗漏,对总体中各个单位都要查到;第二,对于规模大的普查工作,如人口普查,要规定统一标准时点,所有调查资料都必须反映这个时点的实际情况;第三,普查内容要根据普查的目的确定,与调查目的无关的因素可不查。

(5) 专家调查法。亦称德尔菲(Delphel)意见测验,是一种预测调查的方法。它在20世纪40年代末由美国兰德公司创造、50年代后盛行于西方。其具体方法是:由主持预测的机构选定一批精通本行业务的专家,人数大约在20人左右,组成专案组,接受对专项的调查。调查步骤是:给专家一人一份调查表和有关预测问题的基础资料,征询专家意见。预测机构收到调查表后,经过分析,再寄一份调查表和需要补充的资料给专家,并连续寄补充资料和调查表,重复进行调查,直至专家意见趋于一致。这种调查在很大程度上排除了人们当面接触所易于产生的主观干扰。

(6) 民意调查。目前世界各国流行的社会调查方法,发源于19 世纪 20 年代的美国。当时用于预测公民的政治意向,如总统选举,以后被广泛运用,并逐渐扩大到其他政治问题、社会问题乃至市场调查。近年来,民意调查在我国也受到重视,成为调查研究的一种方式,被广泛运用于考核和选拔干部及社会生活各领域。

为使民意调查取得成功,必须事先有精心的计划和良好的组织工作。首先,要有明确的目的和调查内容,提问的项目和措施力求明白具体,不能含糊,以避免似是而非的回答;其次,对于调查范围的选择,要有真正的代表性,既不是为迎合调查者的意图所决定,也不能片面追求猎奇;再次,要有充分的民主气氛,在某种舆论压力和领导者的授意下进行的民意调查是难以真正代表民意的。

2. 研究方法

如果调查研究过程大致划分为两个阶段的话,那么,调查阶段主要是获取材料的阶段,研究阶段主要是加工材料的阶段。能否认识事物的本质和规律,不仅取决于第一阶段获取的材料是否完整准确,也取决于第二阶段对材料的研究是否科学。对调查材料的研究方法,也就是在马克思列宁主义一般原理的指导下,对详细占有的材料下一番去粗取精、去伪存真、由此及彼、由表及里的加工制作功夫。随着现代科学技术的发展,在对调查材料进行研究的过程中,还需引入一些现代科学方法。下面介绍一些常见的研究方法:

(1) 系统研究方法。按照系统论的原则研究获得的调查材料,以便从调查材料的整体及各种材料的相互联系中把握事物的规律性。系统研究方法也就是按前面所说的系统思维方法去研究调查材料,在研究中应遵循集合性原则,即把调查材料当作反映客观情况的集合来研究,坚持全面把握调查材料。还应遵循整体性原则和相关性原则,即不但要研究调查材料的内在联系,而且要研究与其相关的客观环境。

(2) 度量研究方法。定量研究与定性研究的综合,即从量与质的结合上去分析研究调查材料。

(3) 概率研究方法。对于具有随机性的调查材料需要进行概率研究,即运用概率统计方法,对已获得的大量材料进行统计研究,以揭示调查对象变化的统计规律性。

3. 调查研究的正确态度

(1) 要坚持"观察的客观性",一切从实际出发。调查的宗旨,是为了搞清楚事实真相,寻求解决问题的办法。为此,在调查研究中,必须做到观察的客观性。也就是说,要一切从实际出发,如实地反映客观事物的本来面目,一是一,二是二,不附加主观臆断的成分。要坚持唯物论的反映论,反对唯心论的先验论;坚持历史地全面地看问题,反对孤立地、片面地看问题;坚持实践第一的观点,反对主观主义、经验主义和教条主义。

(2) 要尊重群众,甘当小学生。领导者从事调查研究工作,主要是面向群众,到群众实践中去寻求真理。要从群众经验的海洋中汲取知识,首先要有相信群众和尊重群众的态度,"没有满腔的热忱,没有眼睛向下的决心,没有求知的渴望,没有放下臭架子、甘当小学生的精神,是一定不能做,也一定做不好的。"①毛泽东同志这一经验之谈仍然是今天领导者们从事调查研究的座右铭。为此,要真正"蹲"下去,不能"走马看花",防止"身入"而"心不入",不能搞"秘书蹲点"、"行李蹲点",流于形式;要不耻下问,对于自己不懂的东西,不懂就是不懂,寻根到底问个明白;警惕自以为高明,对

① 《毛泽东选集》第3卷,人民出版社1991年版,第790页。

调查的情况略知一二,就发议论,把调查研究引导到一个特定的方向上去,让群众顺着领导的旨意走,这样的调查是不会得到真实情况的。

(3) 要有科学的态度。调查研究本身是一门科学,科学的东西来不得半点虚假,它要求踏实、细致、艰苦的工作,严肃、认真、周密的思考。在调查过程中,要重视信息的全面收集,深入细致,扎扎实实,不能粗枝大叶,大而化之,浮光掠影;要锲而不舍,追根究底,切忌道听途说,浅尝辄止;要实事求是地对材料作科学分析,思索要系统、周密,推断要仔细、正确,切忌现象罗列、材料堆砌、报流水账,或"想当然"、"合理想像"式地推论。在调查过程中,还要适当地运用现代科学技术手段,依靠专业机构,以克服经验主义。

三、具体领导方法(领导艺术)

以上所说的一般领导方法及其调查研究方法是普遍适用于各种具体领导活动的,而这里所说的具体领导方法即领导艺术,则指领导者个人在一定知识和经验基础上,在实施领导职能的过程中,运用特殊的手段和方法,创造性地、富有成效地解决各种实际问题,尤其是解决疑难问题的领导方式、方法和技能等。领导艺术的内容范围很广泛,而且各人有各人的特点,难以言尽。以下从几个基本方面加以概括,作一概述。

1. 待人艺术

所谓"待人艺术",就是领导者如何正确、巧妙、富有成效和创造性地对待有关(主要是下属)人员,主要涉及:

(1) 批评的艺术。批评和自我批评是我党的优良传统、优良作风,是思想建设的强大武器。但是要运用好这一武器,并不是一件很容易做到的事情。一次出色的批评,也不愧为一种高超的艺术。批评人而不伤害人,反而使批评者感激批评者对他的教育和帮助,这就是领导批评艺术的魅力所在。批评的艺术主要有:

① 先赞扬后批评,创造批评之前的轻松气氛;② 用谦虚、理解的态度进行批评;③ 不直接批评,而是启发被批评者认识错误;④ 信任被批评者,保护其自尊心。批评的艺术来自领导者对下属的热忱。只有有“爱兵如子”的真诚、热情,才能想方设法地耐心启发、教育;而不动辄训斥,不歧视、急躁、厌烦,甚至进行粗暴地压制。

(2) 处理牢骚的艺术。牢骚是人们对某种烦闷、不满情绪的语言发泄。对具体牢骚要作具体分析,笼统地作肯定或否定都不妥当。不能认为发牢骚就是落后,实际上,许多牢骚仅仅是不满的表达方式有待改进而已。作为一个领导者,首先要从自己身上找原因,其次才从群众身上找原因,这样才有利于解决矛盾,消除牢骚,改进领导。正确处理牢骚,不仅需要领导者对牢骚的正确认识和分析,而且更要有领导者宽大的胸怀和巧妙的艺术,主要有:① 自问到底法。即听到牢骚以后,冷静客观地分析,为什么会有人发此牢骚?引起此牢骚的原因是什么?是发牢骚者无端生怨气,还是领导者工作中有什么问题?然后对症下药,加以处理。② 区别引导法。即区别情况,区别对待,在冷静地分清牢骚性质的基础上,再分清轻重缓急,有步骤、有针对性地加以解决。对于无端的发牢骚者,应进行严肃的批评教育;对有合理成分的牢骚,应引导他们通过正当的途径向有关部门或组织反映,领导者则应从中择善,不必计较语言态度问题。③ 幽默降温法。牢骚必然伴随火气,不妨寓教育于幽默之中,先使气氛轻松下来,即所谓“笑语添轻松,幽默降火气”。创造一种平心静气交换意见的气氛,有时能收到意想不到的效果。但必须以坚持原则为前提,不能搞无原则的迁就。④ 主动征求法。对牢骚不能压,也不能堵,最好的办法是增强民主意识,用谈心、对话等方式,诚恳主动地征求意见,听取建议,多辟民主渠道,搞好民主评议,增强领导工作的透明度。这样有利于让大家多了解全局和领导的苦衷,增强上下沟通,加强感情交流,加强上下团结。处理牢骚时应遵循如下原则:头脑要冷静;多从自己身上找原因;及时分析处理;以防为主,尽可能消除各种产生牢骚的因素,诸如改进领导作风、沟通群众意见、加强廉政建设、及时解决宿怨等。

2. 处事艺术

如同没有适用于治疗一切疾病的万能的“灵丹妙药”一样,也不存在适用于一切时间、地点、环境、条件和对象的领导艺术。领导者为提高领导水平,需要一种在特殊情况下处理复杂多变的事态,以有效控制局势的谋略和方法,这就是领导者的处事艺术。

处事艺术包括应变艺术和综合艺术。所谓应变艺术,就是领导者在不违反原则和根本利益的前提下,根据环境、条件等变化,因时、因地、因人、因事随机应变,妥善地确立领导方式,处理和解决问题,实施有效管理的一种领导方法。领导者在日常工作中可能遇到许多变幻莫测的情况,这就需要领导者在详细掌握内外环境条件变化的基础上,根据实际情况,选择处变不惊、以变制变、蓄以应变、静观待变、机智应变或以不变应万变的对策,以获得较好的领导效果。领导工作的综合艺术涉及范围很广,诸如“上情”与“下情”相结合的艺术、长远目标与现实目标相结合的艺术、全局与局部统筹兼顾的艺术、从群众中来到群众中去的艺术、集体领导与个人分工负责相结合的艺术、依靠群众与依靠“智囊”相结合的艺术、一般号召与个别指导相结合的艺术、以点带面的艺术、抓住机遇的艺术、掌握工作节奏与提高工作效率的艺术、识别人才与选贤任能的艺术、战略上藐视与战术上重视相结合的艺术、调查研究的艺术等。凡此种种,都需要领导者在长期的领导实践活动中,通过不断地学习、摸索、总结,并根据各人的实际,形成行之有效的领导方法。

3. 运时艺术

所谓运时艺术,就是领导者有效地把握时间、能动地驾驭时间、科学地运用时间的艺术。掌握运时艺术,是有效地赢得时间、杜绝浪费时间的关键。

(1) 有效地赢得时间。一个领导者,要做的事情必然很多,如果不注意抓紧时间,势必难以实施有成效的领导活动。为此,要有只争朝夕的精神,要有紧迫感;要精心安排时间,做到按轻重缓急、长期短期安排时间,用统筹法有计划地协调时间;见缝插针,合理安排好可在零星时间完成的工作;要排除各种干扰,诸如突发事件的干扰、“文山会海”的干扰等。

(2) 巧妙地节省时间,杜绝时间的浪费,防止时间上的“跑、冒、滴、漏”。不放任自流、贪图安逸、随心所欲;不事无巨细都亲自过问,先办大事和紧要的事,把一般工作交给秘书、助手去干;切忌热衷空谈,别让闲聊浪费时间;把重要的事放在工作效率最高的时候去办、不把过多的精力放在交际上、不要插手下属范围内的事等。

4. 其他领导艺术

除了待人、处事、运时外,还有一些必要的领导艺术,主要有:

(1) 会议艺术。包括:主持会议的艺术和参加会议的艺术。主持会议的艺术主要指掌握会议进程,灵活地引导大家讨论问题,听取与会者意见,统一与会者思想的艺术。领导者参加会议的艺术,主要体现在即席发言、听取意见、赞扬与批评等方面。领导者的即席发言力求观点鲜明、短小精悍、言语与身份适当,切忌东拉西扯离题太远。对下属的批评与表扬要因人而异,要注意场合和方式,情况要真实,评价要适当,要注意群体效应,并力求做到“良药不苦口”、“忠言不逆耳”,不产生副作用。

(2)“超脱”的艺术。这里所谓“超脱”,指超出和脱离烦琐事务的意思。“超脱”的艺术包括:分层领导,各司其职,分权而治;不越级指挥,但可越级检查;也不允许下级越级请示,但可越级告状或提建议等。

法约尔指出:领导不要在工作细节上耗费精力。对于具体细节问题,应放手让下属去做。一个企业经理或行政组织领导应始终设法保持对于重大事情的研究、领导和检查的思维自由和必要的行动自由。当然,不在工作细节上耗费精力不等于不要注意细节。作为一个领导者应该了解每一件应该了解的事,不管大事或小事,但又不能对什么事都去研究。面对纷繁复杂的问题,领导者应该分清轻重缓急,集中精力和时间去做“必须做的工作”,委托别人去做“可以做的工作”,坚决砍掉那些“可做可不做的工作”。

(3) 驭权的艺术。所谓“驭权”,就是指领导者对自己所拥有的职权的驾驭或行使;相应的,“驭权艺术”就是指领导者驾驭或行使职权的艺术。领导者的驭权艺术,是领导者在熟练地掌握了驭权规律、原则、方针和丰富经验的基础上,经过实践的反复锤炼所达到的艺术化境界;是领导者驭权方法的高级形态或艺术化了的驭权方法;是领导者智谋的灵活表现。掌握驭权艺术,对于发挥领导职能和提高领导效能具有重要意义。驭权艺术主要包括:① 奖惩权的驭权艺术。应做到“赏罚分明,以奖为主”。奖惩要及时、准确、适度;奖惩要坚持实事求是;行使惩罚必须以法律、纪律和有关规章制度为依据;受惩罚者应是少数,打击面不能过宽。② 控制权的驭权艺术。要把“管权”与“管人”结合起来。权力只是一种手段,必须依附于人,因此,对权力的控制实质上是对人的控制。要把好干部选用关。另外,还要做到以身作则,率先垂范,建立和健全控制制度和约束机制。在必要时,则应运用手中的法定职权直接干涉下属,以权制权。但这种强制性的控制不到必要时不能随便使用。③ 正副职的驭权艺术。对于正职,必须做到:明确职责,全面领导;重视副职的助手作用;维护副职威信,支持副职工作。对于副职,则应做到:服从正职指挥,积极主动工作;承上启下,发挥桥梁作用;维护正职威信,树立正职权威;正确处理好同级间的关系。

(4) 处理模糊随机事件的艺术。领导活动难免带有随机性和模糊性。高素质的领导者不仅要懂得科学管理,而且要有处理模糊、随机事件的高超艺术。有人统计,依靠定量的科学方法和科学管理只能解决领导活动中40%的问题,大量的问题需要随机应变的艺术去处理。领导活动的模糊性或表现为事件本身的模糊性,或表现为关于事件信息的模糊性,或表现为领导者心理、精神因素的模糊性。模糊随机事件虽然各各相异,无固定套路,但领导者处理模糊随机事件的艺术还是有相通之处的,这就是:战略的眼光、敏锐的直觉、丰富的经验、决策的灵活性、随机的决断性等。面对模糊随机事件,切忌犹豫不决,当断不断。

(5) 处理突发事件和危机的艺术。突发事件和危机是领导活动中不可避免的问题。能否妥善处理突发事件和危机,关系到组织的安危乃至社会的稳定。所谓突发事件,必须同时具备三个条件:一是突然发生,难以预料;二是问题极端重要,关系安危,必须马上处理;三是首次发生,无章可循。突发事件的实质,是非程序化决策问题。面对突发事件和危机的领导艺术主要有:当机立断,及时控制;镇定自若,稳住阵脚;注重效能,标本兼治;打破常规,敢冒风险。

突发事件和危机对领导者的能力是个考验。在给领导者带来困难、危机的同时,也带来挑战和机遇。有高超领导艺术的领导者,善于从危机中抓住机遇,从挑战中赢得发展,最大限度地避免突发事件造成的危害和损失,提高领导效能,推动组织发展和社会进步。

第三节 领导作风

一、领导作风:无形的领导力量

所谓领导作风,就是指领导者在率领、引导和组织下属成员,为实现预定目标,采用一定的方式方法实施领导职能的过程中,所形成的具有一贯性的某些态度和行为。

领导作风对于领导工作的成败关系重大,它是一种无形的领导力量。陈云同志指出,执政党的党风问题是有关党的生死存亡的问题。这一点已为我党的历史经验所证明。

(1) 领导作风是领导者世界观的反映。领导者在实施领导的活动中,在处理人和事的过程中,都会表现出他对所追求的目标、他对主观与客观、理论与实践、领导与群众、个人与集体等关系的认识。这种已形成的个人看法和作出的抉择,正是他世界观的具体反映。一个人的言行,不是受正确的世界观所支配,就是受错误世界观的支配。恩格斯曾经说过,我们党有个很大的优点,就是有一个新的科学的世界观作为理论的基础。这个新的世界观就是辩证唯物主义和历史唯物主义。掌握了正确的科学的世界观,在领导作风上,就能尊重客观规律,相信群众,依靠群众,正确处理各种关系,从而把工作做好。反之,就会不尊重事实,不顾客观条件,听不进群众意见和呼声,形不成好的领导作风。

(2) 领导作风是领导者工作宗旨的体现。领导者对待工作的态度、行为即作风是由其工作的宗旨所决定的。领导者的工作宗旨有两种:其一是以权谋私、官僚主义、高人一等、专横跋扈,它反映了剥削阶级意识;其二是“全心全意为人民服务”。为谁服务、如何服务,是领导的社会本质,也是领导者的理论修养、政治修养、思想意识修养、作风修养的核心。只有树立为人民服务的宗旨,才能正确处理领导者同人民群众的相互关系,维护团结和组织纪律,抵制不正之风,倡导优良作风。

(3) 领导作风是领导者的一种有效影响力。领导作风看来无形,却具有很大的影响力,它足以影响一个单位,以至一个地区;影响一段时间,以至很久。作风是人际关系的纽带。现代领导工作,不能光凭职权,更要追求一种“上下打成一片,自觉融洽”的气氛,领导作风应当有助于实现这样的要求。部属和群众感受到好的领导作风,就会乐于为实现领导者提出的目标而奋斗;如领导作风不好,领导者一味认为自己是"一群之长"、"统帅首领",给予别人一种自上而下的压抑感,群众就会应付差事,缺少发自内心的支持,从而不利于工作的开展。同时,作风又是一种无声的命令,具有感染、激励、带动的影响力。一种好的领导作风,能发挥重要的示范作用和指导作用。毛泽东同志说过:"只要我们党的作风完全正派了,全国人民就会跟我们学。"①这种"跟着学",就是一种有效的影响力。许多领导干部把"凡是要求群众去做的,领导者首先从我做起"当作一条重要的经验,正是认识到领导作风影响力的结果。其三,领导作风还有着"以勤补拙"、"以长补短"的作用。领导者的影响力包括政治素质、文化素质、专业水平、资历、经验等各方面要求;而事实上,要具备全面的条件极为困难。在正常情况下,必然有长有短、有优有劣、有强有弱、有高有低。一个作风好的领导者,比较谦虚,群众关系好,作风踏实,即使水平低一些,也容易获得群众谅解,这不就弥补了领导的不足吗?

党的十五届六中全会着眼于面临的新形势新任务,实事求是地分析了党的作风建设的现状,作出了加强和改进党的作风建设的决定。全会指出,执政党的党风,关系党的形象,关系人心向背,关系党和国家的生死存亡。全会强调:首先,加强和改进党的作风建设,必须把思想作风建设放在第一位。坚持解放思想、实事求是的思想路线和思想作风,是党顺应时代进步潮流、永葆先进性的根本要求。其次,加强和改进党的作风建设,核心问题是保持党同人民群众的血肉联系。当前领导作风方面存在的种种问题,归根到底是脱离群众问题。再次,搞好党的作风建设,一定要抓住重点,集中解决党的思想作风、学风、工作作风、领导作风和干部生活

① 《毛泽东选集》第3卷,人民出版社1991年版,第812页。

作风方面的突出问题。做到“八个坚持八个反对”：坚持解放思想、实事求是，反对因循守旧、不思进取；坚持理论联系实际，反对照抄照搬、本本主义；坚持密切联系群众，反对形式主义、官僚主义；坚持民主集中制原则，反对专断独行、软弱涣散；坚持党的纪律，反对自由主义；坚持清正廉洁，反对以权谋私；坚持艰苦奋斗，反对享乐主义；坚持任人惟贤，反对用人上的不正之风。

当前，一些党员同志尤其是领导干部产生了贪图安乐、不思进取的思想，教条主义、本本主义滋长；形式主义、官僚主义盛行；弄虚作假、虚报浮夸严重；独断专行、软弱涣散问题突出；以权谋私、贪图享乐现象蔓延。这些不正之风的存在和蔓延，严重侵蚀了党的健康肌体，损害了党群关系和干群关系，必须认真加以解决。

二、领导者应有的作风

领导作风的范围很广，泛指领导者的各种作风，包括思想作风、工作作风和生活作风。思想作风是人们思考、探索、研究问题的基本态度和行为方式。工作作风是人们在工作中所表现出来的一贯态度和行为。它是领导者的思想道德修养、科学文化修养等在日常领导活动中的具体反映。生活作风是人们在日常生活中形成的一贯态度和行为。领导者良好的生活作风，诸如行为端庄、平易近人、勤俭朴素、廉洁奉公、作风正派、公正无私等，不仅关系着本人在群众中的威望，而且关系着领导的凝聚力和工作效能。

领导者应有的作风包括传统的优良作风和其他优良作风两方面。

传统的优良作风主要有：① 实事求是(理论联系实际)的作风。求真务实，一切按客观规律办事；不惟上、不惟书，正确对待上级指示；重视调查研究，创造性地贯彻党的方针、政策。② 民主(密切联系群众)作风。密切联系群众，注意发挥群众积极性；平等待人，与人为善；妥善处理民主与集中、群众与领导的关系；发扬

"领导就是服务"精神。③ 严于律己(批评与自我批评)作风。遵纪守法,不违纪枉法;克己奉公,严禁以权谋私;严于职守,反对官僚主义;积极开展批评与自我批评。④ 不怕困难和艰苦奋斗的作风。不畏困难和风险,勇于牺牲个人利益乃至生命,为实现既定的目标,不懈奋斗,直至成功。⑤ 尊重知识、尊重人才的作风。

其他优良作风主要有:① 创新作风。充满活力、积极主动、开拓进取;勇于向传统观念、习惯和势力挑战,主动接受新事物,探索新思路,争创第一流。② 博采众长的作风。广泛地学习别人的长处,向一切内行的人们学习,以人之长补己之短。③"三老四严"作风。即:做老实人、说老实话、办老实事;严格的要求、严密的组织、严肃的态度、严明的纪律。这是20世纪60年代形成于大庆油田的作风。④"言必信、行必果"的作风。言行一致,讲真话,办实事,取信于民。另外,雷厉风行、豁达大度、锲而不舍、坚韧不拔、勤于思考、开诚布公、襟怀坦白、精益求精、艰苦奋斗、闻过则喜等,都是领导者应具备的优良作风。

而官僚主义、表现为教条主义、经验主义、宗派主义的主观主义,以及表现为墨守成规、维护现状、不求进取的保守主义等都不是领导者应有的作风。

最近,胡锦涛总书记根据新形势新要求,提出"大力弘扬求真务实精神,大兴求真务实之风"。求真务实,是辩证唯物主义与历史唯物主义一以贯之的科学精神,是我们党的思想路线的核心内容,也是党的优良传统和领导干部应该具备的政治品质。要求我国社会主义初级阶段基本国情之真,务坚持长期艰苦奋斗之实;求社会主义建设规律与人类社会发展规律之真,务抓好发展这一执政兴国的第一要务之实;求人民群众的历史地位和作风之真,务发展最广大人民群众根本利益之实;求执政规律之真,务全面加强和改进党的建设之实。

求真务实,正是新时期加强和改进领导作风的重要指导原则。

第七章

领导和行政领导主体:个体素质与群体结构

领导者是领导活动的主体,在领导活动中处于主导地位。领导者个体素质和群体素质的高低,对于领导活动的成败起着关键作用。配备干部,没有一定的数量不行,但更重要的是其素质的高低。领导者素质的重要性、领导者群体结构的合理性、领导者素质的修养和锻炼途径,以及行政领导干部的考评等问题,是领导科学和行政领导学必须研究的基本内容之一。

第一节 领导者的个体素质

一、领导者素质及其重要性

素质概念,有狭义和广义之分。狭义的素质概念一般指偏于先天的禀赋、资质,是生理学方面的概念,内容包括人的神经系统、感觉器官和运动器官等先天的解剖生理特征。这种先天特点是人们获得知识、才能的自然基础。广义的素质概念是在生理学意义的基础上发展起来的,泛指人的性格、毅力、兴趣、气质、风度等,不仅包括人获得知识、才能的自然基础,更指通过后天的学习和训练而形成的基本状态。广义的素质概念由于包括后天养成的基本特点,因而也往往称作"素养",含陶冶、锻炼、养成的意思,内容包括政治思想、知识、技能、道德品质等方面的造诣和水平。

在领导科学中,领导者素质的概念是从后一种意义上说的,是指领导者在一定的时空条件下实施领导的知识、才能、品格、精神、观念、气质、体魄等因素的总和。

领导者要有良好的素质,而良好的素质不是生来就有的,是通过后天的学习、实践、培养、锻炼,即修养逐步形成的。在我国,提高各级领导者的素质的任务已严峻地摆在面前,这是新时期领导工作的根本要求,是端正党风、政风和社会风气的重要环节。

素质与修养有密切联系。人们通常所说的"修养",一般包括这样两个方面:一是指个人修身养性、陶冶情操等方面的程度;二是指待人处事等方面的态度。所谓"领导修养",主要指领导者个人在政治、思想、道德、品质、知识、技能等方面所达到的水平。修养与素质不同,它完全是自觉锻炼和培养的结果,不包含任何先天因素。素养是素质与修养的统一。

领导素养按其作用性质,一般可分为四种类型:

(1) 胆略型:有远见,高屋建瓴,运筹帷幄,统筹全局,敢于拍板,善于决策。

(2) 学识型:有广博的知识,思维敏捷,洞察力强,善于观察事物,发现问题,揭示事物本质和规律。

(3) 凝聚型:善于联系群众,动员群众,同群众打成一片,在群众中享有较高威望,有影响力、号召力、凝聚力。

(4) 条理型,有很强的协调组织能力,做事条理性强,思路清晰,有条不紊。

领导者素养的基本特点主要有:

(1) 综合性。领导者的素养是由多方面因素组成的一个有机结构体系。我国古代有"德、才、学、识"的说法。《孙子兵法》云:"将者,智、信、仁、勇、严也。"说的是作为一个军事领导者必须具备这五方面的素养。近代也有人提出"德"(政治素质)、才(才能素质)、学(学问)、识(见识)、质(气质、心理个性)、体(体质)等内容。

列宁指出,领导者的素质应包括:政治上的成熟性和积极性;密切联系群众;理解群众的利益并赢得他们的信任;善于把群众团结在自己周围;在技术和生产组织上是内行;受过科学教育;具有行政工作能力;办事认真、负责;具有坚强果断的性格。显然,这是一个多方面的综合要求。党的十一届三中全会以后,我党对干部提出"革命化、知识化、专业化、年轻化"的要求,是我党在新时期对干部综合素质提出的总的要求。一般地说,现代领导者应具备四个主要方面的基本素养:政治素养、知识素养、能力素养和身体素养。领导者的素养培养要坚持以政治修养为核心,并以此推动各方面素养的全面协调发展。

诚然,对大多数领导来说,要在各方面的素养上都十分突出,未免强人所难。一般只能在某一方面或某几方面比较突出。但领导者的各方面素养是紧密联系、互为补充和促进的,常常可以在一定条件下相互转化。例如,好的思想素养可以促成好的业务素养,好的能力素养有利于促成好的业务素质等。

(2) 层次性。在一个大型的社会组织中,组织机构层次分明,领导工作也划分为层次,一般可区分为高层、中层、基层三个不同层次。不同层次的领导者担负着不同的使命和责任,因而对其也有相应不同的素养要求:高层领导的职责主要是确定大政方针,与此相应,培养创造才能、增强战略意识和增长见识是提高其素养的主要任务。中层领导的职责主要是同人打交道,运用各种管理方法和管理技能实现大政方针,扩大人际关系方面的知识,培养协调能力是主要的。基层领导的职责主要是具体落实上级领导的意图,相应的,精深的专业知识和踏实苦干的精神,是其必备的主要素养。

(3) 动态性(时代性)。领导者的素养不是永恒不变的,它具有动态性。领导者素养的动态性有两方面的含义:其一,每一个时代的实践决定着该时代领导者的素养要求,时代变了,社会实践内容变了,领导者素养的要求也将随之而变。因而,领导者素养必须接受社会实践的检验,适者生存、发展,不适者淘汰,这是一条不可抗拒的基本规律,体现了领导者素养的时代性。其二,就领导者本人来说,其素养状况也是可变的。一个人能否充当领导者以及担负哪一级领导者,固然与一定的先天生理素质有关,但决定的因素是后天的锻炼、培养。俗话说,勤能补拙,一分辛劳一分才,天才在于积累,等等,都是至理名言。领导者只要投身于变革现实的实践,努力学习,刻苦锻炼,善于总结,就可以不断提高自身素养,反之,较好的素养也可能变差。在素养问题上,我们时时应有危机感,要活到老、学到老、改造到老。

领导者素养与领导功能的发挥有着密切关系,功能与素养是密切相关的。各种人才也无不以特定的素养为基础。艺术家的魅力,得之于各自具备的特殊素质,教师育人,除了要有必要的知识和技能外,还要有循循善诱、耐心细致的气质。作为一名军事指挥员,除了要有娴熟的军事知识外,还要有视死如归、镇定自若的气概。同样,领导功能的发挥,必须有领导者应该具备的素养。不同的领导素养,决定着不同的领导风格。胆略型和学识型素养是领导决策功能发挥的基础;凝聚型素养是发挥引导和指挥功能的前提;而条理型素养为组织、协调等领导功能所必需。

美国著名历史学家、社会学家帕金森曾经举过两个决策实例:一个是投资建造原子反应堆的问题;另一个是投资建造自行车棚的问题。当讨论第一个问题时,主管人汇报了简况,十一位委员中四位不知道什么是反应堆,另有三位尚不知它有什么用途,而其余四位知道反应堆作用的委员中,三位已知道建造它需花很多钱。惟一有发言权的是B先生,而且对1 000英镑的要价表示怀疑,但他不知从何谈起,谈具体方案吧,委员们一窍不通;说什么叫反应堆吧,诸位先生绝对不会承认自己一无所知,于是还是保持沉默为好。一笔巨款投资的决策就这样作出了。当讨论到第二个问题时情形就大不相同了。大家围绕着这小小的投资争论得十分热烈,最后以削减50英镑的投资而作出决策。这两个实例的启示在于:决策者的素养对决策水平的高低有着不可忽视的重大作用。在十一位委员中,只有四位懂反应堆的作用,另外七位根本不懂,在没有争议的情况下,巨额投资的决策反而轻而易举地作出了,这种决策的结果可想而知了。决策能力和素养是密不可分的,素养是基础,它决定能力,能力是素养的发挥和应用,它体现素养。可以说,决策者的素养越好,决策能力越强。

中外许多事例充分说明,一个领导者是否具有必要的领导素养,直接关系到领导的成败。我国古代的楚汉相争,刘邦的成功与项羽的失败,关键就在于刘邦具有帅才,善于用人,集合各种人才,因而能取胜。三国史上的袁绍,虽兵多将广,谋士如云,但因自身素质差,官渡一战一败涂地,在三国历史上昙花一现。在现代,更是如此。首先,素养是领导者自我完善的需要。领导者只有在领导活动中努力学习和加强锻炼,不断扬优除劣,才能使其素质不断升华,逐步趋向完善,成为称职的现代领导者。其次,提高领导者的素养是有效实施领导职能的重要保证。领导者作为一个关键的角色,要有效地行使职能,必须具有坚定正确的政治方向、广博的科学文化知识、卓越的创造能力和高尚的道德品质。如何塑造一个领导者,意味着如何塑造一定的社会组织。再次,提高领导者素养是加强领导者影响力的客观要求。影响力分为领导权影响力和统御权影响力。前者由法定权、强制权、奖惩权等构成;后者由个人的素养(知识、技能、才干、良好的品质等)形成。前者是常数,后者是变数。提高领导影响力,关键在于正确使用领导权影响力的同时,努力提高统御权影响力,而领导者的素养在其中起着重要作用。

二、现代领导者的基本素养要求

1. 政治素养

政治思想是现代领导者的首要条件。无论是党政领导干部,还是普通业务干部，都必须牢固树立无产阶级世界观，坚持四项基本原则，自觉贯彻执行党和国家的各项方针政策、法律法规，全心全意为人民服务，以身作则，为人表率。新时期领导干部的政治素养尤其要强调以下几点：

(1) 确立造福于人民的观念。领导者实施领导，手中都掌握着一定的权力。而权力是有两重性的，它可以使领导者更为充分地发挥聪明才智，造福于人民，也可以使某些人走上以权谋私的邪路。如何正确对待和利用人民赋予的权力，是执政为民还是以权谋私，这对每一个领导者来说，既是严峻的考验，又是能否搞好领导工作的关键。领导者必须懂得，党对国家生活的领导，最本质的内容，就是组织和支持人民当家做主，来建设社会主义的新生活。社会主义的各级领导者都是社会的“公仆”，是为人民服务的“勤务员”。正如毛泽东同志指出的那样，我们的一切工作干部不论职位高低，都是人民的勤务员，我们所做的一切都是为人民服务的。各级领导者应该牢记全心全意为人民服务的宗旨，从严要求，时刻做到掌权不忘责任重，位高不忘公仆心，“俯首甘为孺子牛”，作风正派，廉洁奉公，不谋私利，谦虚谨慎，平等待人。当今，为人民造福的首要任务是带领广大群众完成社会主义建设的伟大而艰巨的任务。邓小平同志指出：“正确的政治领导的成果，归根结底要表现在社会生产力的发展上，人民物质文化生活的改善上。”①“这就是今后主要的政治。离开这个主要的内容，政治就变成空头政治，就离开了党和人民的最大利益。”②可见，为人民造福，为发展生产力，为社会主义事业积极作贡献，这就是最主要的政治标准。在新时期，社会的安定、人民生活的改善、国家实力的增强，都有赖于生产力的发展。作为一个党政领导干部，担负着一定范围内发展经

① 《邓小平文选》第2卷，人民出版社1994年版，第128页。

② 《邓小平文选》第2卷，人民出版社1994年版，第150页。

济、富民兴邦的领导重任,只有抓住经济建设这个中心,才能开拓新局面,作出出色成绩。

(2) 要有高度的事业心和责任感。事业心和责任感体现了领导者的工作抱负,体现了领导者对本职工作意义的认识及其工作精神,也是领导者世界观和人生观的反映,因而是领导者工作毅力的源泉。高度的事业心和责任感具体表现为:① 热爱本职工作,忠于职守,不论职位高低和环境优劣,都尽力做好工作,从不居功自傲或消极怠工;② 能把远大理想和志向同本职工作相结合,把全副精力扑在工作之上并为之奋斗终生,对工作认真负责,精益求精;③ 勇挑重担,敢于负责,不推诿责任。

(3) 顽强的进取心和坚韧性。进取心体现了开创新局面的开拓精神。现代化事业是一项开创性的事业。在新时期的崭新任务面前,不论老干部还是中青年干部,都要不断学习新知识,总结新经验,敢于破除陈规陋习,为建设有中国特色的社会主义而大胆探索,开拓创新。坚韧性体现了面对困难和压力的顽强意志。在现代化建设中,不可能没风浪、无困难,只有领路人矢志不渝,不怕困难,藐视压力,败不馁,胜不骄,才能带领大家坚韧不拔,稳步前进。

除此以外,民主意识、法制意识和服务意识以及基于优秀道德品质的良好的公众形象也是领导者必备的政治素养。

2. 知识素养

作为一个社会主义领导者,应具备的知识素养主要包括三方面:

(1) 通晓马克思主义理论。对于马克思主义哲学、政治经济学、科学社会主义、党建理论、党史等基础理论应有比较系统的学习,并能融会贯通,指导工作。这既是革命化的要求,又是知识化的要求。

(2) 知识面广。领导工作的综合性、多样性要求知识的广泛性。领导者对于一般社会科学、自然科学和思维科学等各方面的知识,都要有所了解。尤其在当前,我们正面临着世界新技术革命的挑战,这就对现代领导者在文化专业方面的素养和作风提出了更高的要求。要有虚心好学的精神,要有熟练的专业知识和技能。这里所说的专业是一个广泛的概念,既指各行各业的专业,也指管理工作、思想工作、组织工作等专业。领导者除了要熟悉自己本行的专业外,各行各业的领导干部还要学好共同的业务基础知识,如法律、经济管理和领导科学等。随着新技术革命的不断深入,各门学科的信息相互渗透,现代科学出现了既高度分化、又高度综合的发展趋势。学科规模不断扩大,新的学科不断涌现,这就需要现代领导者不断拓宽知识面,并运用大科学、大经济的观点来认识和改造客观世界。

(3) 熟悉现代管理知识。领导者要有较高的组织管理素养,包括:统筹全局的思考能力,深入群众、多谋兼听的探讨能力,权衡利弊的决断能力,突出重点、兼顾一般的计划能力等。这些能力皆来自现代管理知识,包括经济管理、行政管理、领导科学、人才学、思想政治工作概论等多方面的知识。

(4) 了解社会生活实际知识,积累丰富的工作经验。这有助于从理论和实际的结合上解决问题。为此,领导者必须了解周围事物的历史和现状,熟悉社会生活,善于总结经验。

3. 能力素养

领导者的能力素养,包括领导能力和基本能力两方面。领导能力主要有:① 策划、决断能力:深谋远虑,统筹全局,有超前意识,能预测事物变化趋势,有胆有识,当机立断,善于排除干扰,控制局势,具备风险决策能力;② 组织、指挥、协调能力:善于统筹兼顾,调动一切积极因素,团结大多数;③ 人际交往能力:关心别人,理解别人,说服别人,循循善诱,因势利导,平易近人,善与人和;④ 灵活应变能力:审时度势,处置突发事件的能力,诸如沉着冷静、应付自如、灵活机动、临机处置等能力;⑤ 改革创新能力:

思维敏捷,善于捕捉信息,思维活跃,富于胆识,不迷信权威,不崇拜偶像。基本能力主要有观察力、记忆力、思维力、创造力等。

4. 体格条件

领导者的身体条件非常重要,只有具备充沛的精力,才能承担繁忙的工作。因而,作为一个称职的领导者,应该有健康的身体和旺盛的精力、敏锐的思维和良好的记忆、合格的年龄条件;也包括良好的心理素质,例如:积极进取,充满自信的精神状态;处事稳重、态度谦虚的性格;坚定的意志、顽强的毅力、勇于决断的魄力;能宽容,会忍耐,有韧性;有顽强的竞争意识,但无嫉妒之心;有较强的心理承受能力等。

三、行政领导者基本素养的特殊要求

作为一个行政领导者,除必须具备一般领导者的基本素养外,还必须具备对行政领导者基本素养的特殊要求。

(1) 行政领导者应具备比一般领导者更高的政治素养。这是由行政领导者的政治特征和所担负的行政职能所决定的。行政领导者是各级政府行政部门的领导者,是在各级行政组织中负责计划、组织、指挥和管理的领导人。国家行政领导者承担着国家任务所必须担负的责任。行政领导者负责贯彻执行党的各项方针、政策和国家权力机关、上级行政机关的法律、法规和决定;负责主持制定和审批本地区、本部门发展的总计划;支持和指导行政规范的制定。行政领导者所处的特殊地位,决定了其必须具备较高的政治素养。行政领导者的政治素养如何,直接关系到我们党和国家的政策能不能贯彻执行,关系到一个地区、部门、单位的事业的发展;同时还关系到在当前复杂多变的形势下,在激烈的国际竞争中,我们能否保持社会主义制度永远立于不败之地。行政领导者必须有坚定的政治信仰,必须坚持正确的政治方向,在现阶段就是要坚定不移地执行党在社会主义初级阶段的基本路线;必须有为实现社会主义现代化而努力奋斗的强烈事业心和全心全意为人民服务的高度责任感,有勇于创新、不断进取的精神,有知难而进、百折不挠的坚强意志,有拒腐蚀、永不沾的高贵品质;尤其要"想群众之所想,急群众之所急",发扬实事求是、求真务实的作风;发扬密切联系群众的作风,甘当人民的公仆;发扬民主的作风,虚心听取群众的意见;发扬调查研究的作风,深入实际,提高决策的科学化程度。

(2) 行政领导者应具备特殊的知识和专业素养。行政领导者贯通上下,影响全局,管理诸事,因而必须具有广博的知识和较高的专业水平。行政领导者尤其需要具备行政管理专业的知识,这是做好行政领导工作的基本条件。为此,行政领导者必须系统地学习和研究行政管理学、领导科学、现代决策学等知识,努力使自己成为既懂行政管理知识,又有行政管理经验的内行和专家。另外,行政领导者的政治特征决定了必须全面系统地学习和掌握马克思主义哲学、政治经济学、科学社会主义、政治学、法学、政策学、社会学、党建理论、思想政治工作学等方面的知识。这是做好行政领导工作的指导思想和理论基础,也是社会主义国家的行政领导干部必不可少的政治专长。

除此以外,行政领导者的能力素养也具有特殊的要求。一是需有较高的理论思维能力。行政领导活动是一件复杂的活动,行政领导者要率领群众从事创造性的活动,就应该有自己的理想、目标,有自己的主见。行政领导者要有理论的学习能力、是非辨别能力、把握事物本质能力,才能在行政领导活动中运用自如。二是科学决策能力。行政领导者必须善于审时度势,统筹全局,尊重群众,具有较高的政策水平,具备科学决策的能力。三是组织协调能力。作为一个行政领导者,没有较强的组织协调能力,就无法协调人、财、物的关系,就无法调动被领导者的积极性,就不能有效地实现行政目标。

总之,行政领导者的特殊身份决定了其应具备的基本素养的特殊要求,只有符合这些特殊要求的行政领导者才是合格的领导者。

第二节　领导集团的结构

一、领导集团结构合理化意义和标志

领导集团的结构即领导班子的结构,包括班子成员的人数、职务分工、排列顺序和组合情况,如专业结构、智能结构、年龄结构、性格气质结构和工作组织结构等。领导结构合理化是提高领导集体的系统功能的关键。

(1) 领导结构合理化是社会主义现代化建设的需要。班子结构合理化有利于实施系统性领导。在生产规模不大、分工协作简单的情况下,组织管理比较容易,一些人凭借个人的经验、技术和才干,有较好的条件和较高的威信,就可以胜任领导任务,因而当时无所谓领导结构合理化问题。而现代化建设任务的艰巨性和复杂性不但要求领导者个人必须具备一定的素质,而且要求有一个科学的领导结构。现代化建设是一个由人、财、物、信息等要素构成的,有人流、财流、物流、能流、信息流等,是具有众多因素、序列、层次的纵横交错的社会工程系统。现代化大生产是一种系统经济,生产、经济、科技发展一体化。在科学技术上,涉及多种学科、多种技术;在业务范围上,关联着各行各业、四面八方;管理方式和手段也发生了根本变化。领导者所面临的任务,常常不是单一的而是带有综合性的复杂问题,需要收集多方面信息,进行多方面的分析和论证。只有结构合理的领导班子,才能把不同智能的领导者结合在一起,集思广益,依靠集体力量,实施系统领导。

(2) 领导班子结构的合理化,有利于运用现代管理技术和科

学方法。现代科学技术迅猛发展,个人很难具有如此全面的科技知识,而单靠某一方面专长的领导者已无法胜任现代化的领导重任。这就需要有具有各种专长的领导人员的合理搭配,以使各种专长的领导者各显神通,相互配合,携手共同完成领导职能。

(3) 领导结构合理化是高效能领导的需要。班子结构的合理化,有利于实施高效性领导。领导活动的效能,直接与领导集团结构的合理化程度有关。系统的功能取决于结构,结构合理,才能发挥最佳功能。领导群体也是一个系统,如若领导群体的结构配备不合理,就不能发挥好领导的整体功能。例如,由某一种专长的领导干部构成的班子,由于专业知识、技术专长甚至思维方式单一,势必不利于取长补短、集思广益。又如在领导班子中如若都是清一色年龄的领导干部,也势必难以各得其所,互补互益,体现出整体效益。

衡量一个领导班子的结构是否合理,最基本的标志是:稳定性、高效性和自我适应性。

稳定性是衡量班子成员之间是否团结协调、配合默契、相辅相成、互补长短的标志。班子成员间配合得越好,结构稳定性就越强,产生的结合能也就越大。这就是说,班子结构越合理,班子也就越团结。领导成员团结与否是衡量领导班子结构合理与否的一个重要标志。

高效性是判定一个领导班子的结构是否合理,这个领导集团的工作效能如何,能否高效能地解决问题的标志。结构合理的班子必然是高效能的班子,必然能既果断敏捷、又切合实际地处理事务。

一个合理的领导结构,还应当是能够自我适应、自我控制、自我完善的。任何事物都处在永不停息的运动中,都呈现出一种自组织性,能不断进行自我调节,完善自身。同样,作为一个好的领导班子,也必须能在永不停息的运动中逐步求得平衡和稳定,不断完善自身,只有这样的领导班子才是结构合理的领导班子。

二、领导集团结构合理化内容

1. 合理的专业结构

专业结构是指具有不同专业知识、专业技能和专业经验的领导人才的组合方式及其比例关系。它是现代化领导班子最基本的结构。

现代领导是建立在生产和科学技术既高度分化又高度综合的基础上的,任何一项领导工作都具有很强的专业性能,如领导人员没有一定的专业知识与技能,领导班子没有多方面的专业人才的合理搭配和组合,就很难处理生产、科研以及其他方面较复杂的问题。

专业结构的合理化,要求不同层次、不同类型的领导班子实行不同文化程度、不同专业知识的领导成员的合理搭配。一般来说,层次越高的领导班子,其成员的知识水平应该越高;科学技术水平越高的单位(如教育单位、科研单位)的领导班子,其成员的专业水平应越高。工作性质不同、管理方式不同的领导班子,专业结构也应有所不同。例如,以块为主的省、地(市)、县领导班子的领导活动具有综合性特征,其班子成员在专业知识和管理知识的搭配上,通才应多于专才。对于第一把手,更应是能精通一门专业而又学识广博,并具备一定组织管理才能的帅才。而在直接从事生产管理活动的企事业单位领导班子中,专才则应有较大的比重,但也不宜专业结构过于单一,专业结构单一的领导班子不是结构合理的班子。

对领导班子专业结构的"专业"要有正确的理解。领导班子的专业化主要不是指"硬"专业化,而是指"软"专业化。领导成员主要应精通思想政治工作、组织管理工作、经营供销工作、后勤服务工作等专业知识,而不懂管理的"硬"专家却不能算是好的领导成员。著名的“曼哈顿工程”是美国在第二次世界大战期间的一个“大科研”组织,它集中了15万各类学科的科学家、工程技术人员,投资20亿美元,从事原子弹研制工作。当时罗斯福总统在配备领导成员时,没有录用三个在专业上造诣很深、威望很高的诺贝尔奖金获得者,而是选拔了一个在物理学界名不见经传,算不上第一流,但却具有卓越的组织管理才能的物理学家奥本海默担任技术总指挥。由于他的出色领导,终于造出了第一批原子弹。这说明,领导干部专业化,不等于领导干部科技专业化。科技专家有较高的现代科技素养,这是他们学习和从事领导、管理的有利条件,应重视从他们当中选拔领导干部。然而,并不是每个科技专家都有管理才能。学术上的权威不等于领导和管理上的行家,如选拔不当,把那些专业造诣较深,留在专业岗位贡献更大,却不适宜担任领导的人员选拔上领导岗位,只能是把“内行”变成“外行”,造成新的人才浪费。

2. 合理的智能结构

所谓智能结构,指具有不同类型智能的领导成员间的协调组合。这里所说的智能,主要指在工作中运用知识的能力和水平。

作为一个现代化的领导集团,应该拥有足够的现代化知识。在现代社会越来越趋向知识普及、知识社会化、知识密集化的形势下,不存在高人一筹的才能,就无法取得下属的信服,也就不能有效地指导、指挥下属的工作。美国管理学家杜拉克说,选拔一些没有造就的人做经理是不行的,因为要做一名经理至少要让下属信服。因此,美国的政府部门、企业单位都十分重视领导人的知识水平,重视领导人的学历。

然而,知识虽然重要,但运用知识解决实际问题的能力(即智能)更为重要。智能同知识的关系,是既相互依存又相互独立的关系。一方面,智能的形成和发展是以知识为基础,知识总量和水平对智能增长关系极大;另一方面智能又具有相对独立性,有它自身发展的规律。可以说,智能是活化了的知识力量。从某种意义上说,智能比知识更重要。日本学者川上正光说过,知识,百科全书可以代替,可是,考虑出的新思想、新方案,是任何东西都代替不了的。因而,智能对于领导人员来说,具有特别重要的意义。

各人的智能类型是不同的。有的人创造能力超群,精于观察,善于思索,富于想像,具有思想家、战略家的才能;有的人组织能力出众,长于指挥调度,巧于组织安排,勇于随机应变,能够深思熟虑,具有组织家、指挥员的才干;有的人善于表达,具有宣传家的素养;有的人精通业务,精明干练,踏实苦干,具有实干家的品格。重视具有不同类型智能的领导成员间的协调配合是很重要的。由同一智能类型的领导成员构成的班子功能单一,不是好的领导班子;只有不同智能类型的领导成员构成的领导班子,才是智能结构较佳的领导班子。在一个领导班子中,既要有富于远见卓识,善于分析综合,有决断能力的主要领导者,又要有沉着冷静、足智多谋的智囊人物;既要有善于做深入细致的思想工作的,又要有善于做组织管理工作的;既要有具有活跃的思维品质、广泛的交往能力的活动家,又要有兢兢业业、埋头苦干的实干家等。这样的领导班子才是一个多功能、高效能的班子。

3. 合理的年龄结构

年龄结构指在领导集团中各个成员按年龄分布和组合的情况。一个好的领导班子,应有梯形的年龄结构,即有适当比例的不同年龄区段的干部构成的整体,而且,年龄梯次应适当拉开。

不同年龄段的干部有不同的长处,在班子中起着不同的作用。一般说来,老干部经过长期锻炼,有较丰富的经验,深谋远虑,处事稳健,善于处理复杂问题,应付复杂局面,往往能起指引方向的作用;中年干部年富力强,锐意进取,有开拓精神和创造能力,兼有青、老干部的长处,起着承前启后的作用;青年干部朝气蓬勃,思想敏锐,易于接受新事物,竞争性强,敢作敢为,可发挥攻坚作用。同时,三者又各有自己的短处,不同年龄的人结合在一起,可互相取长补短。一般说来,班子中中年人应多些,50岁左右的人是宝贵财富,一把手最好在中年年龄段,而班子年轻化应该是个方向。另外,班子层次不同,整体年龄也应有所变化。越是低层次的领导班子,整体年龄越应趋向年轻化。

领导班子的年龄呈梯次配备,有利于进行新老干部的合作交替,这是实现新老干部交接班的有效途径。新老干部之间的合作,既能改善班子的整体效能,又有利于新干部的成长,使领导班子有条不紊地实现新陈代谢,永葆青春活力。实现梯形年龄结构,关键是大胆选拔年轻干部,并把他们放到重要岗位上锻炼。合理的年龄结构是一个动态的过程,由于人的年龄逐年在增长,因而领导班子的梯形年龄结构不是一次调整就万事大吉,而是要经常调整,形成一池活水,实现动态平衡,以经常保持梯次年龄结构。

4. 合理的性格气质结构

领导班子的性格气质结构指具有不同类型性格气质的领导成员的协调组合。性格、气质都是人的重要心理特征。性格是人对现实的稳固态度或习惯了的行为方式,如坚强、勇敢、勤劳或怯懦、懒惰等。气质,也就是俗话说的脾气,它是个体对外界事物的一种稳定的、典型的心理特征。在一个合理而完整的领导班子组合结构中,领导成员的性格气质应当是协调的。心理学家把气质划分为四种类型:① 胆汁质:精力充沛、感情强烈而易爆发,行动迅速;② 多血质:活泼、好动、热情洋溢,感情变化而不持久,动作敏捷而有可塑性;③ 黏液质:沉着、冷静、情感反应慢而持久,动作迟缓而不灵活;④ 抑郁质:敏感、多疑,情感丰富细腻而不外露,反应速度慢,具有刻板性。人的性格也各式各样,有的外向,有的内向;有的爱好相互协同,广泛交际,有的喜欢独自思考,不大合群;有的脾气急躁,工作大胆泼辣而粗心,有的性格温和,办事谨慎拘泥而细心。一个人的气质和性格往往既有长处,又有短处。作为一个领导集体,应当把不同气质、性格特点的人合理地组合起来,使之相互补充,扬长避短。

合理配制气质性格结构的原则主要有:① 互补原则。合理的气质性格原则应是互补的。实践证明,气质性格相似的人们很难和谐相处。这是因为,气质性格彼此相像的人往往看问题、做事情都相差不多,容易把注意力集中在一些细节上,相互看不起,从而产生摩擦。如智多星多了,谁都有主张,又谁都能找出别人的问题,还都说自己有理,那事情就复杂了。不同气质性格的人聚集在一起,才有利于沟通与团结、互助与合作,形成和谐与活跃的气氛。当然,领导成员间的气质性格如相差太大也不利于协作与配合,因为人们总习惯于自己的心理倾向和行为方式,总会产生一种自我肯定的心理状态,而会对同自己性格相差太大的人产生某种轻视心理。② 层次原则。不同层次领导班子的气质性格要求是不一样的。对于高层次的领导班子来说,气质性格应以独立型、主导型为主;中层班子应以理智型为主,而低层班子则应以服从型为主。③ 职能原则。担任不同职能的领导成员应有不同的气质性格要求。例如,从事宣传、公关工作的人员,需要活泼、好动、热情等性格;从事组织、人事工作的领导成员,更需要沉着、冷静、细腻等性格;从事行政工作的领导成员,应有充沛的精力、敏捷的思维、雷厉风行的工作作风;从事技术工作的领导成员,则需要认真、细腻、踏实的作风。

5. 合理的工作组织结构

所谓合理的工作组织结构,即在实际领导工作中能充分发挥整体效应的、结构合理的领导班子。一个合理的工作组织结构的具体要求是:人员精、人数少、工作配套、精干有力。

人员精指领导成员必须符合革命化、年轻化、知识化、专业化要求,每个成员必须具有胜任现职工作的专业知识和组织领导能力。对于不符合条件、力不能胜任者,必须及时调整,决不迁就。

一定要贯彻能上能下、能进能出、能“官”能民的原则。

人数少指人员配备要精干,能一个人干的工作决不放两个人,尽量减少班子人数;尽量减少交叉兼职,虚职、闲职一个也不设。实践证明,班子人数多了,分工太细,不便协调,影响运转,效率难以提高,还容易助长官僚主义和形式主义。

工作配套指省、地、县各级领导班子和企事业单位的领导班子,在精干有力的原则下,班子内部要有配套的工作结构。既有负责全面工作的,又有按分工能独当一面的;既要有精干有力的决策、执行班子,又要组建参谋咨询班子、监督检查班子和信息反馈班子。随着社会主义现代化事业的发展,后几种班子应逐步得到充实和加强,以保证决策的正确制定和贯彻执行。

凡符合以上诸要求的班子,一定是精干有力的。精干有力,从功能上反映了对一个结构合理的领导班子的总体评价。

三、领导集团结构合理化途径

要实现领导集团结构合理化,必须努力贯彻以下原则:

1. 坚持“四化”方针,搞好领导班子调整

党的十一届三中全会以来,特别是党的“十二大”以来,在党中央的领导下,各级各类领导班子按照革命化、年轻化、知识化、专业化的方针和精干有力的原则,进行了组织调整,使各级领导班子结构科学化的程度有了较大提高。坚持“四化”标准是个长期的战略任务,我们要坚持不懈地抓好。

2. 加强干部培训,提高干部素质

加强干部培训工作,大力提高干部素质,是实现领导班子结构科学化的根本途径之一。党的“十二大”就指出:“为了造就社会主义现代化建设的大批专门人才,必须加强干部的教育和训练工作。”“普遍轮训干部是提高干部素质的一项重要的战略措施。”如果说现代化建设起飞有两个翅膀,一个是科学技术,一个是科学管

理,那么它的基础就是教育。因此,必须高度重视智力投资,切实加强干部培训工作。

干部培训的基本任务,是使全体干部在马克思主义、毛泽东思想、邓小平理论以及专业知识、科学文化知识和领导管理能力等方面都得到提高,成为坚持社会主义道路的、具有专业知识的、懂得管理的党和国家的合格工作人员。干部培训的重点是各级领导干部以及作为后备干部的优秀中青年干部,特别是县以上各级领导干部及其后备干部。干部培训工作要经常化、正规化、制度化。

全党尤其是党的各级领导干部素质的高低,对党能否始终保持先进性至关重要。邓小平同志曾经深刻而尖锐地指出:“一个国家的革命,核心问题是党。有了一个好党才能引导革命走向胜利。革命胜利后,搞社会主义也要靠一个好党,否则胜利就靠不住。”[①]他强调:“建立一个什么样的党的问题,这不仅是我们这一代的问题,也是下一代、再下一代的问题。”[②]在世纪之交,江泽民同志站在历史高度提出的“三个代表”的思想,从根本上解决了面对新世纪如何提高全党素质、确立一个什么样的党建目标的问题,为在新时期提高全党素质指明了方向。江泽民同志“三个代表”的论述提出于世纪之交,其深刻内涵体现了新世纪对全党的素质要求。它向我们展示了面向21世纪的中国共产党人应具备的素质,确定了切合当今时代特征的全党素质的新内涵。

(1) 在高科技时代,代表先进生产力就是代表先进科技。高科技时代的最重要标志是:高技术成了提高劳动生产率的最重要手段和发展社会生产力的主要方向,作为智力要素的知识和科技已成为驱动生产力发展的决定性因素,依靠高科技成果改造生产力已成为经济发展的首要课题。现代劳动者如不掌握高科技,就

① 《邓小平文选》第1卷,人民出版社1994年第2版,第348页。
② 《邓小平文选》第1卷,人民出版社1994年第2版,第348页。

不能成为先进生产力的主体。因而,作为中国工人阶级先锋队的中国共产党,如果不用先进科技武装自己,对先进生产力的发展变化茫然无知,则非但难以领导全国人民推进我国社会生产力的解放和发展,甚至会被不断进步的时代所淘汰。

(2) 在我国当今社会转型期,代表先进文化就是代表有中国特色的社会主义文化。中国共产党在现阶段的历史任务是领导全国人民建设有中国特色的社会主义,而中国特色社会主义文化是有中国特色社会主义的重要组成部分。以马克思列宁主义、毛泽东思想、邓小平理论为指导的中国特色社会主义文化正是有中国特色的先进文化,它体现了中国的发展方向,体现了中国特色的社会主义精神文明,体现了中国人民建设社会主义、实现共产主义的崇高境界,也继承和发展了中华民族的一切优秀文化传统,学习和吸收了一切外国的优秀文化成果。它是指导中国政治、经济发展的有力思想武器。我党如不能代表中国先进文化的前进方向,就难以完成建设有中国特色的社会主义的伟大历史使命。

(3) 在深化改革开放时期,代表中国最广大人民的根本利益就是代表人民群众的社会主义改革愿望,带领中国最广大人民群众走共同富裕的社会主义现代化道路。我党的宗旨始终是全心全意为人民服务,然而,在不同的历史时期,为人民服务的目标不同:在新民主主义革命时期,我党为人民服务的目标主要是带领全国人民推翻三座大山,建立新中国,实现人民翻身做主。在社会主义建设时期,我党为人民服务的目标主要是解决好人民群众日益增长的物质文化需要和相对落后的生产力之间的矛盾,不断提高人民群众的物质文化生活水平。在当今改革开放时期,我党为人民服务又增添了新的内容。能否处理好深化改革中所碰到的一系列关系群众切身利益的问题,如职工下岗问题、地区间和社会成员间收入悬殊问题、保证人民民主权利问题等,就成了密切党和群众关系、衡量我党能否真正成为新时期人民利益代表的标志,也是考察我党广大党员尤其是各级领导干部有无群众观念的主要依据。

“三个代表”是一个整体。体现“三个代表”的素质也是一个整体。只有代表了先进科技和先进文化,才能真正当好新时期人民群众的“领头羊”,推进时代前进。也只有真正把新时期人民群众的利益放在心上,才能当好先进科技和先进文化的代表。这是一种整体素质。

3. 建立后备干部制度

早在 1983 年,党中央就及时提出建立后备干部制度问题,要求在我们的干部队伍和领导班子中,第一梯队掌舵带班,第二梯队进入主线成为领导骨干,第三梯队作为后备干部队伍准备接班,这是一个战略布局。抓好后备干部队伍建设,是干部队伍和领导班子建设的新课题,也是实现领导班子结构科学化的根本途径之一。

作为“第三梯队”的后备干部队伍,主要指可以充实到各级领导班子的年轻优秀干部。这批干部应是德才兼备、年富力强、具有相当程度的文化水平和专业知识、能够开创现代化建设新局面的优秀干部。

后备干部队伍建设是干部工作中最重要的基本建设。这项工作搞好了,干部工作的全局就活了。搞好了后备干部队伍建设,新老干部的合作和交替就能正常进行,我们领导班子也就有了实现结构科学化的基本条件。

为建设后备干部队伍,要做好选拔、培养、管理等一系列工作。后备干部队伍的人数应是一个滚动的数字,因提拔和调整而出现的缺额要及时补充,以保持一个常数。这要作为一项基本制度确定下来。

4. 改革干部制度

干部制度改革是整个党和国家制度改革的一个重要组成部分,是加强干部队伍和领导班子建设,实现领导班子结构科学化的一项重要保证。

干部制度改革势在必行。在长期的革命实践中,我们形成了党管干部的原则、任人唯贤的路线、德才兼备的标准、群众路线等一整套干部制度。这些制度为保证干部队伍的发展壮大,保证革命和建设的顺利进行,起到了积极、重大的作用。但是,长期以来,我们的干部制度也暴露出不少弊端,如实际存在的干部领导职务终身制;能上不能下,能进不能出,能“官”不能民;对干部统管过死,人才不易流动等等。这些问题若不从制度上加以解决,我们的干部队伍就不会有活力。

干部队伍改革的奋斗目标是:本着破旧创新的精神,经过积极探索,逐步建立和健全一套科学的、具有中国特色的、能适应现代化建设要求的、有法律效力的干部制度。

干部制度改革涉及许多方面。当前要抓紧建立的:一是干部岗位责任制。建立自上而下的行政法规和个人责任制,规定严格而又明确的职责权限,以克服职责不明、遇事推诿、不务实事、不讲效率的毛病。二是干部考核制度。考核内容包括:德、绩、能、勤,着重考核工作实绩。实行领导、组织考核与群众评议相结合的方法,做到功过是非分明。考核结果要记录存档,并把干部考核和使用结合起来。三是在机构设置、人员编制、干部配备等方面建立必要的制度和法律,以解决层次重叠、分工过细、机构臃肿、人浮于事、效率不高等问题。四是干部合理流动制度。要打破干部的地区所有制、单位所有制,同一切压制和浪费人才的现象作斗争,保证对干部的合理调配使用。

5. 抓好领导班子的自身建设

加强领导班子自身建设,努力提高每个领导成员的政治思想水平、专业知识水平和组织管理能力等素质,是不断改善领导结构的又一重要环节。要抓好的主要措施有:① 抓规划:有总体目标,有具体措施,有完成进度,有定期检查,要求明确。② 抓制度:领导班子自身建设要形成制度,做到制度化。要有各种制度,诸如政治学习制度、业务学习制度、调查研究制度、联系群众制度、民主生活制度、廉政制度等。各种制度都要具体落实,不能搞形式主义。③ 抓考核:对每个领导成员的工作实绩要经常进行检查,定期作出评价。只有这样,才能激励人们的竞争心和进取精神,及时发扬成绩,纠正错误,以促使大家更加努力工作,勤奋学习。

第三节 领导者素质培养和行政领导干部的考评

一、造就领导人才的根本途径:教育与实践锻炼

领导者要获得成功,必须不断提高自己的领导素质。就现代我国各级领导者来说,提高领导者的素质,是马克思主义的根本要求和端正党风及工作作风的重要环节。提高领导者素质、造就合格领导人才的过程,实际上是领导者的主观因素和客观条件交互作用的过程。一般地说,提高领导者素质、造就合格领导人才的主要途径有:

(1) 坚持认真读书。读书学习即通过正规教育和非正规教育,有目的、有计划地学习基本知识。列宁说:“只有了解人类创造的一切财富以丰富自己的头脑,才能成为共产主义者。”①领导者学习的内容,要根据领导者所处时期的工作要求和自己的实际情况来确定,通常包括四方面:一是马列主义、毛泽东思想、邓小平理论,以提高领导者的理论水平和思想觉悟;二是党和政府的路线、方针、政策、法规、决议等,以提高领导者的政治觉悟和法律水平;三是科学文化知识、市场经济理论等,以提高领导者对新时代、新形势的应变能力和驾驭能力;四是专业管理知识,以提高领导者

① 《列宁选集》第 4 卷,人民出版社 1995 年版,第 285 页。

的业务水平和实际本领。

(2) 积极参加实践活动。亲身参加社会实践(领导活动实践),是素质培养和提高、造就合格领导者的最关键环节。领导活动不是抽象的理论研究,它必须实实在在地解决具体问题。而这种实际能力只有在领导活动的实践中才能得到锻炼和提高。古人云:“纸上得来终觉浅,绝知此事要躬行。”“躬行实践”,是领导者提高基本素质的基本途径。“纸上谈兵”不仅是兵家之大忌,也是领导者之大忌。毛泽东同志说:“读书是学习,使用也是学习,而且是更重要的学习。从战争学习战争——这是我们的主要方法。”[①]这也是强调了亲身参加实践的极端重要性。领导者参加实践活动的途径很多,诸如:深入基层调查研究,以提高观察分析能力;承担各种不同的任务,如主持会议、组织起草、修改文件、带领工作组处理难题、解决组织或人事纠纷等,以提高判断能力、分析问题解决问题能力、口头或文字表达能力等;实施日常管理工作中的决策、组织、指挥等管理职能活动,以提高综合管理和灵活应变能力等。

(3) 勇于批评与自我批评。领导者要不断提高自己的素质,就要将自己置于人民群众的监督之下,善于了解和接受人民群众的批评及同事、上级的批评,并做到有则改之、无则加勉。领导者还要善于自我批评,努力自省、自讼。自省、自讼是开展批评与自我批评、净化自身素质的重要方法。“自讼”就是“自己同自己打官司”。这样,领导者就能不断地认识自己,克服弱点,发扬长处,提高素质。

二、行政领导干部的考评

1. 行政领导干部考评的社会功能

行政领导干部考评是干部管理工作的一项基础工作和重要组

---

① 《毛泽东选集》第1卷,人民出版社1991年版,第181页。

成部分。所谓考评,就是对现职行政领导的政治思想、道德品质、领导能力、工作绩效等全面的综合性的考核和评价,借以判断其是否称职,并为干部的任免、调配、使用、奖惩、升降提供依据。人事考核,在我国具有悠久的历史。当今,实行行政领导干部考评制度,具有重要的社会功能。

(1) 考评是发掘优秀领导者的重要途径。通过经常、定期的行政干部考评,可以客观、公正地评价行政领导者的工作绩效、领导才能,并判断其是否称职。行政领导者素质的高低,只有在实践活动中才能得以体现;优秀领导者的发现,不是靠翻档案、靠个人表面印象,而只能借助于深入细致的考评。同时,考评是保持行政领导干部队伍高质量、高水平的重要途径。通过考评,可以及时淘汰不能胜任本职工作的领导干部;可以掌握每个行政领导干部的长处和不足,从而为合理调配和使用干部提供科学依据。

(2) 考评是激励行政领导者奋发向上的有效措施。领导者奋发向上的内在动力来自激励。考评,正是产生激励的一个重要途径。这是因为,形成激励的一个重要缘由是来自外界环境的压力。考评正是给行政领导者造成了一种竞争性的环境。这种环境可以使人产生一种内在的动力,促使行政领导者朝着期望的目标前进。激励也来自领导者内部的自我鞭策,通过考评,可以进一步明确各级领导职务应具备的条件和各项工作应达到的标准,从而使行政领导者明确努力方向,自觉严格要求自己,积极工作,不断创造新业绩。

(3) 有利于干部的合理使用和培训。合理使用干部,即做到人适其职、职适其人、人尽其才。列宁说过,要研究人,要寻找能干的干部。这里的"研究人",即对于干部的了解、体察、考核和真正的认识,一种深层次的了解、"知人",既知面又知心,既知长又知短,既知昔又知今,既知能又知绩。而"知人"的一个重要途径即对干部进行考评。通过考评,可以发现干部的使用是否得当,干部的才能是否能够得到充分发挥,从而作出调整和科学的安排。考评还有助于干部培训计划的制订。因为考评可以发现行政领导在某些方面的不足或欠缺,培训部门可根据实际情况有针对性地制订出各个层次领导干部的长期或短期的培训计划。

(4) 考评有助于加强对行政领导工作的群众监督。对行政领导的考评,既有上级领导的意见,也有下属和群众的评价。下属和群众最了解他们的行政领导者,知其能力如何、实绩如何。因此,考评既给群众提供了履行监督权利的机会,也是对行政领导干部的一个实际考验。考评在客观上对改进领导作风、克服官僚主义、反腐倡廉都有着十分重要的作用。

2. 行政领导干部考评的内容

行政领导干部的考评与一般干部考评既有联系又有区别。主要区别在于,行政领导干部的考评比一般干部考评的要求更高。对行政领导干部的考评侧重于政策思想水平、组织领导能力、业务熟悉程度和工作绩效等。行政领导干部的考评是较高层次的考评。具体来说,行政领导干部的考评内容主要有:

(1) 考德。德的含义是随着时代的发展而发展的。当今,德的内涵在于:坚持党的基本路线,贯彻党和国家的各项方针政策,密切联系群众,作风严谨,遵纪守法,廉洁奉公,全心全意为人民服务。

(2) 考能。对于行政领导干部来说,能力素养的考评内容主要包括:理论政策水平、组织管理水平、科学决策水平、知人善任水平及专业知识和科学文化水平。在考评中,要从实际出发,不能千篇一律,生搬硬套。由于行政领导所处的岗位性质不同、地位高低不同,其能力考评的内容侧重和宽严程度也有所不同。例如,对高层次领导干部的考评应重在综合能力的测评,对专业性较强的企事业单位行政领导的考评应重在专业知识能力的测评。

(3) 考勤。即考评行政领导干部的勤奋精神。主要表现为工作态度、事业心、责任心、纪律性、积极性、创造性、出勤率等。

(4) 考绩。即考评行政领导干部的工作实绩。具体内容包括：开拓创新精神在本职工作中的体现、改革的业绩、分管工作任务的完成程度和效果、责任目标实现情况、人际关系、工作效率等。

在实际考评中,应全面把握上述各项考评指标的关系。一方面,要坚持全面考评,但也不能等量齐观。在一般情况下,应以考评工作实绩为重点,因为工作实绩是领导者德、能、勤诸方面的综合反映。目前许多国家对行政干部的考评,都把重点放在工作实绩上。我国的考评,同样如此。实践证明,以工作实绩考评行政领导干部,有利于促进领导者奋发向上、开拓前进;有利于改进领导作风,为群众多办实事;有利于把竞争机制引进领导班子,提高行政领导整体素质;有利于群众监督,加强廉政建设。另一方面,考评的内容也应以考评目的的不同而有所侧重。例如,如考评的目的是为了奖励,考评的内容就应以绩效为主;如考评的目的是为了干部任免,考评的内容就应更注重全面性,既要考评其绩效,又要考察其不足或欠缺;既要考评其德,又要考评其能,对其做全面衡量。

3. 行政领导干部考评的原则和方法

根据社会主义现代化建设的需要,制订科学的、统一的考评原则,是搞好行政干部考评工作的重要保证。行政领导干部的考评原则,必须符合马克思主义基本原理,符合党的干部路线和干部政策,具体说来,行政干部的考评原则主要有：

(1) 实事求是原则。坚持实事求是原则,是搞好行政领导干部考评的关键。为坚持实事求是原则,必须做到：① 坚持辩证唯物主义和历史唯物主义观点。对考评对象的历史和现状作实事求是的考察,不主观武断;对考评对象的成绩与不足作辩证的分析,善于从错综复杂的情况中,透过现象看本质;善于用发展的观点,对考评对象的历史、现状和发展趋势作全面的考察,切忌静止、片面的观点。② 必须出于公心,坚持公道。出于公心,就是要以国家和人民的利益为出发点;主持公道,就是正确分析、评价考评对象。只有出于公心、主持公道,才能真正做到坚持实事求是原则,避免先入为主,带着框框和主观意志考评干部。在干部考评中,尤其要摒弃个人的好恶恩怨,不能以感情、偏见代替政策,以主观想像代替深入细致的调查研究。这是做好考评工作的重要前提。

(2) 立体考评原则。所谓立体考评原则,就是坚持以多方位、多层次、多角度的视野考评干部。这种视野既包括用全面、发展的观点看待考评对象,也包括考评本身的立体性,即要协调好上级评定、同级评定、下级评定和自我评定等方面。立体考评的目的在于广泛听取意见,全面了解情况,避免主观性和片面性。做到立体考评的关键是坚持群众路线。领导干部生活在群众中,他们的长处和短处、优点和缺点,群众最清楚。只有把上级、同级的意见与群众的意见结合起来,才能全面掌握考评对象的情况。

(3) 绩效原则。所谓绩效原则,就是根据考评对象所担负的工作数量和质量的实际贡献评价干部。绩效原则是考评干部的重要原则。为正确评价领导者的实绩,必须处理好以下几个关系:① 主观因素与客观因素的关系。既要看其领导能力和主观努力程度,也要看外部环境和条件的影响。对考评对象的政绩,要从主客观两方面作综合考察。②个人作用和集体作用的关系。一般来说,一个单位取得成绩,既有领导班子集体的作用,也有领导者个人的作用。由于领导班子内部各个成员的分工不同,在领导活动中所起的作用也会有所不同。因此,在评价领导者政绩时,既不能因班子整体的政绩突出而把每一个领导成员都看作是政绩突出的干部;也不能把干部个人在工作中作出的突出贡献不加分析地全部归于集体。要具体情况具体分析,避免"有了成绩人人摊,有了过失一人担"的现象。③ 局部与全局的关系。评价行政领导干部的政绩,不仅要看其对本单位、本部门、本地区是否有贡献;更重要的是要看其是否对全局有贡献。对局部的贡献必须以服从全局的利益为前提。如果一个领导干部为了局部的利益而不惜牺牲和损害整体利益,那么,其"成绩"越大,对全局的损害也越大。这决不是我们所期望的。④ 当前与长远的关系。评价行政领导干部的政绩,不仅要看他近期任务的完成情况,也要看他为今后发展作了哪些贡献。对于急功近利,甚至"杀鸡取卵"的,近期的任务完成得再好,也不能视为政绩突出;相反,对那些既努力完成当前任务,又注重长远利益,为工作的可持续发展打下基础的,即使眼前还不能马上见效,也应视为有政绩。

(4) 公开原则。考评的公开原则包括两方面的内容:一是把考评内容和考评结果向考评对象公开;二是把整个考评过程向群众公开,广泛听取群众意见,不搞神秘化。坚持考评公开原则有利于发扬民主,把对领导者的考评置于群众的监督之下,给群众以广泛、充分的评价和挑选干部的权利;也有利于领导干部自身建设。考评对象知道了自身的长处和短处,了解了上级、同级和群众对自己的评价,就能有的放矢地发扬优点、克服缺点、奋发向上,成为一个优秀的领导者。

(5) 严格考评原则。考评必须严格,这是由行政领导干部考评的目的性所决定的。只有考评严格,才能不流于形式,达到通过考评推动工作,推进领导班子建设的目的。严格考评,既包括对考评对象的严格要求,也包括考评过程的规范、考评标准的明确,以及考评态度的严肃认真、考评指导思想的端正。考评的结果要与赏罚升降结合。通过考评,对那些成绩优秀的领导者应给予精神和物质的奖励;对那些政绩突出的优秀领导者,应根据需要选拔到更高的领导岗位上;而对那些未达标准的干部,则应视其情况,或培训提高,或调离岗位,或降职使用。只有这样,才能使行政领导干部的考评工作真正发挥其应有的作用。

科学的考评方法是客观、公正、全面评价行政领导干部的重要手段。随着人事管理制度的不断发展和完善,各国考评方法日益增多,手段也日趋科学化。目前我国常用的考评方法主要有如下几种:① 定性定量考评法。即在定性考评的同时,把考核指标作量化处理,把德、能、勤、绩分解为若干要素,如理论水平、政策水平、事业心、原则性、责任心、民主性、人际关系、纪律性、业务能力、综合分析能力、指挥协调能力、决策能力、创造性、学习成绩、工作成绩、工作效率、健康状况等。每个要素又可分为"好"、"较好"、"一般"、"较差"、"差"五等,每个等级还可分为上、中、下三个级差。根据加权平均法则,处理数据。其顺序是:先将评价级别折合为分数,然后算出每类测评人员对各因素所评分数的算术平均值,再与所对应的权数相乘得到加权平均数,最后将同一因素的加权平均数相加,便得到了该因素的最后评价值。这一步骤可由电子计算机来完成。对考评对象的综合分析就建筑在对这些数据的汇总分析上。② 民主评议法。即采用多种形式征求群众对考评对象的意见,并对这些意见材料进行去伪存真、去粗取精、由此及彼、由表及里地进行分析与综合,最后作出恰如其分的结论。民主评议法应力求做到动态考评与静态考评相结合、群众评议与专家评鉴相结合、个人述职与组织考核相结合、背靠背与面对面相结合;应注意抓好个人述职、群众评议、专家评鉴、重点访谈等环节。③ 臆断考评法。即上级对下级干部的考评法,具有简单易行的特点。但由于是仅凭领导者个人的感觉、印象来判断,主观性较强,考评结果容易出偏差。④ 代表比较法。即在同一职位的人员中,选出优、良、中、次、劣等代表,以他们为标准进行比较,评定属于哪等。这种方法比较直观、具体,但选择和确定合适的代表人物有一定难度。⑤ 相对比较法。即根据各考评要素的要求,把所有的考评对象按每两人一组的方式循环比较,并判断每组的优者与劣者,然后综合其结果得出最终序列。

干部考评方法很多,我们应根据实际情况,灵活应用,并不断创造新方法,而不能生搬硬套,把方法凝固化。